Bernhofer
Bildung von Kreditnehmereinheiten gemäß § 19 Abs. 2 KWG

GABLER EDITION WISSENSCHAFT

Bank- und Finanzwirtschaft

Herausgegeben von
Professor Dr. Hermann Meyer zu Selhausen

Weitreichende Veränderungen auf den Finanzmärkten brin-
gen große Herausforderungen für Theorie und Praxis mit sich.
Die Schriftenreihe "Bank- und Finanzwirtschaft" greift
Entwicklungen und Probleme aus diesem Fachgebiet auf. Sie
bietet ein Forum für wissenschaftliche Beiträge und stellt
Lösungsansätze und Forschungsergebnisse zu aktuellen
Problemen der Bank- und Finanzwirtschaft zur Diskussion.

Christine Bernhofer

Bildung von Kreditnehmereinheiten gemäß § 19 Abs. 2 KWG

Auswirkungen auf die Bonitätsprüfung

Mit einem Geleitwort
von Prof. Dr. Hermann Meyer zu Selhausen

Springer Fachmedien Wiesbaden GmbH

Die Deutsche Bibliothek - CIP-Einheitsaufnahme

Bernhofer, Christine:
Bildung von Kreditnehmereinheiten gemäss § 19 Abs. 2 KWG :
Auswirkungen auf die Bonitätsprüfung /Christine Bernhofer.
Mit einem Geleitw. von Hermann Meyer zu Selhausen.
- Wiesbaden : Dt. Univ.-Verl. ; Wiesbaden : Gabler, 1997
   (Gabler Edition Wissenschaft : Bank- und Finanzwirtschaft)
   Zugl.: München, Univ., Diss., 1997
   ISBN 978-3-8244-6631-3

ISBN 978-3-8244-6631-3   ISBN 978-3-663-08296-5 (eBook)
DOI: 10.1007/978-3-663-08296-5

Gabler Verlag, Deutscher Universitäts-Verlag, Wiesbaden
© Springer Fachmedien Wiesbaden 1997
Ursprünglich erschienen bei Betriebswirtschaftlicher Verlag Dr. Th. Gabler GmbH, Wiesbaden 1997

http://www.gabler-online.de

Höchste inhaltliche und technische Qualität unserer Produkte ist unser Ziel. Bei der Produktion und
Auslieferung unserer Bücher wollen wir die Umwelt schonen: Dieses Buch ist auf säurefreiem und
chlorfrei gebleichtem Papier gedruckt.

Die Wiedergabe von Gebrauchsnamen, Handelsnamen, Warenbezeichnungen usw. in diesem
Werk berechtigt auch ohne besondere Kennzeichnung nicht zu der Annahme, daß solche Namen
im Sinne der Warenzeichen- und Markenschutz-Gesetzgebung als frei zu betrachten wären
und daher von jedermann benutzt werden dürften.

Lektorat: Claudia Splittgerber / Brigitte Knöringer
ISBN 978-3-8244-6631-3

Meiner Mutter

Geleitwort

Im Kreditgeschäft hängt das Forderungsausfallrisiko in vielen Fällen nicht nur vom einzelnen Kreditnehmer ab, sondern auch von Wirtschaftseinheiten, mit denen er wirtschaftlich verbunden ist. Die verbundenen Wirtschaftseinheiten können je nach Konstellation, in der sie mit dem Kreditnehmer verbunden sind, Einfluß auf den Kreditnehmer ausüben, so daß sich seine wirtschaftliche Lage verschlechtert und das Kreditrisiko seiner Bank steigt. Im Grenzfall gerät er in Konkurs, weil eine verbundene Wirtschaftseinheit Konkurs anmelden mußte. Um die zu einem Risikoverbund gehörenden Wirtschaftseinheiten zu erfassen, hat der Gesetzgeber schon bei Erlaß des KWG in § 19 Abs. 2 den Begriff der Kreditnehmereinheit verwendet, um die nach § 18 KWG vorgeschriebene Offenlegung der wirtschaftlichen Verhältnisse der Kreditnehmer zu präzisieren, so daß den Kreditinstituten als Kreditgebern eine effiziente Steuerung des Forderungsausfallrisikos ermöglicht wird.

Die Umsetzung des § 19 Abs. 2 KWG bring eine Fülle von Einzelproblemen mit sich, die im Grenzbereich zwischen Rechtswissenschaft, insbesondere Gesellschaftsrecht, und Bankbetriebswirtschaftslehre liegen. Mit ihrer Dissertation hat sich Frau Bernhofer das Ziel gesetzt, die Bildung von Kreditnehmereinheiten in möglichst allen in der Praxis vorkommenden Konstellationen zu untersuchen und vor dem Hintergrund der Principal-Agent-Thoerie die sich für die Bildung von Kreditnehmereinheiten ergebenden Anforderungen an die Bonitätsprüfung für Kredinehmereinheiten herauszuarbeiten.

In Zusammenhang mit der Identifizierung von Kreditnehmereinheiten untersucht Frau Bernhofer breit und systematisch, welche Konstellationen von Wirtschaftseinheiten für die Bildung von Kreditnehmereinheiten in Betracht kömmen, welche rechtlichen Voraussetzungen für einen Risikoverbund im Einzelfall gegeben sind, wie die einem Risikoverbund angehörenden Wirtschaftseinheiten auf die anderen Wirtschaftseinheiten einwirken und wie sie ihnen Verluste zufügen können. Von der Position, die der Kreditnehmer der betrachteten Bank innerhalb des Verbunds einnimmt, hängt es ab, wie die übrigen dem Verbund angehörenden Wirtschaftseinheiten zu einer Risikoerhöhung des Kreditengagements der Bank beitragen können, und hiervon hängt es wiederum ab, wie die Bank die Kreditnehmereinheit abgrenzen muß.

Von besonderer Bedeutung sind in diesem Zusammenhang die Informationsquellen, die der jeweiligen Bank zur Verfügung stehen, um den Verbund der eigenen Kreditnehmer mit anderen Wirtschaftseinheiten zu erkennen, um Kreditnehmereinheiten sachlich richtig zu bilden und die Bonitätsprüfung auf diese Kreditnehmereinheiten auszurichten. Es überrascht nicht, daß der Informationsstand insgesamt schlecht ist, daß alle zur Verfügung stehenden Informationsquellen genutzt werden müssen, und daß eigentlich eine Evidenzzentrale für Verbundbeziehungen geschaffen werden müßte, wenn die bestehenden Kreditauskunfteien diese Aufgabe nicht bewältigen können. Der Informationsstand ist aber nicht nur schlecht, die Informationen sind auch asymmetrisch zwischen Banken und Kreditnehmern verteilt. Es kommt insbesondere dann zur Adverse Selection, wenn Kreditnehmer wissen, daß ihre Bonität herabgestuft würde, wenn bekannt würde, mit welchen Wirtschaftseinheiten sie eine Kreditnehmereinheit bilden. Diese Problematik erörtert Frau Bernhofer vor dem Hintergrund der Principal-Agent-Theorie.

Zur Behandlung der Bonitätsprüfung von Kreditnehmereinheiten gruppiert Frau Bernhofer die Konstellationen, die sie bei der Identifizierung von Kreditnehmereinheiten hat, neu, so daß zwei Gruppen von Konstellationen entstehen, Kreditnehmereinheiten aufgrund von Abhängigkeit durch Beherrschung und aufgrund von anderen Abhängigkeiten. Für diese Konstellationen wird jeweils untersucht, welche Einwirkungsmöglichkeiten bestehen, und welche Anforderungen an die kreditnehmereinheiten-bezogene Bonitätsprüfung zu stellen sind, wenn diese Einwirkungsmöglichkeiten berücksichtigt werden sollen.

Die vorliegende Schrift zeichnet sich insbesondere durch Breite, Systematik und Sorgfalt bei der Erfassung von Kreditnehmereinheiten und bei der Darstellung von Einwirkungsmöglichkeiten innerhalb von Kreditnehmereinheiten aus. Sie kann als Ausgangspunkt und Arbeitsgrundlage dienen, wenn in naher Zukunft die Problematik der Bonitätsprüfung für Kreditnehmereinheiten aufgegriffen wird, wie es das KWG schon längst vorsieht. Sie ist durchgängig praxisbezogen ausgerichtet und wendet sich insbesondere an Experten im Kreditrisiko-Mangagement der Kreditinstitute.
Ich wünsche ihr eine gute Aufnahme in Forschung und Praxis.

Prof. Dr. H. Meyer zu Selhausen

Vorwort

Diese Arbeit wäre ohne Unterstützung nicht durchführbar gewesen.

Daher gebührt mein aufrichtiger Dank meinem akademischen Lehrer und Doktorvater Herrn Prof. Dr. Hermann Meyer zu Selhausen, der mir im Laufe der Bearbeitungszeit stets mit fachlichen Anregungen und als Diskussionspartner zur Seite stand.

Herrn Prof. Dr. Bernd Rudolph danke ich für sein Interesse an der vorliegenden Arbeit und für die freundliche Übernahme des Korreferates.

In Vertretung aller, die zum Gelingen dieses Projektes beigetragen haben, bedanke ich mich bei Herrn Dr. Marc Oliver Wenk, Herrn Dr. Marcus Riekeberg, Herrn Georg Ringholz sen. sowie Herrn Jürgen Cancik und Herrn Heinrich Hartig von der Bayerischen Hypotheken- und Wechsel-Bank AG.

Mein besonderer Dank gilt meiner Mutter, die durch ihre bedingungslose Unterstützung die vorliegende Arbeit erst möglich gemacht hat. Ihr widme ich diese Arbeit.

Christine Bernhofer

XI

Inhaltsverzeichnis

Abkürzungsverzeichnis

Abb.	Abbildung
Abs.	Absatz
Abt.	Abteilung
AG	Aktiengesellschaft
AktG	Aktiengesetz in der Fassung vom 6. September 1965 (BGBl. I S. 1089) zuletzt geändert durch Art. 6 Gesetz zur Bereinigung des Umwandlungsrechts (UmwBerG) vom 28.10.1994 (BGBl. I S. 3210)
Art.	Artikel
Aufl.	Auflage
BAK	Bundesaufsichtsamt für das Kreditwesen
BB	Betriebs-Berater, Zeitschrift für Recht und Wirtschaft
bearb.	bearbeitet
Betr.	Der Betrieb, Zeitschrift für Betriebswissenschaft, Steuer und Wirtschaftsrecht
BGB	Bürgerliches Gesetzbuch vom 18. August 1896 (RGBl. S. 1089) zuletzt geändert durch Gesetz zur Änderung des Rechts der beschränkten persönlichen Dienstbarkeiten vom 17.7.1996 (BGBl. I S. 990) und § 14 Abs. 1 Allgemeines Magnetschwebebahngesetz vom 19.7.1996 (BGBl. I S. 1019)
BGBl.	Bundesgesetzblatt
BGH	Bundesgerichtshof
BWL	Betriebswirtschaftslehre
bzw.	beziehungsweise
DB	Der Betrieb
ders.	derselbe
d. h.	das heißt
DM	Deutsche Mark
ebd.	ebenda
EG	Europäische Gemeinschaften
et al.	et alteri
EWG	Europäische Wirtschaftsgemeinschaft
f.	folgende
ff.	fortfolgende
GbR	Gesellschaft bürgerlichen Rechts
GmbH	Gesellschaft mit beschränkter Haftung

GmbHG	Gesetz betreffend die Gesellschaften mit beschränkter Haftung. Vom 20. April 1892 (RGBl. S. 477) in der Fassung der Bekanntmachung vom 20. Mai 1898 (BGBl. S. 846) zuletzt geändert durch Art. 4 Gesetz zur Bereinigung des Umwandlungsrechts (UmwBerG) vom 28.10.1994 (BGBl. I S. 3210)
GmbHR	GmbH Rundschau
HGB	Handelsgesetzbuch. Vom 10. Mai 1897 (RGBl. S. 219) zuletzt geändert durch Art. 40 Einführungsgesetz zur Insolvenzordnung (EGInsO) vom 5. Oktober 1994 (BGBl. I S. 2911) und Art. 3 Gesetz zur Bereinigung des Umwandlungsrechts (UmwBerG) vom 28. Oktober 1994 (BGBl. I S. 3210)
Hrsg.	Herausgeber
HypBG	Hypothekenbankgesetz in der Fassung vom 19. Dezember 1990 (BGBl. I S. 2898) zuletzt geändert durch Gesetz vom 15.12.1995 (BGBl. I S. 1783)
IG	Industriegewerkschaft
i. V. m.	in Verbindung mit
Jg.	Jahrgang
JuS	Juristische Schulung. Zeitschrift für Studium und Ausbildung
JZ	Juristenzeitung
KG	Kommanditgesellschaft
KGaA	Kommanditgesellschaft auf Aktien
KWG	Gesetz über das Kreditwesen (Kreditwesengesetz) in der Fassung der Bekanntmachung vom 22. Januar 1996 (BGBl. I S. 64) mit Berichtigung vom 4. März 1996 (BGBl. I S. 519)
KstG	Körperschaftsteuergesetz in der Fassung der Bekanntmachung vom 11. März 1991 (BGBl. I S. 638)
m. w. N.	mit weiteren Nennungen
NJW	Neue Juristische Wochenschrift
Nr.	Nummer
OHG	Offene Handelsgesellschaft
o. V.	ohne Verfasser

PublizitätsG	Gesetz über die Rechnungslegung von bestimmten Unternehmen und Konzernen. Vom 15. August 1969 (BGBl. I S. 1189) zuletzt geändert durch Art. 3 Versicherungsbilanzrichtlinie-Gesetz -VersRiLiG vom 24.6.1994 (BGBl. I S. 1377) und Art. 9 Gesetz zur Bereinigung des Umwandlungsrechts (UmwBerG) vom 28.10.1994 (BGBl. I S. 3210)
RegE	Regierungsentwurf
RGBl.	Reichsgesetzblatt
Rn.	Randnummer, Randnummern
S.	Seite
SchiffsBG	Gesetz über Schiffspfandbriefbanken (Schiffsbankgesetz) in der Fassung der Bekanntmachung vom 8. Mai 1963 (BGBl. I S. 302) zuletzt geändert durch Art. 86 des Einführungsgesetzes zur Insolvenzordnung (EGInsO) vom 5. Oktober 1994 (BGBl. I S. 2911)
Sp.	Spalte
Tz.	Textziffer
usw.	und so weiter
vgl.	vergleiche
Vol.	Volume
WiSt	Wirtschaftswissenschaftliches Studium
WM	Wertpapiermitteilungen. Fachorgan für das gesamte Wertpapierwesen
WPg	Die Wirtschaftsprüfung. Der Berater der Wirtschaft
WuW	Wirtschaft und Wettbewerb, Zeitschrift für Kartell-, Wettbewerbsrecht, Marktorganisation
z. B.	zum Beispiel
ZfB	Zeitschrift für Betriebswirtschaft
ZGR	Zeitschrift für Unternehmens- und Gesellschaftsrecht
ZHR	Zeitschrift für das gesamte Handelsrecht und Wirtschaftsrecht
ZIP	Zeitschrift für Wirtschaftsrecht
2. KWG-Novelle	Zweites Gesetz zur Änderung des Gesetzes über das Kreditwesen
3. KWG-Novelle	Drittes Gesetz zur Änderung des Gesetzes über das Kreditwesen
5. KWG-Novelle	Fünftes Gesetz zur Änderung des Gesetzes über das Kreditwesen

Abbildungsverzeichnis

1 Einleitung

1.1 Problemstellung

In der Erfolgsrechnung der Banken[1] stellen die Zinserträge aus dem Kreditgeschäft[2] einen zentralen Bestandteil dar.[3] Um diese Erträge auch in Zukunft zu sichern und zu steigern, sind einerseits Ausweitungen des Kreditvolumens nötig, andererseits jedoch auch eine verstärkte Hinwendung zu Maßnahmen, die das Kreditausfallrisiko reduzieren. Das Kreditausfallrisiko, als das elementare Risiko einer Bank,[4] ist das „...Risiko eines teilweisen oder vollständigen Verlusts des hingegebenen Kreditbetrages einschließlich der vereinbarten Zinsen."[5] Man sollte sich vor Augen führen, daß für die Kompensation eines Kreditausfalles in Höhe von DM 100.000,00 eine Neuvergabe im Rahmen von langfristigen Krediten in Höhe von DM 10 Mio. zu einer Marge von 1 % für 1 Jahr nötig ist.

In der Bundesrepublik Deutschland stiegen die festzustellenden Insolvenzen von Unternehmen in den ersten sieben Monaten des Jahres 1996 um 17,6 % im Vergleich zum entsprechenden Vorjahreszeitraum und befinden sich damit auf dem historisch höchsten Niveau.[6] Ein starker Rückgang der Insolvenzzahlen ist für die nähere Zukunft nicht zu erwarten. Folglich ist die Vermeidung von Kreditausfällen eine entscheidende Komponente, die die Ertragslage einer Bank beeinflußt. Ein Instrument des Kreditausfallmanagements von besonderer Bedeutung, das einzelgeschäftsbezogen an der Ursache des Kreditausfallrisikos, der Bonität[7] ansetzt, ist die Bonitätsprüfung.[8] Ziel der

---

[1] Unter dem Begriff Banken werden in dieser Arbeit alle Arten von Kreditinstituten verstanden.

[2] Der Kreditbegriff wird in § 19 Abs. 1 KWG im Detail geregelt. In dieser Arbeit wird der Kreditbegriff auf die Ausreichung eines Betrages, gekoppelt mit festen Zinszahlungen und einer Tilgungsverpflichtung, reduziert, um eine einfache umd damit klare Darstellung zu erreichen.

[3] Vgl. für viele Deutsche Bank AG (Hrsg.) (Jahresabschluß 1995, 1996), S. 10 f., Dresdner Bank AG (Hrsg.) (Geschäftsbericht 1995, 1996), S. 74 f., Bayerische Hypotheken- und Wechselbank AG (Hrsg.) (Geschäftsbericht 1995, 1996), S. 72 f.

[4] Vgl. Hölscher, R. (Risikokosten-Management, 1987), S. 12.

[5] Mühlhaupt, L. (Einführung, 1980), S. 189.

[6] Vgl. hierzu und zum folgenden o. V. (Pleiten, 1996), S. 27, o. V. (Nachkriegsrekord, 1997), S. 28, Creditreform Wirtschafts- und Konjunktur-forschung (Hrsg.) (Insolvenzen 1996/97, 1997), S. 6 ff.

[7] In dieser Arbeit werden die Begriffe Bonität und Kreditwürdigkeit sowie Bonitätsprüfung und Kreditwürdigkeitsprüfung synonym verwendet.

[8] Vgl. Brakensiek, T. (Kreditausfallrisiken, 1991), S. 37.

2

Bonitätsprüfung ist die Verminderung des künftigen Ausfallrisikos durch Prognosen hinsichtlich möglicher künftiger Insolvenzen der Kreditnehmer bei der ersten Kreditentscheidung wie auch bei den Prolongationsentscheidungen.[9] Die Bonitätsprüfung schließt sowohl die Überprüfung der sachlichen und persönlichen Fähigkeit, allen übernommenen Verpflichtungen aus dem Kreditgeschäft nachzukommen, als auch den Willen dazu ein.[10] Ein entscheidender Faktor, der die Komplexität der Bonitätsprüfung in besonderem Ausmaß erhöht, ist die Tatsache, daß immer häufiger Verflechtungen von Wirtschaftseinheiten,[11] wie z. B. bei Konzernen, auftreten und diese in die Prüfung mit einzubeziehen sind. Die Kreditvergabe der Banken erfolgt nicht nur an einzelne Kreditnehmer, sondern an mehrere Kreditnehmer nebeneinander, die jedoch durch die genannten Verflechtungen unter dem Risikoaspekt wiederum zu einer Einheit, der Kreditnehmereinheit,[12] gehören. Die bisherigen Anstrengungen bei der Bonitätsprüfung fokussieren mehrheitlich den einzelnen Kreditnehmer, ohne den Hintergrund einer Zugehörigkeit zu einer Kreditnehmereinheit in der Bonitätsprüfung näher zu beleuchten.[13] Durch die Beeinflussungsmöglichkeiten innerhalb einer Kreditnehmereinheit entstehen jedoch Risikoaspekte, die bisher nicht oder nicht genügend erfaßt werden. So hängen die ordnungsgemäßen Zins- und Tilgungszahlungen für einen Kredit nicht nur vom einzelnen Kreditnehmer, sondern, wie noch aufzuzeigen sein wird, unter Umständen von mehreren oder allen Beteiligten einer Kreditnehmereinheit ab.

---

[9]   Vgl. Steiner, M. (Kreditwürdigkeitsprüfung, 1990), S. 415.

[10]   Vgl. Jährig, A./ Schuck, H. (Kreditgeschäft, 1989), S. 336 ff., Schierenbeck, H. (Bankmanagement, 1994), S. 659.

[11]   Die Begriffe 'verflochtene Wirtschaftseinheiten' sowie 'Konzentration von Wirtschaftseinheiten' werden in dieser Arbeit synonym verwendet.

[12]   Kreditnehmer, die gemäß § 19 Abs. 2 KWG zu einer Risikoeinheit gehören, werden in dieser Arbeit als Kreditnehmereinheit bezeichnet.

[13]   Vgl. statt vieler zur Bonitätsprüfung für einzelne Unternehmen Künzer, M. (Betreuung, 1993), S. 94, S. 125 f., Bagus, Th. (Bonitätsanalyse, 1992), S. 1 ff., Fritz, G. M. (Bonitätsbeurteilung, 1991), S. 1 ff., Hehli, J. (Qualitative Bonitätsprüfung, 1993), S. 1 ff. Vgl. zur Bonitätsprüfung bei Konzernen, die gemäß § 19 Abs. 2 KWG unter den Begriff der Kreditnehmereinheiten fallen, Thiermeier, M. (Risiko, 1989), S. 1 ff., Riebell, C. (Fragen der Kreditgewährung, 1982), S. 498 ff., Riebell, C. (Kreditgewährung, 1982), S. 425 ff.

1.2 Zielsetzung und Vorgehensweise

Mit der vorliegenden Arbeit werden zwei Ziele verfolgt:

Zum einen soll in Anlehnung an den § 19 Abs. 2 KWG aufgezeigt werden, wie sich Kreditnehmereinheiten zusammensetzen und welche Einflußmöglichkeiten zwischen Personen und Unternehmen die Grundlage für eine Zusammenfassung zu einer Kreditnehmereinheit bilden. Zudem sind die Informationsquellen aufzuzeigen, die für die Erfassung der Angehörigen einer Kreditnehmereinheit und damit für die korrekte Bildung seitens der Bank benötigt werden. Diese Kreditnehmereinheiten dienen gemäß § 19 Abs. 2 KWG als Grundlage für die Bonitätsprüfung gemäß § 18 KWG. Vor dem theoretischen Hintergrund der Principal-Agent-Theorie wird die Beziehung zwischen kreditgebender Bank und Kreditnehmereinheit näher beleuchtet, um dort auftretende Probleme herauszuarbeiten und dafür Lösungsmöglichkeiten zu finden.

Da sich eine Notwendigkeit der Bonitätsprüfung durch die Bank bei Kreditnehmereinheiten sowohl aus dem Gesetz als auch aus den theoretischen Überlegungen der Principal-Agent-Theorie ergibt, ist das zweite Ziel dieser Arbeit, aufzuzeigen, welche Auswirkungen die Einflußmöglichkeiten innerhalb von Kreditnehmereinheiten auf die Bonitätsprüfung haben, d. h. inwiefern eine Erweiterung der Bonitätsprüfung vom direkten Kreditnehmer auf die Kreditnehmereinheit durchzuführen ist.[14]

Um die skizzierten Ziele zu erreichen, wird in Kapitel 2 auf der Basis des § 19 Abs. 2 KWG ausführlich die Bildung von Kreditnehmereinheiten dargestellt. So werden in Kapitel 2.1 grundlegende Ausführungen zu Kreditnehmereinheiten vorgenommen und in Kapitel 2.2 die Begriffe 'Unternehmen' und 'Personen' abgegrenzt. Danach steht in Kapitel 2.3 die Bildung von Kreditnehmereinheiten auf Basis von verbundenen Unternehmen, aufgeteilt nach den Voraussetzungen 'Mehrheitsbeteiligung', 'Abhängigkeit', 'Konzernzugehörigkeit' und 'Gewinnabführungsvertrag', im Mittelpunkt. In den Kapiteln 2.4 bis 2.6 sind die Kreditnehmereinheiten mit Beteiligung von Personen, die mit Beteiligung an einer Gesellschaft bürgerlichen Rechts (GbR), einer Personenhandelsgesellschaft, einer Erbengemeinschaft und einer Ehegemeinschaft sowie 'Strohmann-Kreditverhältnisse' Gegenstand der Erörterungen. Ein besonderer Schwerpunkt wird auf die Einflußmöglichkeiten in den Beziehungen zwischen den an

---

[14] Um den Rahmen der Arbeit nicht zu sprengen, werden Themenkomplexe, die mit ausländischen Kreditnehmern/ Kreditnehmereinheiten zusammenhängen und die dort auftretenden Problemkreise ausgeklammert.

der jeweiligen Kreditnehmereinheit beteiligten Personen und Unternehmen gelegt, da diese die Rechtfertigung für die Bildung von Kreditnehmereinheiten darstellen.[15] In Kapitel 2.7 werden nochmals die verschiedenen Möglichkeiten zur Bildung von Kreditnehmereinheiten zusammengefaßt und in Kapitel 2.8 werden die für die Bildung der einzelnen Kreditnehmereinheiten notwendigen Informationsquellen benannt.

Die Informationsasymmetrie in der Beziehung zwischen der kreditgebenden Bank und der Kreditnehmereinheit wird in Kapitel 3 mit Hilfe der Principal-Agent-Theorie analysiert. Dabei könnte die Principal-Agent-Theorie genutzt werden, um die Problematik zu analysieren, wie die Bank die Zugehörigkeit eines Unternehmens oder einer Person zu einer Kreditnehmereinheit erkennen kann. Da für die Beantwortung dieser Fragestellung bereits die Informationsquellen in Kapitel 2.8 dargelegt werden, wird in diesem Kapitel der Frage nachgegangen, inwieweit sich die Informationsasymmetrie in der Beziehung zwischen der Kreditnehmereinheit und der Bank auf die Bonitätsprüfung auswirken. Kapitel 3.1 und 3.2 geben einen allgemeinen Überblick über die Grundlagen und Ausprägungen asymmetrischer Informationsverteilung der Principal-Agent-Theorie im Hinblick auf eine Kreditbeziehung. In Kapitel 3.3 wird auf den Sonderfall einer Kreditnehmereinheit an Stelle des einzelnen Kreditnehmers eingegangen.

Auf Basis der gesetzlichen Anforderungen sowie der Folgerungen aus Kapitel 3 wird in Kapitel 4 untersucht, wie sich die Einflußmöglichkeiten innerhalb einer Kreditnehmereinheit auf die Bonitätsprüfung auswirken. In Kapitel 4.1 werden die Auswirkungen der Einflußmöglichkeiten innerhalb von Kreditnehmereinheiten, die auf Abhängigkeit durch Beherrschung basieren, behandelt. Gegenstand von Kapitel 4.2 sind die Auswirkungen der Einflußmöglichkeiten aufgrund anderer Abhängigkeiten, die nicht auf beherrschenden Einfluß zurückzuführen sind. Kapitel 4 wird mit einer Zusammenfassung beendet. Die Arbeit schließt mit einem Fazit und einem Ausblick.

---

[15] Da in dieser Arbeit die Einflußmöglichkeiten innerhalb von Kreditnehmereinheiten und deren Auswirkung auf die Bonitätsprüfung den Mittelpunkt darstellen und damit der Standpunkt des Gläubigers 'Bank' eingenommen wird, werden andere Problemstellungen, wie z. B. die den Minderheitsgesellschafter tangierenden, ausgeklammert, sofern sie nicht unmittelbar mit der Thematik des Gläubigerschutzes zusammenhängen.

2 Bildung von Kreditnehmereinheiten gemäß § 19 Abs. 2 KWG

Gegenstand von Kapitel 2.1 sind einige grundlegende Ausführungen zu den Kredit-nehmereinheiten. In Kapitel 2.2 steht die Abgrenzung der Begriffe 'Unternehmen' und 'Personen' im KWG im Mittelpunkt. In den Kapiteln 2.3 bis 2.6 werden die jeweiligen Grundlagen für die Bildung von Kreditnehmereinheiten dargestellt. Dabei liegt der Schwerpunkt auf der Analyse der Einflußmöglichkeiten zwischen den beteiligten Personen und Unternehmen. In Kapitel 2.8 wird auf die für die Bildung der einzelnen Kreditnehmereinheiten nutzbaren Informationsquellen eingegangen.

2.1 Grundlegende Ausführungen zu Kreditnehmereinheiten gemäß § 19 Abs. 2 KWG

Sinn und Zweck der Vorschriften des KWG zum Begriff des Kreditnehmers ist es, der Bankenaufsicht die Möglichkeit zu geben, die Kreditpolitik und die Risikolage der Banken hinsichtlich der Entwicklung der Verschuldung von Kreditnehmern und Kre-ditnehmereinheiten zu überprüfen.[16] Um diesem Zweck umfassend zu entsprechen, war es nötig, auch miteinander verflochtene Wirtschaftseinheiten in die Betrachtungen einzubeziehen, da die Einflußmöglichkeiten eines Teils der Kreditnehmereinheit auf einen anderen Teil häufig auch zu Problemen bei der Erbringung des Kapitaldienstes[17] für dessen Kredite führen können.

Eine Definition für den Begriff 'Kreditnehmer' fehlt im KWG, da der Ansicht gefolgt wird, daß sich die Kreditnehmereigenschaft aus dem jeweiligen Geschäft ergibt.[18] Dennoch läßt sich vom juristischen Gesichtspunkt aus folgende Definition entwickeln:

Kreditnehmer ist die Rechtsperson, der die Kreditvaluta zur Verfügung gestellt wurde und die sich zur Rückzahlung verpflichtet hat.

---

[16] Vgl. hierzu und zum folgenden Reischauer, F./ Kleinhans, J. (Kreditwesengesetz, 1963,1996), zu § 19, S. 20 f., Rn. 24, BAK, Schreiben vom 10.3.1981 - I 3 - 237 - 10/77, S. 1 ff.

[17] Unter Kapitaldienst werden Zins- und Tilgungsleistungen für aufgenommene Kredite verstanden. Vgl. Büschgen, H. E. (Bank-Lexikon, 1992), S. 884.

[18] Vgl. hierzu und zum folgenden Reischauer, F./ Kleinhans, J. (Kreditwesengesetz, 1963,1996, 1996), zu § 19, S. 21, Rn. 24.

Aus den oben genannten Gründen wurde der Kreditnehmerbegriff durch den Gesetzgeber in § 19 Abs. 2 KWG unter Risikogesichtspunkten angepaßt. So wird neben dem Begriff des Kreditnehmers als einzelne wirtschaftliche Einheit der Begriff der Kreditnehmereinheit als eine Mehrheit von Kreditnehmern, die einer Risikoeinheit, wie z. B. Unternehmen in einem Konzern, angehören, einbezogen.

Wurden in der Vergangenheit in der Literatur hauptsächlich einzelne juristische oder natürliche Personen oder Personenhandelsgesellschaften als Kreditnehmer betrachtet, vollzieht sich bei den Kreditnehmern schon seit vielen Jahren eine Entwicklung, die diese Betrachtungsweise als nicht zu den realen Verhältnissen passend erscheinen läßt. In der wirtschaftlichen Realität existieren zunehmend Verflechtungen und Konzentrationen von juristischen und natürlichen Personen und Personenhandelsgesellschaften, die die Betrachtung einer Kreditnehmereinheit, d. h. mehrerer Kreditnehmer im Verbund, notwendig machen.

Unter diesem Aspekt ist es interessant, einen Blick auf die Geschichte der Unternehmenskonzentration zu werfen.

Die erste Welle der Unternehmenskonzentration begann nach dem deutsch-französischen Krieg von 1871, dem ein starker wirtschaftlicher Aufschwung folgte.[19] Bereits in dieser Phase bildeten sich große und mächtige Konzerne heraus. Eine zweite Welle folgte nach dem 1. Weltkrieg, die auch von den Nationalsozialisten weiter vorangetrieben wurde. Nach dem 2. Weltkrieg war die Dekonzentration der deutschen Wirtschaft ein erklärtes Ziel der Alliierten. Hier ist vor allem die Aufteilung der IG Farben und der Vereinigten Stahlwerke zu nennen. Dieses Ziel wurde jedoch von den Alliierten nicht weiter verfolgt. Daher kam es zu einem weiteren, ungehinderten Konzentrationsprozeß nach 1950, der auch durch die Gesetzgebung nachhaltig gefördert wurde.[20]

---

[19] Vgl. hierzu und zum folgenden sowie zur gesamten Geschichte der Unternehmenskonzentration Stolper, G. (Wirtschaft, 1964), S. 32 ff., 53 ff., 122 f., 223 ff., Deutscher Bundestag (Konzentration 1964), S. 1 ff., Spindler, G. (Konzern, 1993), S. 107 ff., 119 ff. sowie zur Geschichte des Konzerns Deilmann, B. (Entstehung, 1990), S. 15 ff.

[20] Vgl. z. B. zu konzernfördernden steuerlichen Regelungen Spindler, G. (Konzern, 1993), S. 15 ff.

Vor diesem Hintergrund stellt sich die Frage, warum die Unternehmenskonzentrationen im Wirtschaftsleben in großem Ausmaß an Attraktivität gewinnen konnten.[21] Größere Unternehmensverbände können beispielsweise leichter die Mittel für Forschung und Entwicklung und damit für den technischen Fortschritt aufbringen und so das wirtschaftliche Wachstum des Unternehmens fördern. Zudem sind speziell Konzerne in der Lage, die jeweiligen rechtlich selbständigen Unternehmen zu neuen Einheiten zusammenzufügen, die den wechselnden Marktsituationen besser gewachsen sind. Dies bedeutet ein erhebliches Flexibilitätspotential. Im Konzern ist auch die Möglichkeit geboten, Risiken auf einzelne Unternehmen zu beschränken, so daß im Falle eines Konkurses nicht der ganze Konzern in Mitleidenschaft gezogen wird.[22] Ein besonders hoch einzuschätzender Vorteil ist die Chance, bei der Bildung eines Konzerns mit relativ geringem Kapitaleinsatz große Unternehmenseinheiten und damit Machtpositionen aufzubauen.[23]

Das verstärkte Auftreten von Kreditnehmer**einheiten** ist nach diesen Ausführungen nicht nur ein Thema, das in den letzten Jahren an Relevanz gewinnt, sondern vielmehr eines, das schon viele Jahrzehnte eine Rolle spielt.

Der Entwicklung bei der Zunahme von Konzentrationen in der Wirtschaft trug der Gesetzgeber erst durch die Einführung der Kreditnehmereinheit im KWG[24] und die Erweiterungen in den seitdem verabschiedeten KWG-Novellen Rechnung. So wurde in der 2. KWG-Novelle das 'Strohmann-Kreditverhältnis' als Grundlage für die Bildung einer Kreditnehmereinheit eingefügt.[25] Dann wurde in der 3. KWG-Novelle der Tatbestand der Mehrheitsbeteiligung für Anteilseigner ohne Unternehmenseigenschaft als Basis für die Bildung einer Kreditnehmereinheit eingeführt.[26] In der 5. KWG-Novelle wurde

---

21   Vgl. hierzu und zum folgenden Emmerich, V./ Sonnenschein, J. (Konzernrecht, 1993), S. 18 f., Würdinger, H. (Konzernrecht, 1973), S. 242 f.

22   Vgl. Thiermeier, M. (Risiko, 1989), S. 25.

23   Hierbei kann durch die Zwischenschaltung weiterer Gesellschaften der Kapitaleinsatz wesentlich verringert werden. Wenn z. B. A an B mit >50 % beteiligt ist, so genügt eine >50 % - Beteiligung an A um auch die Kontrolle über B ausüben zu können. Vgl. hierzu Pausenberger, E. (Konzernaufbau, 1957), S. 66 f., Schneider, U. H. (Konzernfinanzierung, 1984), S. 504.

24   Vgl. Deutscher Bundestag (Entwurf KWG, 1959), S. 1 ff.

25   Vgl. hierzu und zum folgenden Deutscher Bundestag (2. KWG-Novelle, 1975), S. 1 ff.

26   Vgl. Deutscher Bundestag (3. KWG-Novelle, 1984), S. 1 ff., Begründung RegE S. 87 f., Deutscher Bundestag (Finanzausschuß, 1984), S. 1 ff.

dieser Kreditnehmerbegriff durch die Umsetzung der Richtlinien der Europäischen Gemeinschaft in deutsches Recht wiederum erweitert.[27] So stehen jetzt Abhängigkeitsverhältnisse durch Beherrschung und andere Abhängigkeitsverhältnisse sowohl bei Unternehmen als auch bei Personen im Mittelpunkt der gesetzlichen Regelungen. Um den bisherigen und den neuen Regelungen für die Bildung von Kreditnehmereinheiten gerecht zu werden, wurden in § 19 Abs. 2 KWG sowohl die sehr allgemein gehaltene Definition von Kreditnehmereinheiten der Richtlinie der Europäischen Gemeinschaft eingebracht,[28] als auch die bisherige Definition nach deutschem Recht als deren Regelfall beibehalten.[29] Diese Vorgehensweise hat den Vorteil, daß die langjährige Zuordnungspraxis der Banken weitgehend fortgeführt werden kann und trotzdem im Bedarfsfall ein erweiterter Risikoverbund im Rahmen des § 19 Abs. 2 Satz 1 KWG gebildet werden kann.

Im folgenden wird der seit 01.01.1996 gültige § 19 Abs. 2 KWG kurz dargestellt.[30]

Kreditnehmereinheiten gemäß § 19 Abs. 2 **Satz 1** KWG[31]

a) Als ein Kreditnehmer gelten zwei oder mehrere natürliche oder juristische Personen oder Personenhandelsgesellschaften, die eine Einheit bilden.[32]
Diese Einheit ist dadurch gekennzeichnet, daß einer der genannten Teile einen unmittelbar oder mittelbar **beherrschenden Einfluß** auf den oder die anderen Teile ausüben *kann.*[33]

---

[27] Vgl. hierzu und zum folgenden Deutscher Bundestag (5. KWG-Novelle, 1994), S. 1 ff. Hier wurde die Regelung aus Artikel 1 Buchstabe m der Richtlinie Nr. 92/121/EWG des Rates vom 21. Dezember 1992 über die Überwachung und Kontrolle der Großkredite von Kreditinstituten, die hier als Großkreditrichtlinie (GroßKredRL) bezeichnet wird, umgesetzt. Vgl. Europäische Gemeinschaften (Hrsg.) (Richtlinie, 1993), S. 3.

[28] Vgl. § 19 Abs. 2 Satz 1 KWG

[29] Vgl. § 19 Abs. 2 Satz 2 KWG, Deutscher Bundestag (5. KWG-Novelle, 1994), S. 1 ff.

[30] Vgl. Abb. 1, S. 10.

[31] Dabei ist anzumerken, daß für die Auslegung und Anwendung des nunmehr gültigen § 19 Abs. 1 Satz 1 KWG, der aus der Umsetzung einer EG-Richtlinie resultiert, bisher keine offiziellen Verlautbarungen des BAK vorliegen. Es existiert zwar eine Literaturmeinung, die jedoch noch nicht vom BAK bestätigt wurde und daher in dieser Arbeit als Einzelmeinung in Hinblick auf § 19 Abs. 1 Satz 1 KWG nicht weiter verfolgt wird. Vgl. Bisani, H. P. (Risikoeinheiten, 1996), S. 130 ff.

[32] Vgl. hierzu und zum folgenden § 19 Abs. 2 Satz 1 1. Alternative KWG.

b) Aber auch **ohne** Vorliegen eines solchen **Beherrschungsverhältnisses** sind Kreditnehmer als Einheiten zu sehen, wenn es die zwischen ihnen bestehenden Abhängigkeiten wahrscheinlich erscheinen lassen, daß finanzielle Schwierigkeiten eines Teils
einer Kreditnehmereinheit auch bei einem der anderen zu Zahlungsschwierigkeiten
führen.[34]

Diese Fassung des Gesetzes läßt bereits erkennen, wie weitgehend der Kreditnehmerbegriff ausgelegt werden kann. So genügt bereits die **Wahrscheinlichkeit** eines Zu-
sammenhanges zwischen den finanziellen Schwierigkeiten des einen Kreditnehmers
und den Zahlungsschwierigkeiten des anderen, um eine Kreditnehmereinheit bilden zu
können. Dieser Kreditnehmerbegriff darf jedoch nicht dahingehend interpretiert
werden, daß beispielsweise Zulieferer und ihre Hauptabnehmer zu Kreditnehmereinheiten zusammengefaßt werden.[35]

Diese Einschränkung erscheint nicht immer plausibel. Es ist leicht zu erkennen, daß z.
B. finanzielle Schwierigkeiten eines Abnehmers von 80 % der Produktionsmenge eines
Lieferanten (z. B. Autozulieferindustrie) bei diesem ebenfalls zu Zahlungsproblemen
führen kann. Dieser Zusammenhang kann es für die Bank rechtfertigen, aus beiden eine
Kreditnehmereinheit zu bilden und damit diesem Risiko gerecht zu werden. Da eine
Zusammenfassung, die Möglichkeiten dieser Art einschließt, zu einer übermäßigen
Menge an Kreditnehmereinheiten führen würde, sollte sie nur in begründeten
Ausnahmefällen genutzt werden.

Durch die Umsetzung von EG-Recht in § 19 Abs. 2 Satz 1 KWG entstand eine sehr allgemein und damit sehr weit gefaßte Möglichkeit zur Bildung von Kreditnehmerein-

---

33 Es existieren auch einige Ausnahmen für die Anwendung des § 19 Abs. 2 Satz 1 KWG. Gemäß
    § 19 Abs. 2 Satz 3 KWG gelten die nachfolgenden Ausführungen nicht für die Anwendung des
    § 13 KWG bei Krediten innerhalb einer Kreditinstitutsgruppe oder einer Finanzholding-Gruppe
    gemäß § 13 a Abs. 2 KWG an Unternehmen, die in die Zusammenfassung gemäß § 13 a Abs. 3
    KWG einbezogen sind. Dieser Satz 3 gilt auch für Kredite an Mutterunternehmen mit Sitz in
    einem anderen Mitgliedstaat der Europäischen Gemeinschaft oder Vertragsstaat des
    Abkommens über den Europäischen Wirtschaftraum sowie an deren andere Tochterunterneh-
    men, sofern das Kreditinstitut, sein Mutterunternehmen und deren andere Tochterunternehmen
    von den zuständigen Behörden des anderen Mitgliedstaates oder Vertragsstaates in die Überwa-
    chung der Großkredite auf zusammengefaßter Basis nach Maßgabe der Großkreditrichtlinie
    einbezogen werden. Vgl. § 19 Abs. 2 Satz 3 KWG.

34 Vgl. § 19 Abs. 2 Satz 1 2. Alternative KWG. Zahlungsschwierigkeiten liegen bereits vor, wenn
    der Kreditnehmer/ die Kreditnehmereinheit den Kapitaldienstleistungen nicht mehr in voller
    Höhe oder nicht termingerecht nachkommen kann. Vgl. Bisani, H. P. (Risikoeinheiten, 1996),
    S. 132.

35 Vgl. Deutscher Bundestag (5. KWG-Novelle, 1994), S. 1 ff.

heiten. Die Anwendung des § 19 Abs. 2 Satz 1 KWG in der Praxis muß in Zukunft noch durch Verlautbarungen des BAK konkretisiert werden.

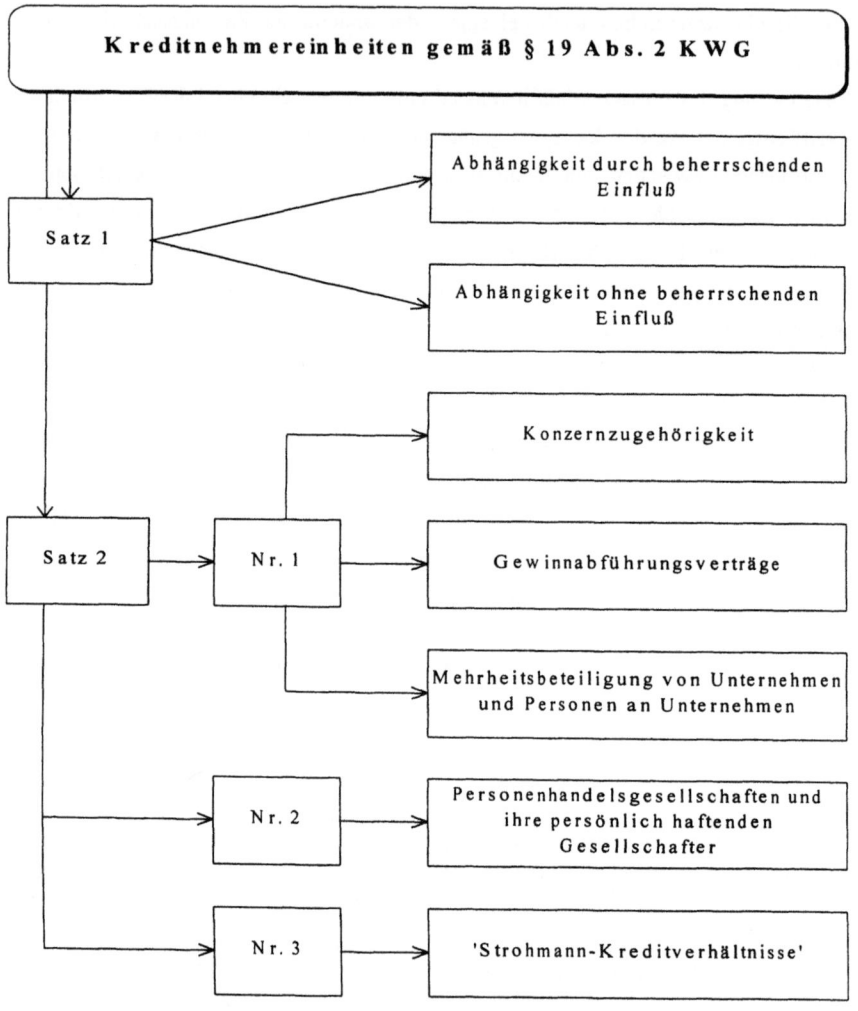

Abb. 1: Kreditnehmereinheiten

Kreditnehmereinheiten gemäß § 19 Abs. 2 **Satz 2** KWG

Bei den Vorschriften zur Bildung von Kreditnehmereinheiten gemäß § 19 Abs. 2 Satz 2 KWG handelt es sich um die auch schon vor dem 01.01.1996 geltende Gesetzesfassung, die als Regelfall beibehalten wurde.

Insbesondere sind Unternehmen, die einem Konzern ange-hören, als Kreditnehmereinheit anzusehen.[36] Dies gilt auch für Unternehmen, die durch Gewinnabführungsverträge verbunden sind, sowie Unternehmen und Personen, die an anderen Unternehmen mit Mehrheit beteiligt sind.[37]

Zu dieser Aufzählung von Kreditnehmereinheiten sieht das KWG einige Ausnahmen vor.[38] So sind der Bund, Sondervermögen des Bundes, ein Land, eine Gemeinde oder ein Gemeindeverband wie auch die Europäischen Gemeinschaften oder ein anderer Mitgliedstaat der Europäischen Gemeinschaft nicht als Kreditnehmereinheit zu führen.[39]

Personenhandelsgesellschaften und ihre jeweils persönlich haftenden Gesellschafter sind ebenfalls als ein Kreditnehmer anzusehen[40] sowie Personen und Unternehmen, für deren Rechnung Kredit aufgenommen wird mit demjenigen, der den Kredit im eigenen Namen aufnimmt (sogenannte 'Strohmann-Kreditverhältnisse').[41]

Anhand dieser Aufzählung ist ersichtlich, daß die einzelnen Voraussetzungen des § 19 Abs. 2 **Satz 2** KWG unter die beiden Möglichkeiten des § 19 Abs. 2 **Satz 1** KWG subsumiert werden können. So fallen unter Abhängigkeiten mit beherrschendem Einfluß gemäß § 19 Abs. 2 Satz 1 1. Alternative KWG alle Formen des Unterordnungskonzerns

---

[36]   Vgl. hierzu und zum folgenden § 19 Abs. 2 Satz 2 Nr. 1 1. Alternative KWG.

[37]   Vgl. § 19 Abs. 2 Satz 2 Nr. 1 2. und 3. Alternative KWG.

[38]   Vgl. hierzu und zum folgenden § 19 Abs. 2 Satz 2 Nr. 1 a), b) und c) KWG.

[39]   Als weitere Ausnahmen sind Vertragsstaaten des Abkommens über den Europäischen Wirtschaftsraum und deren Regionalregierungen und örtlichen Gebietskörperschaften aufzuführen, wenn für diese gemäß Artikel 7 der Richtlinie 89/647/EWG des Rates vom 18. 12.1989 über einen Solvabilitätskoeffizienten für Kreditinstitute die Gewichtung Null bekanntgegeben worden ist. Des weiteren zählen die Zentralregierungen eines anderen Landes der Zone A zu den Ausnahmen. Vgl. § 19 Abs. 2 Satz 2 Nr. 1 c) und d) KWG. Zur Erfassung der Länder, die zur Zone A gehören, vgl. Deutscher Bundestag (5. KWG-Novelle, 1994), S. 1 ff.

[40]   Vgl. § 19 Abs. 2 Satz 2 Nr. 2 KWG.

[41]   Vgl. § 19 Abs. 2 Satz 2 Nr. 3 KWG.

und der Gewinnabführungsvertrag, während unter Abhängigkeiten ohne beherrschenden Einfluß gemäß § 19 Abs. 2 Satz 1 2. Alternative KWG die Personenhandelsgesellschaft, der Gleichordnungskonzern, das 'Strohmann-Kreditverhältnis' sowie die (Kapital-) Mehrheitsbeteiligung einzuordnen sind.

Die Definition von Kreditnehmereinheiten in § 19 Abs. 2 KWG bildet die Basis für die Vorschriften der §§ 10, 13 bis 18 KWG.[42] Daher kann nur eine gesetzestreue Bildung der Kreditnehmereinheiten zur Einhaltung der daran anknüpfenden Vorschriften führen.

Ein zentrales Problem, den gesetzlichen Ansprüchen[43] zur Bildung von Kreditnehmereinheiten gerecht zu werden, liegt in der Tatsache begründet, daß es oftmals nicht klar ersichtlich ist, welche Unternehmen und Personen zu einer Kreditnehmereinheit gehören bzw. es einen erheblichen Arbeitsaufwand bedeutet, diese richtig und lückenlos zuzuordnen. Dabei ist zu beachten, daß es bei der Bildung von Kreditnehmereinheiten unerheblich ist, ob jedes einzelne Mitglied Kredit in Anspruch nimmt oder nicht.[44]

---

[42] In § 10 KWG ist die Eigenkapitalausstattung, in § 13 KWG sind die Großkredite, in § 14 KWG die Millionenkredite, in §§ 15, 16 KWG die Organkredite und in § 18 KWG die Kreditunterlagen zur Offenlegung der wirtschaftlichen Verhältnisse geregelt. Zu Ausnahmen vgl. § 19 Abs. 2 Satz 3 KWG.

[43] Für den Fall, daß Kreditnehmereinheiten falsch oder unvollständig oder überhaupt nicht gebildet wurden, sind keine direkten Sanktionen bekannt.

[44] Vgl. Bisani, H. P. (Risikoeinheiten, 1996), S. 132, BAK, Schreiben vom 08.08.1995 - I 3 - 237 - 2/94, S. 1 ff.

2.2 Abgrenzung der Begriffe 'Unternehmen' und 'Personen' in § 19 Abs. 2 KWG

Die in § 19 Abs. 2 KWG genannten Begriffe 'Unternehmen' und 'Personen' sind im KWG nicht näher erläutert.[45] Unter den Begriff 'Personen' können hier sowohl juristische als auch natürliche Personen sowie Personenzusammenschlüsse und nicht rechtsfähige Vereine subsumiert werden, nicht jedoch Staaten und andere Völkerrechtssubjekte.

Da es für den Unternehmensbegriff keine Legaldefinition gibt, sondern die Begriffsklärung der Wissenschaft und Rechtsprechung überlassen ist, hängt dessen Auslegung vom Sinn und Zweck der jeweiligen Vorschrift ab.[46] Im Kontext des § 19 KWG ist der Unternehmensbegriff des AktG bzgl. der verbundenen Unternehmen nach den §§ 15 ff. AktG maßgeblich. Deren Ziel ist die Regelung von Interessenskonflikten zwischen den verbundenen Unternehmen. Hier wird zwischen herrschenden, abhängigen und gleichgeordneten Unternehmen unterschieden, wobei die in den §§ 15 ff. AktG festgelegten Grundlagen zwar in erster Linie für Aktiengesellschaften, darüber hinaus jedoch auch für Unternehmen anderer Rechtsform gelten.[47]

Ein **herrschendes Unternehmen** im Sinne des AktG ist jeder Gesellschafter, der neben seiner Beteiligung an der AG wirtschaftliche Interessen verfolgt, die die Annahme rechtfertigen, daß ein unternehmerisches Fremdinteresse geltend gemacht werden könnte.[48] Dies bedeutet, daß das herrschende Unternehmen Entscheidungen treffen und durchsetzen kann, die zum Nachteil der beherrschten AG sind. Dabei ist es unerheblich, ob dieser Einfluß tatsächlich geltend gemacht wird.

---

[45] Vgl. hierzu und zum folgenden Bisani, H. P. (Risikoeinheiten, 1996), S. 131.

[46] Vgl. hierzu und zum folgenden z. B. Würdinger, H. (Aktienrecht, 1981), S. 281 ff., Schatz, S. (Gläubigerinteressen, 1980), S. 6, Reischauer, F./ Kleinhans, J. (Kreditwesengesetz, 1963,1996), zu § 19, S. 22 ff., Rn. 26.

[47] Vgl. hierzu Emmerich, V./ Sonnenschein, J. (Konzernrecht, 1993), S. 41 f.

[48] Vgl. hierzu und zum folgenden BGH, Urteil vom 13.10.1977 - II ZR 123/76 'Veba-Gelsenberg-Urteil', S. 202, Koppensteiner, H.-G. (Kölner Kommentar, 1988), zu § 15, S. 162 ff., Rn. 21 ff. Unter den Unternehmensbegriff ist auch die öffentliche Hand zu subsumieren. Vgl. Emmerich, V./ Sonnenschein, J. (Konzernrecht, 1993), S. 50 ff., Koppensteiner, H.-G. (Kölner Kommentar, 1988), zu § 15, S. 171, Rn. 41, anders: Milde, T. (Gleichordnungskonzern, 1996), S. 60 ff., Bundesministerium der Justiz (Hrsg.) (Unternehmensrechtskommission, 1980), S. 673 f., Tz. 1308.

Dieser Unternehmensbegriff trifft auch auf eine natürliche Person zu, wenn diese mindestens zwei Beteiligungen hält, wovon eine maßgeblich[49] sein muß.[50] Auch einen eigenen Kaufmannsbetrieb neben der Beteiligung an einer Gesellschaft zu führen oder einer freiberuflichen Tätigkeit nachzugehen, führt dazu, daß eine natürliche Person als herrschendes Unternehmen angesehen wird.[51]

Für ein von einer AG **abhängiges** bzw. der AG **gleichgeordnetes Unternehmen** wird der Unternehmensbegriff weit ausgelegt.[52] So kann jede rechtlich besonders organisierte Vermögenseinheit als ein abhängiges oder gleichgeordnetes Unternehmen angesehen werden.

2.3 Die Zugehörigkeit zu verbundenen Unternehmen im Sinne des Aktiengesetzes als Basis für die Bildung einer Kreditnehmereinheit gemäß § 19 Abs. 2 KWG

In Kapitel 2.1, S. 5 ff. wurde in Ausschnitten die Entwicklung des § 19 Abs. 2 KWG skizziert. Es läßt sich erkennen, daß wiederholt vom Gesetzgeber neue Tatbestände durch Textergänzungen an verschiedenen Stellen des § 19 Abs. 2 KWG berücksichtigt wurden. Wenn man nun diese Tatbestände, deren Grundlagen häufig im AktG liegen, betrachtet, ist festzustellen, daß eine sinnvolle Darstellung auf die Gliederung des AktG zurückgreifen muß. Diese Vorgehensweise liegt darin begründet, daß die Regelungen über die Mehrheitsbeteiligung, die Abhängigkeit und den Konzern großenteils aufeinander aufbauen und daher eng verbunden sind.[53]

---

[49] Eine Beteiligung ist dann maßgeblich, wenn sie die Möglichkeit zur Einflußnahme eröffnet. Dies ist vor allem immer dann der Fall, wenn eine Mehrheitsbeteiligung gemäß § 16 AktG besteht, aber auch wenn eine niedrigere Beteiligung besteht, die z. B. wegen ständiger geringer Hauptversammlungspräsenz die Möglichkeit einer Einflußnahme eröffnet. Vgl. Koppensteiner, H.-G. (Kölner Kommentar, 1988), zu § 15, S. 175 f., Rn. 53 m. w. N., Rasch, H. (Konzernrecht, 1974), S. 46.

[50] Vgl. zur Auffassung, daß bei dieser Konstellation keine Unternehmenseigenschaft bei natürlichen Personen vorliegt, Milde, T. (Gleichordnungskonzern, 1996), S. 21 ff.

[51] Vgl. BGH, Urteil vom 19.9.1994 - II ZR 237/93, S. 36, Koppensteiner, H.-G. (Kölner Kommentar, 1988), zu § 15, S. 160 f., Rn. 19 f.

[52] Vgl. hierzu und zum folgenden Koppensteiner, H.-G. (Kölner Kommentar, 1988), zu § 15, S. 175 f., Rn. 53 m. w. N.

[53] Vgl. Emmerich, V./ Sonnenschein, J. (Konzernrecht, 1993), S. 57 ff.

Das Ziel des AktG hinsichtlich des Rechts der verbundenen Unternehmen besteht darin, Interessenkonflikte zwischen den Unternehmen zu regeln.[54] Dabei trägt es Sorge, daß die Möglichkeiten, durch verbundene Unternehmen Manipulationen an den Rechten der Aktionäre und der Gläubiger vorzunehmen, im Sinne des Minderheiten-/ Gläubigerschutzes verhindert oder zumindest eingeschränkt werden. Deshalb werden bestimmte Unternehmensverbindungen zu einer erweiterten Publizität verpflichtet. Diese verbundenen Unternehmen, die rechtlich selbständig[55] sein müssen, sind in § 15 AktG aufgezählt und in den §§ 16 bis 19 sowie in den §§ 291, 292 AktG näher bestimmt. Gemäß § 15 AktG sind verbundene Unternehmen solche, die im Verhältnis zueinander in Mehrheitsbesitz stehende Unternehmen und mit Mehrheit beteiligte Unternehmen (§ 16 AktG), abhängige und herrschende Unternehmen (§ 17 AktG), Konzernunternehmen (§ 18 AktG), wechselseitig beteiligte Unternehmen (§ 19 AktG) oder Vertragsteile eines Unternehmensvertrags (§§ 291, 292 AktG) sind.[56]

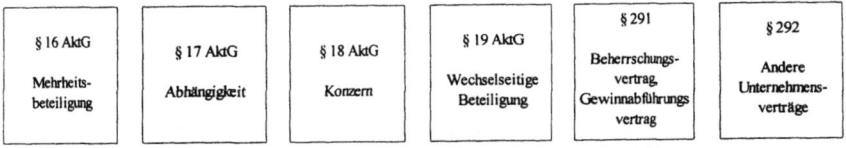

Abb. 2:   Verbundene Unternehmen gemäß § 15 AktG

Unternehmen, die nicht unter eine dieser Gruppen fallen, können keine verbundenen Unternehmen im Sinne des AktG sein.[57]
Bei den Begriffsbestimmungen handelt es sich um reine Zweckdefinitionen, an die entsprechende Einzelvorschriften anknüpfen.[58] Obwohl diese Unternehmensverbindungen

---

[54]   Vgl. hierzu und zum folgenden Würdinger, H. (Konzernrecht, 1973), S. 245, Geßler, E. (Aktiengesetz 1, 1973), zu § 15, S. 183, Rn. 19.

[55]   Unter rechtlicher Selbständigkeit ist die rechtliche Eigenständigkeit zu verstehen, gleich ob es sich um ein Einzelunternehmen, eine Personengesellschaft oder eine juristische Person handelt. Vgl. Würdinger, H. (Konzernrecht, 1973), S. 257, Rasch, H. (Konzernrecht, 1974), S. 104 ff. Zweigstellen oder Niederlassungen eines Unternehmens fehlt beispielsweise die rechtliche Selbständigkeit. Vgl. Würdinger, H. (Konzernrecht, 1973), S. 259, Rose, G./ Glorius, C. (Unternehmensformen, 1992), S. 132 f.

[56]   Vgl. Abb. 2, S. 15.

[57]   Vgl. Würdinger, H. (Konzernrecht, 1973), S. 253.

im AktG geregelt sind, gelten die Definitionen auch für andere Unternehmensformen.[58] So kann man die §§ 15 bis 19 AktG als eine Art allgemeinen Teil für das Konzernrecht ansehen.

Im KWG wird auf mehrere dieser Unternehmensverbindungen Bezug genommen.[60] Dies sind die Mehrheitsbeteiligung, die Abhängigkeit, der Konzern sowie der Beherrschungs- und Gewinnabführungsvertrag.

Die sonstigen in § 15 AktG benannten Unternehmensverbindungen werden vom KWG nicht eingeschlossen.[61] Dies liegt darin begründet, daß Beteiligungen unter 50 %, wie bei der einfachen wechselseitigen Beteiligung,[62] in der Praxis zu erheblichen Problemen bei der Erfassung führen würden und daher vom Gesetzgeber im KWG explizit ausgeschlossen wurden.[63] Einseitige qualifizierte wechselseitige Beteiligungen,[64] die den Tatbestand einer Abhängigkeitsbeziehung oder eines Mehrheitsbesitzes beinhalten, sind gemäß der §§ 71 c Abs. 1 und 71 d AktG binnen Jahresfrist abzubauen.[65] Damit sind einseitige qualifizierte wechselseitige Beteiligungen mit einer AG

---

[58]   Vgl. Würdinger, H. (Konzernrecht, 1973), S. 245, 252, Kropff, B. (Aktiengesetz, 1965), Begründung RegE zu § 15, S. 26 ff., vgl. zu den Einzelvorschriften im Detail Müller, W. (Unternehmensverbindungen, 1992), S. 1268 ff.

[59]   Vgl. hierzu und zum folgenden Emmerich, V./ Sonnenschein, J. (Konzernrecht, 1993), S. 41 f., Kropff, B.(Aktiengesetz, 1965), Begründung RegE zu § 15, S. 27 f.

[60]   Vgl. hierzu und zum folgenden § 19 Abs. 2 KWG, Emmerich, V./ Sonnenschein, J. (Konzernrecht, 1993), S. 42, §§ 16, 17, 18 und 291 AktG.

[61]   Vgl. §§ 19 und 292 AktG (Wechselseitige Beteiligungen und andere Unternehmensverträge wie die Gewinngemeinschaft, der Teilgewinnabführungsvertrag, der Betriebspachtvertrag und der Betriebsüberlassungsvertrag).

[62]   Bei einer einfachen wechselseitigen Beteiligung sind Kapitalgesellschaften oder bergrechtliche Gewerkschaften aneinander mit mehr als 25 % und weniger als 50 % beteiligt. Vgl. hierzu § 19 Abs. 1 AktG.

[63]   Vgl. Deutscher Bundestag (3. KWG-Novelle, 1984), S. 1 ff., Deutscher Bundestag (Finanzausschuß, 1984), S. 1 ff.

[64]   Liegt eine einseitige qualifizierte wechselseitige Beteiligung vor, d. h. daß die eine Gesellschaft an der anderen mit mehr als 50 % beteiligt ist während die korrespondierende Beteiligung über 25 % und unter 50 % liegt, so ist das eine Unternehmen herrschend, das andere abhängig. Vgl. § 19 Abs. 2 AktG. Demnach gelten auch hier sämtliche Vorschriften, die an Abhängigkeit anknüpfen. Vgl. Emmerich, V./ Sonnenschein, J. (Konzernrecht, 1993), S. 124.

[65]   Vgl. zur qualifizierten wechselseitigen Beteiligung § 19 Abs. 2 und 3 AktG. Laut § 71 d AktG darf ein abhängiges oder im Mehrheitsbesitz stehendes Unternehmen Anteile in Höhe von max. 10 % des Grundkapitals erwerben bzw. besitzen. Vgl. auch Emmerich, V./ Sonnenschein, J. (Konzernrecht, 1993), S. 125 f.

als herrschende bzw. mehrheitbesitzende Gesellschaft nur noch vorübergehend zulässig.[66]

Bei beiderseitigen qualifizierten wechselseitigen Beteiligungen, d. h. wenn beide Gesellschaften mit Mehrheit aneinander beteiligt bzw. voneinander abhängig sind, finden ebenfalls die §§ 71 c Abs. 1 und 71 d AktG Anwendung und die beiderseitige qualifizierte wechselseitige Beteiligung muß binnen Jahresfrist abgebaut werden.[67] Daraus folgt ebenfalls eine nur vorübergehende Zulässigkeit dieser Unternehmensverbindung.

Bei den anderen Unternehmensverträgen gemäß § 292 AktG handelt es sich um reguläre schuldrechtliche Austauschverträge, die durch Leistung und Gegenleistung gekennzeichnet sind.[68] Da sie keine rechtliche Konzerngrundlage darstellen und daher kein besonderer konzernrechtlicher Schutz nötig ist, scheint auch im KWG kein Regelungsbedarf für darauf basierende Kreditnehmereinheiten zu bestehen.

Im folgenden wird die Bildung von Kreditnehmereinheiten auf Basis der unterschiedlichen aufgeführten Voraussetzungen gemäß § 19 Abs. 2 KWG untersucht.

Die AG und die GmbH sind einer empirischen Untersuchung zu Folge die Rechtsformen, die hauptsächlich in der Rolle des in Mehrheitsbesitz stehenden Unternehmens vorkommen.[69] Daher beschränken sich die folgenden Ausführungen auf die AG und die GmbH als jeweils in Mehrheitsbesitz stehendes, abhängiges bzw. beherrschtes sowie als gewinnabführendes Unternehmen. Auch sind anhand der Kapitalgesellschaften die grundsätzlichen Zusammenhänge zu erkennen, die sinngemäß auf Unternehmen mit abweichender Rechtsform übertragen werden können.

---

[66]   Vgl. Emmerich, V./ Sonnenschein, J. (Konzernrecht, 1993), S. 124 f.

[67]   Vgl. hierzu und zum folgenden Emmerich, V./ Sonnenschein, J. (Konzernrecht, 1993), S. 125 f.

[68]   Vgl. hierzu und zum folgenden Kropff, B. (Aktiengesetz, 1965), zu §§ 291, 292, S. 376, 378 ff., Schatz, S. (Gläubigerinteressen, 1980), S. 11.

[69]   Dabei spielt die GmbH eine signifikante Rolle, Personengesellschaften sind nur von untergeordneter Bedeutung. Vgl. Binder, Ch. U. (Beteiligungs-strategien, 1994), S. 396, Görling, H. (Verbreitung, 1993), S. 543.

2.3.1 Die Mehrheitsbeteiligung eines Unternehmens an einem Unternehmen als Basis für die Bildung einer Kreditnehmereinheit gemäß § 19 Abs. 2 KWG

Das KWG knüpft in § 19 Abs. 2 Satz 2 Nr. 1 3. Alternative bei der Mehrheitsbeteiligung von Unternehmen an die Definition des AktG an.[70]

Mehrheitsbeteiligung

In § 16 AktG sind in Mehrheitsbesitz stehende und mit Mehrheit beteiligte Unternehmen definiert. Gehört die Mehrheit der Anteile[71] eines rechtlich selbständigen Unternehmens einem anderen Unternehmen **oder** stehen die Mehrheit dessen Stimmrechte einem anderen Unternehmen zu, so ist es ein in Mehrheitsbesitz stehendes, das andere ein mit Mehrheit beteiligtes Unternehmen.[72]

Die Mehrheit der Anteile bestimmt sich bei Kapitalgesellschaften aus dem Nennwert der Anteile im Verhältnis zum Gesamtwert des Nennkapitals,[73] wobei eigene Anteile vom Nennkapital abzusetzen sind und damit unberücksichtigt bleiben.[74] Bei der Ermittlung der Mehrheit der Stimmrechte wird analog vorgegangen.[75] Um die Vorschriften, die an Mehrheitsbeteiligungen geknüpft sind, nicht durch Übertragung der Anteile umgehen zu können, werden auch Anteile von abhängigen Unternehmen hinzugerech-

---

[70]   Vgl. Reischauer, F./ Kleinhans, J. (Kreditwesengesetz, 1963,1996), zu § 19, S. 30, Rn. 33.

[71]   Dies gilt auch, wenn sich z. B. wegen stimmrechtsloser Vorzugsaktien mit der Mehrheit der Anteile nicht die Mehrheit der Stimmrechte verbindet. Vgl. Würdinger, H. (Konzernrecht, 1973), S. 254. Die Mehrheit der Anteile bedeutet mehr als 50 % der Anteile. Vgl. Rose, G./ Glorius, C. (Unternehmensformen, 1992), S. 106, Schatz, S. (Gläubigerinteressen, 1980), S. 7.

[72]   Vgl. § 16 Abs. 1 AktG.

[73]   Vgl. § 16 Abs. 2 Satz 1 AktG. Bei bergrechtlichen Gewerkschaften erfolgt die Berechnung analog nach Zahl der Kuxe. Mehrheitsbeteiligungen können auch an Unternehmen, die keine Kapitalgesellschaften sind, bestehen; dazu zählen z. B. Kommanditgesellschaften, atypische stille Gesellschaften oder Genossenschaften. Bei einer Kommanditgesellschaft z. B. muß der Mehrheitsanteil größer als 50 % des positiven Kapitalkontos am letzten Bilanztag sein. Vgl. Bisani, H. P. (Risikoeinheiten, 1996), S. 134. Bei der atypischen stillen Gesellschaft sind es mehr als 50 % der Vermögensbeteiligung im Innenverhältnis. Vgl. BAK, Schreiben vom 30.07.1992 - I 3 - 236 - 9/91, S. 1 ff. Bei einer typischen stillen Gesellschaft ist die Einlage als Fremdkapital zu sehen und dadurch kann keine Mehrheitsbeteiligung bestehen. Vgl. ebd.

[74]   Vgl. § 16 Abs. 2 Satz 2 AktG, Kropff, B. (Aktiengesetz, 1965), Begründung RegE zu § 16, S. 30. Auch hier erfolgt analoge Behandlung der Kuxe. Unter eigene Anteile sind auch Anteile zu subsumieren, die einem anderen für Rechnung des Unternehmens gehören. Vgl. hierzu § 16 Abs. 2 Satz 3 AktG.

[75]   Vgl. § 16 Abs. 3 AktG.

net.[76] Ebenso wird mit Anteilen verfahren, die einem anderen für Rechnung des mit Mehrheit beteiligten Unternehmens oder einem von diesem abhängigen gehören, sowie bei Einzelkaufleuten die Anteile, die diese im Privatbesitz halten.

An folgendem Beispiel sollen die Zusammenhänge bei der Mehrheitsbeteiligung deutlich gemacht werden.[77]

Es werden die drei Unternehmen A, B und C betrachtet. Unternehmen A ist an Unternehmen B mit 35 % beteiligt. C, ein von A abhängiges Unternehmen, ist ebenfalls an B mit 25 % beteiligt. Da die beiden Beteiligungen gemäß § 16 Abs. 4 AktG zusammenzurechnen sind, ergibt sich eine Mehrheitsbeteiligung von A an B, da die Summe mehr als 50 % beträgt. A und B sind also verbundene Unternehmen, B und C dagegen nicht.

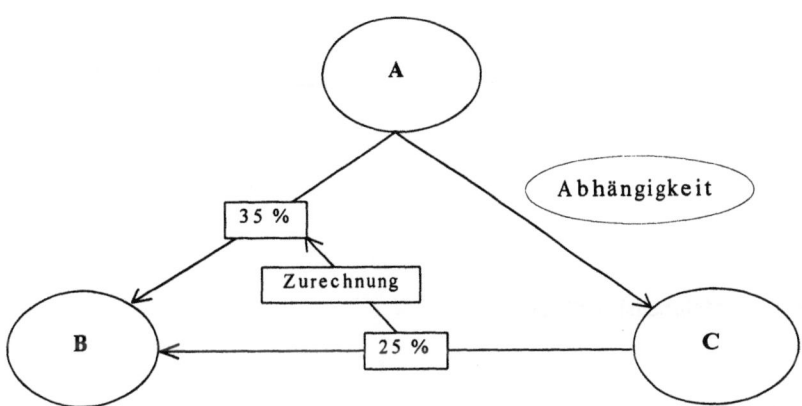

Abb. 3:   Mittelbare Mehrheitsbeteiligung[78]

Die Mehrheitsbeteiligung ist eine bilaterale Beziehung und kann immer nur zwischen zwei Unternehmen bestehen, nämlich dem in Mehrheitsbesitz stehenden und dem mit Mehrheit beteiligten. Wenn Unternehmen A mit 65 % an Unternehmen D beteiligt ist

---

76   Vgl. hierzu und zum folgenden § 16 Abs. 4 AktG, Kropff, B. (Aktiengesetz, 1965), Begründung RegE zu § 16, S. 30.

77   Vgl. hierzu und zum folgenden auch Würdinger, H. (Konzernrecht, 1973), S. 255, Abb. 3, S. 19..

78   Vgl. § 16 Abs. 4 AktG.

und D mit 55 % an Unternehmen Z, sind nur A und D sowie D und Z verbunden, nicht aber A und Z.[79]

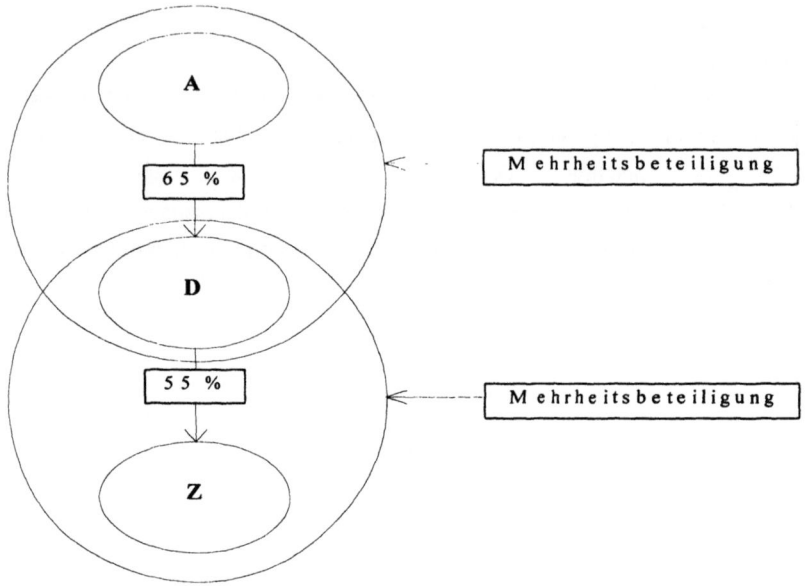

Abb. 4:   Mehrheitsbeteiligungen[80]

---

[79]   Vgl. Abb. 4, S. 20.

[80]   Vgl. § 16 Abs. 1 AktG

Einflußmöglichkeiten

Für einfache Mehrheitsbeteiligungen von Unternehmen an Unternehmen, d. h. solche, die nicht mit einer Stimmrechtsmehrheit einhergehen und auch sonst keine Abhängigkeit begründen, existieren keine Haftungsregelungen, da ein beherrschender Einfluß auf die in Mehrheitsbesitz stehende Gesellschaft fehlt und damit deren Vermögen nicht gefährdet werden kann.[81] Daher sind Einflußmöglichkeiten auf Basis wirtschaftlicher Zusammenhänge näher zu betrachten.

Da ein Einfluß durch schädigende Weisungen durch das mit Mehrheit beteiligte Unternehmen wegen der fehlenden Stimmrechtsmehrheit auszuschließen ist, ist zu prüfen, ob dessen finanzielle Schwierigkeiten auf das in Mehrheitsbesitz stehende Unternehmen übertragbar sind. Ist das beherrschte Unternehmen in der Rechtsform einer AG oder GmbH, auf die sich diese Arbeit beschränkt, ist dies im allgemeinen zu verneinen, da es dem Unternehmen, das in finanzielle Schwierigkeiten gerät, möglich ist, sich durch Veräußerung oder Beleihung der Beteiligung Liquidität zu verschaffen. Die Veräußerung von Aktien ist im allgemeinen, wenn auch evtl. mit Erlösschmälerungen, möglich.[82] Auch bei der GmbH sind die Geschäftsanteile grundsätzlich veräußerlich. Da jedoch kein Markt für GmbH-Anteile besteht und häufig eine Zustimmungserteilung der Mitgesellschafter erforderlich ist, ist die Veräußerung mit umfangreicheren Problemen behaftet. Eine Beleihung von Beteiligungen ist sowohl bei der AG als auch bei der GmbH möglich.[83]

---

[81] Vgl. Schatz, S. (Gläubigerinteressen, 1980), S. 7, Clausen, U. (Unternehmen, 1992), S. 117, Drygala, T. (Betriebsaufspaltung, 1991), S. 98 f.Die Einflußmöglichkeiten, die an eine Mehrheitsbeteiligung mit Stimmrechtsmehrheit anknüpfen, werden aufgrund der Abhängigkeitsvermutung gemäß § 17 Abs. 2 AktG in Kapitel 2.3.2, S. 24 ff. behandelt.

[82] Vgl. hierzu und zum folgenden: Inhaberaktien werden gemäß § 929 BGB durch Einigung und Übergabe, Namensaktien gemäß § 68 AktG und §§ 12, 13 und 16 WG analog durch Indossament übertragen. Bei vinkulierten Namensaktien ist jedoch gemäß § 68 Abs. 2 AktG die Zustimmung der AG zur Übertragung nötig. Vgl. Henn, G. (Aktienrecht, 1991), S. 17 f. Vgl. zur Übertragung von GmbH-Geschäftsanteilen §§ 15, 16 GmbHG, Winter, H. (GmbH-Gesetz Kommentar, 1993), zu § 15, S. 622 ff., Rn. 1 ff., zu § 16, S. 760 ff., Rn. 1 ff., zu Beschränkungen der Übertragbarkeit von Geschäftsanteilen bei der GmbH im Detail Reichert, J. (Geschäftsanteile, 1984), S. 48 ff., § 15 Abs. 1 GmbHG.

[83] Vgl. ausführlich zu Aktien als Kreditsicherheit Kraft, A./ Hönn, G. (Kreditsicherheit, 1979), S. 163 ff. sowie zu GmbH-Anteilen als Kredit-sicherheit Mühl, O. (Geschäftsanteil, 1979), S. 129 ff.

Ein Zusammenhang zwischen finanziellen Schwierigkeiten des in Mehrheitsbesitz stehenden Unternehmens und einer Verschlechterung der Bonität bei dem mit Mehrheit beteiligten Unternehmen erscheint aufgrund fehlender Haftungsverpflichtungen nur dann relevant, wenn die Einnahmen aus der Beteiligung einen maßgeblichen Anteil der Gesamteinkünfte bei dem mit Mehrheit beteiligten Unternehmen einnehmen. Ist das in Mehrheitsbesitz stehende Unternehmen nicht mehr in der Lage, Einnahmen in der erwarteten und benötigten Höhe bereitzustellen, kann sich die Bonität bei dem mit Mehrheit beteiligten Unternehmen negativ verändern.

Die gegenseitigen Einflußmöglichkeiten in einer durch reine Mehrheitsbeteiligung (Kapitalmehrheit) geprägten Beziehung beschränken sich offensichtlich auf Einzelfälle. Da Mehrheitsbeteiligungen gemäß § 15 AktG unter den Begriff 'verbundene Unternehmen' fallen, gelten auch die in Kapitel 2.3, S. 14 ff. bereits beschriebenen Rechtsfolgen.

Bildung der Kreditnehmereinheit

Liegt eine Mehrheitsbeteiligung vor, so sind das mit Mehrheit beteiligte und das in Mehrheitsbesitz stehende Unternehmen zu einer Kreditnehmereinheit zusammenzufassen.[84]

---

[84] Vgl. hierzu und zum folgenden Abb. 5, S. 23, § 19 Abs. 2 Satz 2 Nr. 1 3. Alternative KWG, Bisani, H. P. (Risikoeinheiten, 1996), S. 133. So ist z. B. auch ein Unternehmen, das als Kommanditist mit Mehrheit an einer KG beteiligt ist, mit eben dieser KG als Kreditnehmereinheit zusammenzufassen. Vgl. Reischauer, F./ Kleinhans, J. (Kreditwesengesetz, 1963,1996), zu § 19, S. 30 b, Rn. 35.

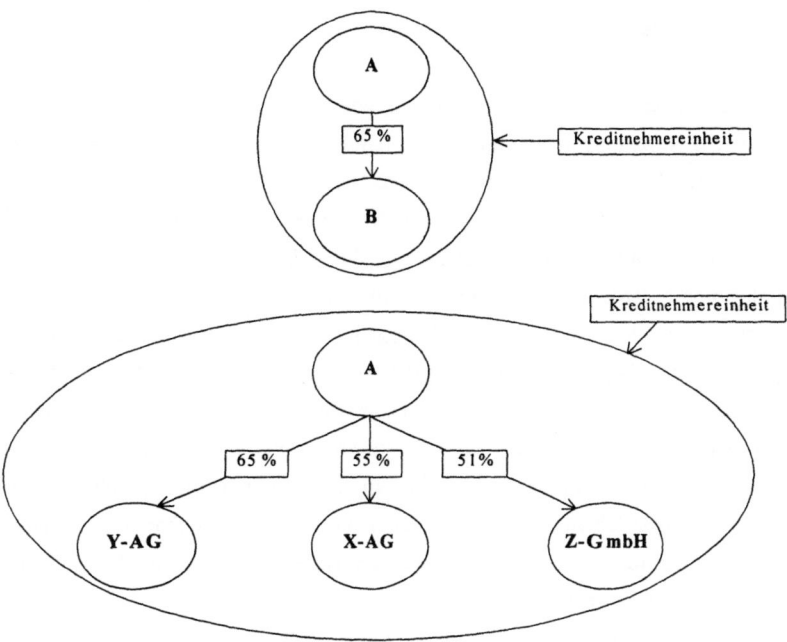

Abb. 5:   Kreditnehmereinheiten auf der Basis von Mehrheitsbeteiligungen[85]

Ist ein Unternehmen an mehreren anderen Unternehmen mit Mehrheit beteiligt, bilden alle zusammen eine umfassende Kreditnehmereinheit.

---

[85]   Vgl. Bisani, H. P. (Risikoeinheiten, 1994), S. 208.

**2.3.2 Die Abhängigkeit von Unternehmen als Basis für die Bildung einer Kredit-
nehmereinheit gemäß § 19 Abs. 2 KWG**

In der Umsetzung der 5. KWG-Novelle wurden, wie bereits festgestellt, in § 19 Abs. 2
Satz 1 KWG die Aufteilung in 'Personen' und 'Unternehmen' nicht mehr explizit vorgenommen.[86] Der Text lautet vielmehr „ ...natürliche oder juristische Personen oder
Personenhandelsgesellschaften...". Dennoch wird für diese Arbeit die Aufteilung zwischen Personen und Unternehmen fortgeführt, da durch den Bezug zum AktG der dort
zugrundeliegende Unternehmensbegriff maßgeblich ist.

Im Konzernrecht ist der Begriff der Abhängigkeit von zentraler Bedeutung.[87] Diese
Fokussierung auf den Begriff der Abhängigkeit wurde im KWG durch die Umsetzung
der EG-Richtlinie übernommen. Seitdem gelten gemäß § 19 Abs. 1 Satz 1 1. Alternative KWG zwei oder mehrere natürliche oder juristische Personen oder Personenhandelsgesellschaften, die eine Einheit bilden, als ein Kreditnehmer. Diese Einheit ist dadurch gekennzeichnet, daß einer der genannten Teile einen unmittelbar oder mittelbar
beherrschenden Einfluß auf den oder die anderen Teile ausüben *kann* (Abhängigkeit
durch beherrschenden Einfluß).

Es ist anzunehmen, daß auch bei Vorliegen eines Abhängigkeitsverhältnisses durch
beherrschenden Einfluß das KWG bei Beteiligung von Unternehmen an die Definition
des AktG anknüpft. Zur Bildung einer Kreditnehmereinheit auf Basis von Abhängigkeit
ist daher § 17 AktG näher zu betrachten.

---

[86] Vgl. hierzu und zum folgenden Kapitel 2.1, S. 5 ff.

[87] Vgl. Emmerich, V./ Sonnenschein, J. (Konzernrecht, 1993), S. 60, Slongo, B. (Leitung, 1980),
      S. 145.

Abhängigkeit

§ 17 Abs. 1 AktG legt fest, daß abhängige Unternehmen rechtlich selbständige Unternehmen sind, auf die ein anderes Unternehmen (herrschendes Unternehmen) unmittelbar oder mittelbar einen beherrschenden Einfluß ausüben *kann*. Bei einem Unternehmen, das in Mehrheitsbesitz steht, wird gemäß § 17 Abs. 2 AktG vermutet, daß es von diesem Unternehmen abhängig ist (Abhängigkeitsvermutung).

Die Grundlagen für den beherrschenden Einfluß können verschiedener Art sein.[88] Daher wurde auf eine abschließende Aufzählung im Regierungsentwurf für das AktG von 1965 verzichtet. Voraussetzung für Abhängigkeit ist grundsätzlich eine qualifizierte Beteiligung,[89] die unter Umständen durch zusätzliche Gegebenheiten verstärkt wird.[90] Grundsätzlich ist die Stimmrechts-Mehrheitsbeteiligung die einzige sichere Grundlage für Abhängigkeit. Es genügt, den beherrschenden Einfluß ausüben zu können, d. h. es muß kein Nachweis erbracht werden, daß er auch wirklich ausgeübt wird.

Die in § 17 Abs. 2 AktG festgelegte Abhängigkeitsvermutung überträgt demjenigen die Beweispflicht, diese Vermutung zu widerlegen, der behauptet es bestünde Unabhängigkeit.[91] Die Widerlegung der Abhängigkeitsvermutung kann insofern sinnvoll sein, da an den Tatbestand der Abhängigkeit wesentlich umfangreichere gesetzliche Regelungen anknüpfen als an den der Mehrheitsbeteiligung.[92]

---

[88] Vgl. hierzu und zum folgenden Kropff, B. (Aktiengesetz, 1965), Begründung RegE zu § 17, S. 31 f., Würdinger, H. (Konzernrecht, 1973), S. 256 f.

[89] Es kann auch in Ausnahmefällen eine Minderheitsbeteiligung gekoppelt mit Stimmbindungsverträgen, die zu einer Mehrheit in der Hauptversammlung führen, Abhängigkeit nach sich ziehen. Dies kann auch zutreffen, wenn sich zwar keine Mehrheit in einer Hand befindet, jedoch die restlichen Anteile in Streubesitz gehalten werden und dadurch eine Hauptversammlungsmehrheit erreicht wird. Diese Umstände müssen jedoch rechtlich und tatsächlich abgesichert sein. Vgl. Emmerich, V./ Sonnenschein, J. (Konzernrecht, 1993), S. 65, BGH, Urteil vom 13.10.1977 - II ZR 123/76 'Veba-Gelsenberg-Urteil', S. 202.

[90] Vgl. hierzu und zum folgenden Rasch, H. (Konzernrecht, 1974), S. 42 ff., 123. Zusätzliche Umstände können z. B. personelle Verflechtungen sein. Vgl. Koppensteiner, H.-G. (Kölner Kommentar, 1988), zu § 17, S. 212, Rn. 52, Pfannschmidt, A. (Aufsichtsräte, 1993), S. 1 ff. Nach einer empirischen Untersuchung ist die Kapitalbeteiligung das dominierende konzernbegründende Element. Vgl. Binder, Ch. U. (Beteiligungsstrategien, 1994), S. 391.

[91] Vgl. Emmerich, V./ Sonnenschein, J. (Konzernrecht, 1993), S. 73. Treuhandverhältnisse sind nicht geeignet, die Abhängigkeitsvermutung zu widerlegen. Vgl. Mertens, H.-J. (Treuhandverhältnisse, 1993), S. 583 ff.

[92] So knüpfen die Schutzvorschriften der §§ 311 bis 318 AktG an die Abhängigkeit gemäß § 17 AktG an, jedoch noch nicht an die Mehrheitsbeteiligung gemäß § 16 AktG.

Der Begriff der Abhängigkeit kann nicht losgelöst von der Rechtsform des abhängigen Unternehmens gesehen werden.[93] Da es sich im AktG primär um Regelungen für Aktiengesellschaften handelt, wird zuerst die abhängige AG betrachtet.

Einflußmöglichkeiten bei einer abhängigen AG

Wichtig ist hier, wie sich die Abhängigkeit aus deren Sicht darstellt, d. h. ob sich die AG einem fremden, unternehmerischen Willen unterworfen fühlt.[94] Angesichts dieses Blickwinkels ist eine mehrfache Abhängigkeit durchaus möglich, wenn nur der beherrschende Einfluß gesichert ist. Abhängigkeit muß, wie bereits festgestellt, nicht unbedingt durch Mehrheitsbeteiligung begründet werden, obwohl sich dies als der häufigste Fall herausgestellt hat.[95]

Wichtig ist, daß der Einfluß gesellschaftsrechtlich besteht, eine rein wirtschaftliche Abhängigkeit wie z. B. bei reinen Liefer- oder Kreditbeziehungen genügt daher nicht.[96]

Soll die Abhängigkeitsvermutung widerlegt werden, muß meist am Tatbestand der Mehrheitsbeteiligung angesetzt werden.[97] So können die Rechte aus einer Mehrheitsbeteiligung zur Erreichung eines beherrschenden Einflusses nicht ausgeübt werden, wenn zwar eine Kapitalmehrheit, aber z. B. wegen dem Eigentum an stimmrechtslosen Vorzugsaktien keine Stimmrechtsmehrheit vorliegt. Eine satzungsmäßige Einschränkung der Stimmrechte kann zum selben Ergebnis führen.[98] Angesichts der vereinzelt

---

[93]   Vgl. hierzu und zum folgenden Emmerich, V./ Sonnenschein, J. (Konzernrecht, 1993), S. 60 ff.

[94]   Vgl hierzu und zum folgenden Emmerich, V./ Sonnenschein, J. (Konzernrecht, 1993), S. 71 f. Als Beispiel für mehrfache Abhängigkeit ist z. B. mittelbare Abhängigkeit von der Obergesellschaft und gleichzeitig unmittelbare Abhängigkeit von einer Untergesellschaft aufzuführen.

[95]   Vgl. hierzu Würdinger, H. (Konzernrecht, 1973), S. 257. Abhängigkeit kann auch durch horizontale Konsortialverträge, auch Stimmrechtsbindungsverträge genannt, hergestellt werden, durch die mehrere Minderheitsbeteiligungen derart zusammen-gefaßt werden, daß eine Mehrheitsbeteiligung vorliegt. Vgl. im Detail Rasch, H. (Konzernrecht, 1974), S. 75 ff.

[96]   Vgl. BGH, Urteil vom 26.3.1984 - II ZR 171/83, S. 1893, Koppensteiner, H.-G. (Kölner Kommentar, 1988), zu § 17, S. 209 ff., Rn. 50.

[97]   Vgl. hierzu und zum folgenden Kropff, B. (Aktiengesetz, 1965), Ausschussbericht zu § 16, S. 28, Kropff, B. (Aktiengesetz, 1965), Begründung RegE zu § 17, S. 32.

[98]   Eine weitere Möglichkeit wäre der Abschluß eines Entherrschungsvertrags, der dem Mehrheitsaktionär den Einfluß auf die Bildung des Aufsichtsrats nimmt. Um die Ernsthaftigkeit eines solchen Vertrages zu dokumentieren, ist Schriftform mit detaillierten Regelungen notwendig. Vgl. Kropff, B. (Aktiengesetz, 1965), Ausschussbericht zu § 16, S. 29, Koppensteiner, H.-G. (Kölner Kommentar, 1988), zu § 17, S. 226 ff., Rn. 89 ff. Unzulässigkeit von Entherrschungsverträgen propagiert Hüttemann, R. (Entherrschungsvertrag, 1992), S. 314 ff.

auftretenden Fälle ist eine Widerlegung der Abhängigkeitsvermutung zwar möglich, dürfte aber nur selten durchgeführt werden.[99]

Der auf Abhängigkeit begründete Einfluß kann unmittelbarer oder mittelbarer Art sein. So kann ein Mehrheitsaktionär einen unmittelbaren Einfluß auf die AG ausüben, indem er den beherrschenden Einfluß selbst ausübt und z. B. über die Besetzung des Aufsichtsrates die Bestellung der Vorstände bestimmt.[100] Der Vorstand wird in den meisten Fällen im Hinblick auf seine Vertragsverlängerung den Weisungen des Mehrheitsaktionärs folgen.

Eine Möglichkeit, mittelbar beherrschenden Einfluß auszuüben, ist die Zwischenschaltung von Tochtergesellschaften, um 'Enkelgesellschaften' zu beherrschen, ohne direkt an ihnen beteiligt zu sein.[101] Bei mittelbarem Einfluß bedient sich somit der herrschende Teil eines von ihm kontrollierten Dritten. Der Begriff des mittelbaren Einflusses wurde in das Gesetz eingebracht, um eine Umgehung der für die Abhängigkeit geltenden Vorschriften durch die Zwischenschaltung von Tochtergesellschaften zu verhindern.

An den Tatbestand der Abhängigkeit gemäß § 17 Abs. 1 AktG knüpfen die Rechtsfolgen der §§ 311 bis 318 AktG (Verantwortlichkeit bei Fehlen eines Beherrschungsvertrages) an.[102]

Es existieren drei Voraussetzung für die Anwendbarkeit der §§ 311 bis 318 AktG: Es muß zwischen den Unternehmen[103] Abhängigkeit gemäß § 17 AktG vorliegen, das abhängige Unternehmen muß die Rechtsform einer AG haben und beide dürfen nicht durch einen Beherrschungsvertrag gemäß § 291 AktG verbunden sein.[104]

---

[99]   Vgl. Richter, B. (Widerlegung, 1976), S. 263 ff. m. w. N.

[100] Vgl. §§ 76, 84, 101 und 119 Abs. 2 AktG, Koppensteiner, H.-G. (Kölner Kommentar, 1988), zu § 17, S. 201 f., Rn. 27 f.

[101] Vgl. hierzu und zum folgenden Würdinger, H. (Konzernrecht, 1973), S. 258, Koppensteiner, H.-G. (Kölner Kommentar, 1988), zu § 17, S. 201 f., Rn. 27 f.

[102] Vgl. Kropff, B. (Aktiengesetz, 1965), Begründung RegE zu § 311, S. 407, Würdinger, H. (Konzernrecht, 1973), S. 297.

[103] Vgl. Unternehmensbegriff in Kapitel 2.2, S. 12 ff. Auch der Staat gilt bei Anwendung der §§ 311 ff. AktG als Unternehmen. Vgl. z. B. BGH, Urteil vom 13.10.1977 - II ZR 123/76 'Veba-Gelsenberg-Urteil', S. 202, Hohrmann, F. M. (Staat, 1983), S. 1 ff.

[104] Vgl. § 311 Abs. 1 AktG.

Auffallend ist die Tatsache, daß bei der Abhängigkeit im Vergleich zur Eingliederung und zum Vertragskonzern jeder Hinweis auf eine gesetzliche Anerkennung der Leitungsmacht und des Weisungsrechts, vor allem für **nachteilige Weisungen**, fehlt.[105] Jede Veranlassung zu nachteiligen Rechtsgeschäften oder sonstigen Maßnahmen ist somit grundsätzlich verboten.[106] Diese Regelung ist notwendig, da bei Fehlen eines Beherrschungsvertrages auch keine Schädigung der abhängigen Gesellschaft möglich sein darf, da keine besondere Sicherung der Gläubiger und außenstehenden Aktionäre besteht.[107] Das Gesetz untersagt jedoch nachteilige Weisungen nicht völlig.[108] So läßt es diese zu, wenn gleichzeitig ein Nachteilsausgleich[109] innerhalb des Geschäftsjahres stattfindet. Falls dieser Ausgleich nicht stattfindet und auch kein Rechtsanspruch auf Nachteilsausgleich gewährt wird,[110] muß das herrschende Unternehmen der Gesellschaft den daraus entstehenden Schaden ersetzen.[111] Diese Vorschrift dient dazu, dem herrschenden Unternehmen die Beanspruchung der Leitungsmacht, wie ein Beherrschungsvertrag sie vorsieht, jedoch ohne Abschluß eines solchen zu verwehren.[112] Hinsichtlich des Schadensersatzanspruches gibt es für das herrschende Unternehmen eine Möglichkeit, sich zu exkulpieren.[113] So ist kein Ersatz zu leisten, wenn ein ordentlicher und gewissenhafter Geschäftsleiter einer unabhängigen Gesellschaft zum Zeit-

---

[105] Vgl. §§ 311, 317 AktG im Vergleich zu §§ 308 und 323 AktG.

[106] Vgl. Kropff, B. (Aktiengesetz, 1965), Begründung RegE zu § 311, S. 408, Würdinger, H. (Konzernrecht, 1973), S. 297.

[107] Vgl. Kropff, B. (Aktiengesetz, 1965), Begründung RegE zu § 311, S. 407.

[108] Vgl. hierzu und zum folgenden § 311 Abs. 1 AktG, Kropff, B. (Aktiengesetz, 1965), Begründung RegE zu § 311, S. 407 f.

[109] Dabei sind die zum Zeitpunkt des Abschlusses des Rechtsgeschäfts bzw. der Ausführung der sonstigen Maßnahmen vorhersehbaren Nachteile gemeint. Vgl. Koppensteiner, H.-G. (Kölner Kommentar, 1987), zu § 311, S. 419 f., Rn. 23.

[110] Vgl. § 311 Abs. 2 AktG.

[111] Vgl. § 317 Abs. 1 Satz 1 AktG, Kropff, B. (Aktiengesetz, 1965), Begründung RegE zu § 317, S. 418 f. Sollten die Aktionäre über den Schaden für die Gesellschaft hinaus geschädigt worden sein, ist auch dieser Schaden zu ersetzen. Vgl. § 317 Abs. 1 Satz 2 AktG. Wenn der Anspruch auf Schadensersatz greift, ist sowohl der zum Zeitpunkt des Abschlusses des Rechtsgeschäfts bzw. der Ausführung der sonstigen Maßnahmen vorhersehbare als auch der damals nicht vorhersehbare Schaden zu ersetzen. Dadurch greift die Schadensersatzpflicht wesentlich weiter als die Pflicht zum Nachteilsausgleich. Vgl. Emmerich, V./ Sonnenschein, J. (Konzernrecht, 1993), S. 371 f.

[112] Vgl. Kropff, B. (Aktiengesetz, 1965), Begründung RegE zu § 317, S. 418.

[113] Vgl. hierzu und zum folgenden § 317 Abs. 2 AktG, Kropff, B. (Aktiengesetz, 1965), Begründung RegE zu § 317, S. 419, Würdinger, H. (Konzernrecht, 1973), S. 297. Weitere Regelungen über die Haftung sind in §§ 317 Abs. 3 und 4 sowie 318 AktG zu finden.

punkt der Vornahme dieselben Handlungen vorgenommen hätte und es sich demnach um keine schädigende Weisung gehandelt hat.

Der Schadensersatzanspruch kann sowohl von der abhängigen Gesellschaft[114] als auch von jedem Aktionär und Gläubiger, hier der Bank, geltend gemacht werden.[115] Aus diesen Ausführungen ist zu ersehen, daß es essentiell ist, die Grundlagen für die Nachteile, die der abhängigen Gesellschaft entstanden sind, zu identifizieren und zu messen. Darunter sind nachteilige Rechtsgeschäfte und sonstige Maßnahmen,[116] zu deren Vornahme oder Unterlassung das herrschende Unternehmen die abhängige Gesellschaft veranlaßt hat, und deren Auswirkungen zu verstehen.[117] Da die Bank als Gläubiger im allgemeinen nichts über die nachteiligen Zusammenhänge erfahren wird, weil sich sämtliche relevanten Unterlagen in Hand der herrschenden Gesellschaft befinden, würde jeder Ersatzanspruch an der Beweislage scheitern.[118] Daher hat der Gesetzgeber den Abhängigkeitsbericht[119] eingeführt. So müssen bei *allen* Rechtsgeschäften Leistung und Gegenleistung sowie bei *allen* sonstigen Maßnahmen Gründe sowie Vor- und Nachteile für die abhängige Gesellschaft in allen Einzelheiten dargelegt werden.[120] Wenn ein Ausgleich der Nachteile stattgefunden hat, ist genau anzugeben, wie dies im Detail der Fall war, d. h., ob es sich um einen tatsächlichen Ausgleich oder einen Rechtsanspruch auf Ausgleich handelte. Über die beschriebenen Sachverhalte hat der

---

[114] Vgl. § 317 Abs. 1 AktG.

[115] Vgl. §§ 317 Abs. 4 i. V. m. 309 Abs. 4 AktG, Emmerich, V./ Sonnenschein, J. (Konzernrecht, 1993), S. 411.

[116] Der Begriff Maßnahme ist sehr weit auszulegen. Die Aufgabe eines Marktes oder die Beendigung der Produktion eines bestimmten Erzeugnisses fallen auch unter diesen Begriff. Vgl. Kropff, B. (Aktiengesetz, 1965), Begründung RegE zu § 312, S. 411.

[117] Vgl. § 311 AktG, Kropff, B. (Aktiengesetz, 1965), Begründung RegE zu § 311, S. 407 f.

[118] Vgl. hierzu und zum folgenden § 312 AktG, Kropff, B. (Aktiengesetz, 1965), Begründung RegE zu § 312, S. 411, Würdinger, H. (Konzernrecht, 1973), S. 298.

[119] Aus Praktikabilitätsgründen wird im folgenden der Begriff Abhängigkeitsbericht benutzt, obwohl im Ausschußbericht das Wort Abhängigkeitsbericht als diskriminierend für die abhängige Gesellschaft kritisiert und durch die Formulierung 'Bericht des Vorstands über Beziehungen zu verbundenen Unternehmen' ersetzt wurde. Vgl. Kropff, B. (Aktiengesetz, 1965), Ausschußbericht zu § 312, S. 412, vgl. zum Abhängigkeitsbericht im Detail Haesen, W. (Abhängigkeitsbericht, 1970), S. 1 ff.

[120] Vgl. hierzu und zu weiteren Einzelheiten bei der Erstellung des Abhängigkeitsberichts Kropff, B. (Aktiengesetz, 1965), Begründung RegE zu § 312, S. 410 ff., Emmerich, V./ Sonnenschein, J. (Konzernrecht, 1993), S. 413 ff. m. w. N.

Vorstand am Ende des Berichts eine Erklärung abzugeben, die auch in den Lagebericht aufzunehmen ist.[121]

Der Abhängigkeitsbericht ist durch den Abschlußprüfer und durch den Aufsichtsrat zu prüfen, wobei der Aufsichtsrat auch den Prüfungsbericht des Abschlußprüfers, falls vorhanden, kontrollieren muß.[122] Des weiteren gibt es noch einige Fälle, in denen auf Antrag eines Aktionärs durch das Gericht eine Sonderprüfung anberaumt wird.[123] Dies ist z. B. dann möglich, wenn der Abschlußprüfer den Bestätigungsvermerk zum Abhängigkeitsbericht eingeschränkt oder versagt hat, oder wenn der Vorstand erklärt hat, daß Nachteile ohne Ausgleich entstanden sind.

Ein weiterer Schutzmechanismus findet sich in den Pflichten wieder, die dem Vorstand der abhängigen Gesellschaft auferlegt wurden.[124] So sind alle Veranlassungen des herrschenden Unternehmens, bestimmte Maßnahmen oder Rechtsgeschäfte vorzunehmen oder zu unterlassen, durch den Vorstand der abhängigen Gesellschaft zu überprüfen. Sollten deren Auswirkungen für die Gesellschaft positiv oder neutral sein, kann er sie ausführen, muß aber nicht, da im faktischen Konzern kein direktes Weisungsrecht besteht. Stellt sich heraus, daß die Auswirkungen negativ sind und diese nicht gleichzeitig durch positive Auswirkungen für den Konzern kompensiert werden, sind die Veranlassungen zu solchen Maßnahmen oder Rechtsgeschäften immer rechtswidrig.[125] Dies gilt auch für die Veranlassung von Maßnahmen und Rechtsgeschäften, die besonders große Nachteile zur Folge haben oder gar die Lebensfähigkeit der abhängigen Gesellschaft

---

[121]   Vgl. § 312 Abs. 3 Satz 3 AktG, Kropff, B. (Aktiengesetz, 1965), Begründung RegE zu § 312, S. 412, Würdinger, H. (Konzernrecht, 1973), S. 298. Vgl. zum Abhängigkeitsbericht bei mehrstufigen Unternehmensverbindungen Clausen, U. (Unternehmen, 1992), S. 159 ff.

[122]   Vgl. §§ 313 und 314 AktG. Der Abschlußprüfer wurde aufgrund seiner Sachkunde und seiner Vertrautheit mit den Belangen der Gesellschaft gewählt. Vgl. Kropff, B. (Aktiengesetz, 1965), Begründung RegE zu § 313, S. 413. Diese Vorschriften gelten nur für Gesellschaften, bei denen der Jahresabschluß durch einen Abschlußprüfer zu prüfen ist. Vgl. § 313 Abs. 1 AktG. Dies ist bei kleinen Kapitalgesellschaften nicht der Fall, da diesen vom Gesetzgeber die Erleichterung zugestanden wurde, ihren Jahresabschluß nicht prüfen lassen zu müssen. Vgl. § 316 HGB. Vgl. zu weiteren Einzelheiten der Prüfung des Abhängigkeitsberichts durch den Abschlußprüfer und den Aufsichtsrat Kropff, B. (Aktiengesetz, 1965), Begründung RegE und Ausschußbericht zu §§ 313, 314, S. 413 ff.

[123]   Vgl. hierzu und zum folgenden § 315 AktG, zu weiteren Einzelheiten Kropff, B. (Aktiengesetz, 1965), Begründung RegE und Ausschußbericht zu § 315, S. 417. Das Recht auf Antrag zur Sonderprüfung steht einem Gläubiger nicht zu. Vgl. Würdinger, H. (Aktienrecht, 1981), S. 346.

[124]   Vgl. hierzu und zum folgenden Strohn, L. (Verfassung, 1977), S. 181 ff., Koppensteiner, H.-G. (Kölner Kommentar, 1987), zu § 311, S. 447 ff., Rn. 90 ff.

[125]   Vgl. hierzu und zum folgenden § 308 Abs. 1 Satz 2 AktG analog, Strohn, L. (Verfassung, 1977), S. 63 ff., Schmidt, K. (Gesellschaftsrecht, 1991), S. 802 ff.

bedrohen. Bei der Veranlassung zu Rechtsgeschäften oder Maßnahmen bei denen schon zum Zeitpunkt der Vornahme die Nachteile zu quantifizieren sind, kann der Vorstand diese mit den Rechtsfolgen der §§ 311 bis 318 AktG vornehmen, er muß aber nicht. Es gibt jedoch Rechtsgeschäfte und Maßnahmen, die der Vorstand nie ausführen darf. Deren Nachteile sind so herausragend, daß ein Ausgleich nicht mehr möglich ist. Sollte der Vorstand Geschäfte dieser Art dennoch vornehmen, sind alle Beteiligten verpflichtet, den daraus entstehenden Schaden zu ersetzen.[126]

Bisher war immer vom Ausgleich der Nachteile für die abhängige Gesellschaft die Rede, jedoch fehlten konkrete Angaben, wie dieser vorzunehmen ist. Das Gesetz sieht den Nachteilsausgleich durch die Einräumung entsprechender Vorteile noch im selben Geschäftsjahr oder, wenn der Nachteilsausgleich nicht im selben Geschäftsjahr vorgenommen wird, einen Rechtsanspruch auf diese Vorteile vor.[127] Die gewährten Vorteile, die nicht in Bezug zu den Nachteilen stehen müssen, müssen die Nachteile bilanziell ausgleichen, wobei jeder geldwerte Vorteil in Frage kommt, der nicht auf allgemeinen Vorteilen aus der Konzernierung beruht.[128] Dies bedeutet, daß allgemeine Vorteile, die im Zusammenhang mit der Zugehörigkeit zum Konzern stehen, nicht den Ansprüchen an die zu gewährenden Vorteile genügen.

Wenn man die Vorschriften für die Abhängigkeit und den einfachen faktischen Konzern in ihrer Gesamtheit betrachtet, ist der vom Gesetzgeber verfolgte Zweck offensichtlich.[129] So sollen durch Nachteilsausgleich und Schadensersatzvorschriften die außenstehenden Aktionäre geschützt werden, indem die abhängige Gesellschaft zumindest wirtschaftlich so gestellt wird, als ob sie den Interessen aller Aktionäre gleichermaßen dienen würde. Es ist klar herauszustellen, daß die abhängige Gesellschaft nur vor Nachteilen, die ihr durch die Abhängigkeit entstehen, bewahrt werden soll, nicht vor denen, die das allgemeine Unternehmerrisiko mit sich bringt.

---

[126] Vgl. §§ 93, 116, 117, 317 und 318 AktG, Emmerich, V./ Sonnenschein, J. (Konzernrecht, 1993), S. 387, 422, Strohn, L. (Verfassung, 1977), S. 154 ff., 167 f., Kropff, B. (Aktiengesetz, 1965), Begründung RegE zu § 318, S. 420.

[127] Vgl. § 311 AktG, Kropff, B. (Aktiengesetz, 1965), Begründung RegE und Ausschußbericht zu § 311, S. 407 ff., Koppensteiner, H.-G. (Kölner Kommentar, 1987), zu § 311, S. 438 f., Rn. 65.

[128] Vgl. hierzu und zum folgenden Kropff, B. (Aktiengesetz, 1965), Begründung RegE und Ausschußbericht zu § 311, S. 408 ff., Würdinger, H. (Konzernrecht, 1973), S. 296.

[129] Vgl. hierzu und zum folgenden Gansweid, W. (Tochtergesellschaften, 1976), S. 164 ff., Sonnenschein, J. (Organschaft, 1976), S. 170 ff., Strohn, L. (Verfassung, 1977), S. 6 ff.

32

Anschließend an die Darstellung der gesetzlichen Regelungen wird auf die damit zusammenhängenden Probleme eingegangen.[130]

Dazu muß in einem ersten Schritt der Nachteilsausgleich näher beleuchtet werden.[131] Es ist zu klären, was unter 'Veranlassung der abhängigen Gesellschaft zur Vornahme eines für sie nachteiligen Rechtsgeschäftes oder zur Vornahme oder Unterlassung sonstiger für sie nachteiliger Maßnahmen'[132] zu verstehen ist. Der Begriff 'Veranlassung' ist sehr weit zu fassen, also ist darunter nahezu jeder Einfluß auf die Verwaltung oder die Mitarbeiter der abhängigen Gesellschaft zu verstehen.[133] Es genügt z. B., wenn das herrschende Unternehmen zu erkennen gibt, welche Maßnahmen es für wünschenswert hält. Relevant ist der kausale Zusammenhang zwischen Einflußnahme und nachteiliger Auswirkung für die abhängige Gesellschaft.[134]

Um einen Nachteil festzustellen, benötigt man einen entsprechenden Maßstab. Dieser ergibt sich aus dem Vergleich, wie die ordentliche und gewissenhafte Geschäftsleitung einer unabhängigen Gesellschaft im gleichen Fall zum Zeitpunkt der Vornahme oder Unterlassung des Rechtsgeschäfts/der Maßnahme gehandelt hätte.[135] Hier besteht das Problem, daß Fakten mit hypothetischen Handlungsweisen verglichen werden und Nachteile schon zum Zeitpunkt der Handlung quantifiziert werden müssen. Als Beispiel soll ein Rechtsgeschäft in Form eines Kaufvertrages betrachtet werden. Als Beispiel wird der Kauf von 5 Drehbänken à DM 20.000,00 vom herrschenden Unternehmen gewählt. Nunmehr ist zu prüfen, ob der Vorstand einer unabhängigen Gesellschaft die Drehbänke zu diesem Preis und zu den herrschenden Bedingungen kaufen würde. Wenn man nun zu dem Ergebnis kommt, daß dies nicht so ist, muß des weiteren herausgefunden werden, zu welchem Preis und unter welchen Bedingungen ein Kauf

---

[130] Vgl. auch zur Kritik an den §§ 311 ff. AktG, Würdinger, H. (Konzernrecht, 1973), S. 296.

[131] Vgl. hierzu und zum folgenden Emmerich, V./ Sonnenschein, J. (Konzernrecht, 1993), S. 377 ff.

[132] Es spielt für die Anwendung der §§ 311 und 317 AktG keine Rolle, ob es sich nun um Rechtsgeschäfte in Form von schuldrechtlichen Verträgen oder um sonstige Maßnahmen handelt. Anders bei der Anwendung des § 312 Abs. 1 AktG, der bei der Berichtpflicht zwischen Rechtsgeschäft und sonstiger Maßnahme unterscheidet.

[133] Vgl. hierzu und zum folgenden Kropff, B. (Aktiengesetz, 1965), Begründung RegE zu § 311, S. 408, Würdinger, H. (Konzernrecht, 1973), S. 295.

[134] Vgl. Haesen, W. (Abhängigkeitsbericht, 1970), S. 84 ff., Veelken, W. (Betriebsführungsvertrag, 1975), S. 187 ff., Strohn, L. (Verfassung, 1977), S. 46 ff.

[135] Vgl. § 317 Abs. 2 AktG, Bachelin, H. (Minderheitsschutz, 1969), S. 47, Hommelhoff, P. (Konzernleitungspflicht, 1982), S. 118 f., Koppensteiner, H.-G. (Kölner Kommentar, 1987), zu § 311, S. 420, Rn. 25.

marktgerecht wäre. Diese Angaben werden benötigt, um den Nachteil für die abhängige Gesellschaft zu quantifizieren. In diesem einfach konstruierten Fall ist dies relativ problemlos, da für die Drehbänke ein Marktpreis existiert. Der Nachteil beläuft sich auf den Unterschied zwischen dem Kaufpreis vom herrschenden Unternehmen von DM 20.000,00/Drehbank und dem Marktpreis von DM 15.000,00/Drehbank, also insgesamt auf

DM 25.000,00. In der Realität ist die Sachlage nicht immer so klar.[136] Viel häufiger dürfte der Fall sein, daß man sich bei der Ermittlung der hypothetischen Handlungsweise auf äußerst vage Schätzungen stützen muß, da keine Marktpreise existieren oder diese auch keine genauen Anhaltspunkte geben. So kann es auch für unabhängige Gesellschaften z. B. zur Geschäftsanbahnung manchmal sinnvoll sein, Produkte zu einem höheren als dem Marktpreis zu kaufen.

Besonders schwierig ist die Ermittlung des Nachteils bei den sonstigen Maßnahmen.[137] Denn wie soll festgestellt werden, wie z. B. bei Personalangelegenheiten, bei Forschungsprojekten oder bei neuen Absatzwegen der Vorstand einer unabhängigen Gesellschaft entschieden hätte, und wie sich die Entscheidung auf die Gesellschaft ausgewirkt hätte. Es gibt jedoch auch Maßnahmen, die die Geschäftsleitung einer unabhängigen Gesellschaft ohne Zweifel niemals ergreifen würde.[138] Hier ist z. B. die Aufgabe von eigenen Forschungs- und Entwicklungsvorhaben oder die Unterlassung dringender Reinvestitionen zu nennen. Doch auch hier bleibt das Problem bestehen, die entstehenden Nachteile zu quantifizieren.

Aufgrund dieser Probleme wird gefolgert, daß die Veranlassung zu Maßnahmen mit negativer Auswirkung nicht zulässig sein kann, da eine Isolierung und Quantifzierung der Nachteile und damit deren Ausgleich nicht möglich ist.[139]

Ein weiteres Problem tritt im Zusammenhang mit dem Abhängigkeitsbericht zu Tage. Dieser sollte auch für außenstehende Aktionäre und Gläubiger der abhängigen Gesellschaft die Basis darstellen, die Beziehungen zum herrschenden Unternehmen zu über-

---

[136]   Vgl. hierzu und zum folgenden Emmerich, V./ Sonnenschein, J. (Konzernrecht, 1993), S. 383 f.

[137]   Vgl. hierzu und zum folgenden Koppensteiner, H.-G. (Kölner Kommentar, 1987), zu § 311, S. 429 f., Rn. 44, Strohn, L. (Verfassung, 1977), S. 87 ff., Werner, W. (Konzernrecht, 1986), S. 143 ff.

[138]   Vgl. hierzu und zum folgenden Emmerich, V./ Sonnenschein, J. (Konzernrecht, 1993), S. 385.

[139]   Vgl. Clausen, U. (Unternehmen, 1992), S. 157 m. w. N. Wurde trotz Unzulässigkeit die abhängige Gesellschaft zu einer nachteiligen Maßnahme veranlaßt, ist Schadensersatz gemäß § 317 Abs. 1 AktG zu leisten. Vgl. Koppensteiner, H.-G. (Kölner Kommentar, 1987), zu § 311, S. 431, Rn. 48.

prüfen und gegebenenfalls Schadensersatz gemäß § 317 AktG zu verlangen.[140] Diese Möglichkeit besteht jedoch nur, wenn ihnen der Bericht zugänglich gemacht, d. h. dieser publiziert wird. Diese Anforderung wurde jedoch vom Gesetzgeber nicht umgesetzt. Der Bericht soll vertraulich bleiben, da möglicherweise bei einer offenen Berichterstattung Nachteile für die Unternehmen erwachsen könnten. Ersatzweise hat der Gesetzgeber die Prüfung durch den Abschlußprüfer, durch den Aufsichtsrat sowie eine Sonderprüfung vorgesehen.[141] Aus diesen Vorschriften ergibt sich, daß die Aktionäre und Gläubiger selbst in einem Prozeß keine Einsicht in den Bericht verlangen können.[142]

Zumindest bei den oben beschriebenen für den Vorstand geltenden Pflichten scheint jedoch ein funktionierender Schutzmechanismus für die abhängige Gesellschaft zu existieren.[143] Jedoch muß zur Wahrnehmung dieser Pflichten ein äußerst couragierter Vorstand tätig sein, der sich gegen den, vor allem mit negativen Folgen behafteten, faktischen Einfluß des herrschenden Unternehmens zur Wehr setzen kann und will. Dies dürfte hinsichtlich des Wunsches des Vorstandes zur Vertragsverlängerung nicht die Regel sein, weshalb auch hier die Wirksamkeit der §§ 311 bis 318 AktG kritisch betrachtet werden sollte.

Aus Sicht der Bank ist die Tatsache, daß die §§ 311 bis 318 AktG keinen unmittelbaren Gläubigerschutz gewährleisten, sondern lediglich einen mittelbaren, da nur das Eigeninteresse der abhängigen AG geschützt wird, unbefriedigend. So haben die Gläubiger keinen Anspruch auf Sonderprüfung und auch keine sonstigen Sanktionsmöglichkeiten.[144]

Darüber hinaus fehlt es auch, analog zu § 303 AktG, an Sicherheitsleistungen für die Gläubiger nach Beendigung des einfachen faktischen Konzerns.[145] Dies wird damit begründet, daß es durch den Nachteilsausgleich zu keiner vermögensmäßigen Schädigung der Gesellschaft kommen kann.

---

[140] Vgl. hierzu und zum folgenden Kropff, B. (Aktiengesetz, 1965), Begründung RegE. zu § 312, S. 410 ff.

[141] Vgl. §§ 313, 314 und 315 AktG, Haesen, W. (Abhängigkeitsbericht, 1970), S. 121 ff.

[142] Vgl. OLG Düsseldorf, Beschluß vom 11.4.1988 - 19 W 32/86, S. 277.

[143] Vgl. hierzu und zum folgenden Emmerich, V./ Sonnenschein, J. (Konzernrecht, 1993), S. 386 ff.

[144] Vgl. Geßler, E./ Kropff, B. (Aktiengesetz 3, 1976), zu § 315 AktG, S. 377, Rn. 10 ff., Koppensteiner, H.-G. (Kölner Kommentar, 1987), zu § 315, S. 498, Rn. 4.

[145] Vgl. hierzu und zum folgenden Hemmerde, W. (Insolvenzrisiko, 1985), S. 395.

Angesichts aller bisher beschriebenen Probleme ist auch die mittelbare gläubigerschützende Wirkung der §§ 311 ff. als eher gering einzustufen.[146] Ein Gläubiger kann zwar einen Schadensersatzanspruch als Geltendmachung fremden Rechts gemäß § 317 Abs. 4 i. V. m. § 309 Abs. 4 AktG anmelden, jedoch ist es ihm nicht möglich, falls er vom Bestehen eines Schadensersatzanspruches Kenntnis erlangt hat, sich die erforderlichen Informationen zu beschaffen, um seinen Anspruch genügend zu substantiieren. Da der Gläubiger zusätzlich das Kostenrisiko einer Klage zu tragen hat, wird er auf diese Möglichkeit, Ansprüche geltend zu machen, verzichten. Auch aus diesen faktischen Einschränkungen ergibt sich ein unzureichender Gläubigerschutz.

Einflußmöglichkeiten bei einer abhängigen GmbH

Nun werden die Besonderheiten für die abhängige GmbH hinsichtlich des beherrschenden Einflusses betrachtet.[147] Kennzeichnend für die GmbH ist die weitgehende Vertragsfreiheit im Innenverhältnis.[148]

Hier ist vor allem die Gesellschafterversammlung als maßgeblicher Einflußfaktor auf die Geschäftsführer zu nennen.[149] Die Gesellschafterversammlung ist berechtigt, beliebige Weisungen bezüglich der Geschäftspolitik zu erteilen. Auch hier bildet die Mehrheit in der Gesellschafterversammlung die wesentliche Grundlage für das Bestehen von Abhängigkeit.[150] Durch das genannte umfangreiche Weisungsrecht der Gesellschafter ergibt sich, daß bei einer Mehrheitsbeteiligung die Abhängigkeitsvermutung kaum zu widerlegen ist.[151] Eine weitere Grundlage für Abhängigkeit bei der GmbH

---

[146] Vgl. hierzu und zum folgenden Schatz, S. (Gläubigerinteressen, 1980), S. 175 f., Kropff, B. (Aktiengesetz, 1965), Begründung RegE zu § 309, S. 405. Eine Befragung von Wirtschaftsprüfern ergab im Gegensatz zur herrschenden Meinung eine im großen und ganzen positive Schutzwirkung des Abhängigkeitsberichtes für die abhängige Gesellschaft. Vgl. Hommelhoff, P. (Abhängigkeitsbericht, 1992), S. 312 f.

[147] Vgl. hierzu und zum folgenden Emmerich, V./ Sonnenschein, J. (Konzernrecht, 1993), S. 68 f.

[148] Vgl. hierzu § 305 BGB, § 109 HGB, § 45 GmbHG.

[149] Vgl. hierzu und zum folgenden §§ 37, 45, 46 GmbHG.

[150] Vgl. Kort, M. (Abschluß, 1986), S. 12. Es darf derjenige, der über die Mehrheit in der Gesellschafterversammlung verfügt, z. B. jederzeit Geschäftsführer bestellen und abberufen. Vgl. § 46 Nr. 5 GmbHG.

[151] Es sind zur Widerlegung Konstellationen, wie z. B. die Verlagerung der Bestellung und Abberufung der Geschäftsführer auf andere Organe per Gesellschaftervertrag, denkbar. Diese kommen in der Praxis jedoch nur selten vor. Vgl. Emmerich, V./ Sonnenschein, J. (Konzernrecht, 1993), S. 76 f.

liegt in den Sonderrechten auf Beteiligung an der Geschäftsführung, die per Gesellschaftsvertrag jederzeit eingeführt werden können und zu maßgeblichem Einfluß aus
die Geschäftspolitik führen müssen.[152]

Im Gegensatz zur AG, bei der ein spezielles konzernrechtliches Konzept zum Tragen
kommt, ist bei der GmbH keine Analogie hinsichtlich der Anwendung der §§ 311 ff.
AktG möglich, da der Geschäftsführer einer GmbH im Gegensatz zum eigenverant-
wortlichen Vorstand einer AG an die Weisungen der Gesellschafterversammlung ge-
bunden ist und auch ein Abhängigkeitsbericht zur Überprüfung des Nachteilsausgleichs
gemäß § 312 AktG im GmbH-Recht nicht vorgesehen ist.[153]
Daher muß bei der abhängigen GmbH auf allgemeine Grundsätze zurückgegriffen
werden. Bei der Abhängigkeit wird von der Judikatur und der überwiegenden Meinung
im Schrifttum ein umfassendes Schädigungsverbot der abhängigen GmbH durch den
Mehrheitsgesellschafter gefordert.[154] So sind Gesellschaftsbeschlüsse mit nachteiligen
Weisungen immer rechtswidrig und können angefochten werden.[155] Dieses Schädigungsverbot wird aus der gesteigerten Treuepflicht des herrschenden Unternehmens
gegenüber den anderen Gesellschaftern sowie gegenüber der Gesellschaft hergeleitet.
Die Treuepflicht beinhaltet z. B., daß das herrschende Unternehmen keine Geschäft-
schancen an der GmbH vorbei an sich ziehen darf[156] und auch keine sonstigen Vorteile,
wie etwa durch verdeckte Gewinnausschüttungen,[157] erlangen darf. Bei Schädigung der

---

[152]   Vgl. Geitzhaus, G. (Verlustausgleichspflicht, 1989), S. 399, zu satzungsergänzenden
        Vereinbarungen/ Nebenverträgen im Gesellschaftsrecht vgl. Baumann, H./ Reiss, W.
        (Nebenverträge, 1989), S. 157 ff.

[153]   Vgl. Scholz, F. (GmbH-Gesetz, 1993), S. 1744 ff., Rn. 9 ff., S. 1789 f., Rn. 138 ff., Drüke, H.
        (Haftung, 1990), S. 121 ff., Kort, M. (Abschluß, 1986), S. 9.

[154]   Vgl. hierzu und zum folgenden BGH, Urteil vom 05.06.1975 - II ZR 23/74 'ITT-Urteil', S. 15
        ff., BGH, Urteil vom 20.2.1989 - II ZR 167/88, 'Tiefbau-Urteil', S. 440 ff., Stimpel, W.
        (Tiefbau-Urteil, 1991), S. 117 ff., BGH, Urteil vom 16.2.1981 - II ZR 168/79, 'Süssen-Urteil',
        S. 923 f, OLG Karlsruhe, Urteil vom 16.12.1983 - 15 U 99/82, S. 656 ff., Scholz, F. (GmbH-
        Gesetz, 1993), S. 1790 ff., Rn. 144 ff., Wiedemann, H. (Unternehmensgruppe, 1988), S. 77 ff.,
        Winter, M. (Treue-bindungen, 1988), S. 114 ff., Kort, M. (Abschluß, 1986), S. 12 ff.,
        Hommelhoff, P. (Konzernlagen, 1992), S. 250; kritisch: Möhring, L. (Schutz, 1992), S. 56 ff.,
        236 ff.

[155]   Vgl. hierzu und zum folgenden Kort, M.(Abschluß, 1986), S. 17, Schramm, V. (Haftungs-
        durchgriff, 1991), S 83 ff. Vgl. zur Anfechtung § 243 Abs. 2 Satz 1 AktG analog.

[156]   Sollte das herrschende Unternehmen dies dennoch tun, muß es wegen Verstoßes gegen die
        Treuepflicht gemäß § 252 BGB die daraus erzielten Gewinne herausgeben. Vgl. BGH, Urteil
        vom 3.7. 1978 - II ZR 180/76, S. 1205 ff., BGH, Urteil vom 10.2.1977 - II ZR 79/75, S. 465 ff.

[157]   Sollten verdeckte Gewinnausschüttungen trotzdem erfolgt sein, sind diese der abhängigen
        GmbH zu erstatten. Vgl. Emmerich, V./ Sonnenschein, J. (Konzernrecht, 1993), S. 442.

abhängigen GmbH haftet das herrschende Unternehmen gemäß § 43 GmbHG analog und ist zum Schadensersatz verpflichtet.[158] Die Regelung gemäß § 93 Abs. 2 Satz 2 AktG über die Sorgfaltspflicht und Verantwortlichkeit der Vorstandsmitglieder ist analog heranzuziehen.[159] Dies bedeutet, daß das herrschende Unternehmen die Beweislast hinsichtlich der Anwendung der Sorgfalt eines ordentlichen und gewissenhaften Geschäftsleiters innehat. Die beschriebene Haftung hat den Vorteil, daß von jeder Schädigung der abhängigen GmbH bis zum Gegenbeweis angenommen wird, daß diese durch Einflußnahme des herrschenden Unternehmens erfolgt ist. Die genannten Schadensersatzansprüche kann nicht nur die Gesellschaft geltend machen, sondern auch, entgegen dem § 46 Nr. 8 GmbHG, jeder Gesellschafter, um einen verbesserten Minderheitenschutz zu gewährleisten. Ein Schadensersatzanspruch des Gläubigers besteht nicht.[160] Ein Nachteilsausgleich analog zu den §§ 311 ff. AktG, um die Schadensersatzpflicht abzuwenden, ist grundsätzlich nicht zulässig, da es sich bei diesen um eine lex specialis für die AG handelt, die nicht auf eine GmbH übertragen werden kann.[161] In mehrstufigen Abhängigkeitsverhältnissen gilt das Schädigungsverbot auch von der Muttergesellschaft gegenüber der 'Enkelgesellschaft', auch wenn diese nicht direkt an der 'Enkelgesellschaft' beteiligt ist.[162]

Durch den Bestandschutz der abhängigen GmbH werden mittelbar auch hier deren Gläubiger geschützt.[163] Zudem ist davon auszugehen, daß sich Gläubiger, sollte wegen Vermögenslosigkeit der abhängigen GmbH die Bedienung und Rückzahlung der Ver-

---

[158] Vgl. BGH, Urteil vom 16.2.1981 - II ZR 168/79, 'Süssen-Urteil', S. 923 f., BGH, Urteil vom 05.06.1975 - II ZR 23/74 'ITT-Urteil', S. 15 ff., BGH, Urteil vom 16.9.1985 - II ZR 275/84, 'Autokran-Urteil', S. 236. Die Schadensersatzpflicht orientiert sich an den §§ 311, 317 AktG sowie wegen gleichgelagerter Interessenlage an § 117 Abs. 1 AktG. Vgl. dazu Kort, M. (Abschluß, 1986), S. 20 w. N. Falls die GmbH von einem Dritten, der nicht Gesellschafter ist, nachteilige Weisungen erhält, ist als Haftungsgrundlage ebenfalls § 43 GmbHG heranzuziehen. Vgl. Kort, M. (Abschluß, 1986), S. 18.

[159] Vgl. hierzu und zum folgenden Emmerich, V./ Sonnenschein, J. (Konzernrecht, 1993), S. 440 f., BGH, Urteil vom 5.2.1979 - II ZR 210/76, 'Gervais-Urteil', S. 49.

[160] Vgl. Zöllner, W. (Gesellschafterklagen, 1988), S. 410 f. Zu weiteren Rechtsfolgen vgl. Emmerich, V./ Sonnenschein, J. (Konzernrecht, 1993), S. 442 ff. m. w. N.

[161] Vgl. Emmerich, V./ Sonnenschein, J. (Konzernrecht, 1993), S. 441, zu Ausnahmen vgl. z. B. Fleck, H.-J. (GmbH-Geschäftsführer, 1985), S. 416, Emmerich, V. (Stand, 1987), S. 4.

[162] Vgl. Stimpel, W. (Rechtsprechung, 1986), S. 117 ff.

[163] Vgl. Emmerich, V. (Stand, 1987), S. 4, Ulmer, P. (Gläubigerschutz, 1986), S. 690 f.

bindlichkeiten unmöglich sein, analog des § 317 Abs. 4 i. V. m. § 309 Abs. 4 AktG mit Ersatzansprüchen an das herrschende Unternehmen halten können.[164]

Zudem ist eine auf **wirtschaftliche Zusammenhänge** basierende Beeinflussung des herrschenden Unternehmens durch die abhängige Gesellschaft denkbar, wenn z. B. Einnahmen aus der Beteiligung einen maßgeblichen Bestandteil der Einnahmen des herrschenden Unternehmens darstellen, deren Reduzierung oder Wegfall zu Zahlungsschwierigkeiten führen können. Auch bei Übertragung einzelner Aufgaben ausschließlich auf die abhängige Gesellschaft können bei deren finanziellen Schwierigkeiten zu Problemen bei dem herrschenden Unternehmen führen.

Bildung der Kreditnehmereinheit

In der Kreditnehmereinheit sind immer das abhängige und das herrschende Unternehmen zusammenzufassen. Liegen mittelbare Beherrschungsverhältnisse vor, ist auch das mittelbar herrschende Unternehmen in die Kreditnehmereinheit mit einzubeziehen.[165]

Ist z. B. Unternehmen A von Unternehmen B unmittelbar abhängig und von Unternehmen C mittelbar abhängig, so sind Unternehmen A, B und C in einer Kreditnehmereinheit zusammenzufassen.

Sollte die Abhängigkeitsvermutung widerlegt werden, greifen dennoch die Vorschriften des KWG zur Bildung von Kreditnehmereinheiten, da diese auch die einfache Mehrheitsbeteiligung mit einschließen.[166]

---

[164]   Vgl. BGH, Urteil vom 16.9.1985 - II ZR 275/84, 'Autokran-Urteil', S. 236, Emmerich, V. (Stand, 1987), S. 4 f.

[165]   Vgl. § 19 Abs. 2 Satz 1 1. Alternative KWG.

[166]   Vgl. § 19 Abs. 2 Satz 2 Nr. 1 3. Alternative KWG.

2.3.3 Die Zugehörigkeit zu einem Konzern als Basis für die Bildung einer Kreditnehmereinheit gemäß § 19 Abs. 2 KWG

Bei Zugehörigkeit zu einem Konzern stützt sich § 19 Abs. 2 Satz 2 Nr. 1 1. Alternative KWG ebenfalls auf die Regelungen im AktG und somit auf § 18 AktG.[167] Da § 18 AktG auch als Basis für Konzerne unter Beteiligung einer GmbH dient, sind die folgenden Ausführung nicht ausschließlich auf den Konzern unter Beteiligung einer AG oder mehrerer Aktiengesellschaften beschränkt. Liegen Besonderheiten bei GmbH-Konzernen vor, so werden diese jeweils im Anschluß gesondert behandelt.

Ein eigenes GmbH-Konzernrecht de lege lata existiert nicht, da der entsprechende Regierungsentwurf nicht in geltendes Recht umgesetzt worden ist.[168] Daher findet die analoge Anwendung des AktG sowie die Rechtsfortbildung durch die Judikatur Anwendung.

Sind ein herrschendes und ein oder mehrere abhängige Unternehmen unter der einheitlichen Leitung des herrschenden Unternehmens zusammengefaßt, so bilden sie einen Konzern.[169] Unternehmen, zwischen denen ein Beherrschungsvertrag (§ 291 AktG) besteht oder von denen das eine in das andere eingegliedert ist (§ 319 AktG), sind (zwingend) als unter einheitlicher Leitung zusammengefaßt anzusehen. Diese Unternehmensverbindungen werden Unterordnungskonzerne genannt.[170] Von einem abhängigen Unternehmen wird vermutet, daß es mit dem herrschenden Unternehmen einen Konzern bildet (Konzernvermutung).[171] Diese Vermutung gilt bei Unternehmen, die durch einen Beherrschungsvertrag verbunden sind (§ 291 AktG) oder von denen das eine in das andere eingegliedert ist (§ 319 AktG) als unwiderlegbar, da das herrschende

---

[167] Vgl. z. B. Reischauer, F./ Kleinhans, J. (Kreditwesengesetz, 1963,1996), zu § 19, S. 25 f., Rn. 28, Szagunn, V./ Wohlschieß, K. (Kreditwesen, 1990), zu § 19, S. 328, Rn. 36.

[168] Vgl. Hirte, H. (Perspektiven, 1992), S. 2, Deutscher Bundestag (GmbHG-Entwurf, 1973), S. 1 ff.

[169] Vgl. hierzu und zum folgenden § 18 Abs. 1 AktG. Vgl. zum Unternehmensbegriff Kapitel 2.2, S. 12 ff., zur Abhängigkeit Kapitel 2.3.2, S. 24 ff.

[170] Vgl. Kropff, B. (Aktiengesetz, 1965), Begründung RegE zu § 18, S. 32, Würdinger, H. (Konzernrecht, 1973), S. 259.

[171] Vgl. § 18 Abs. 1 Satz 3 AktG.

Unternehmen dem Vorstand der abhängigen Gesellschaft unbeschränkt Weisungen hinsichtlich der Geschäftspolitik erteilen kann und wird.[172] Des weiteren bilden auch rechtlich selbständige Unternehmen, ohne daß zwischen ihnen Abhängigkeit besteht, einen Konzern, sobald sie unter einheitlicher Leitung zusammengefaßt sind.[173] Diese Konzerne nennt man Gleichordnungskonzerne.[174] Der Unterschied zwischen Unterordnungskonzern und Gleichordnungskonzern liegt somit darin, ob die verbundenen Unternehmen voneinander abhängig sind oder nicht.

Für das Bestehen eines Konzerns existieren drei Voraussetzungen:[175] Erstens ist die rechtliche Selbständigkeit zu nennen, zweitens muß es sich um Unternehmen handeln und drittens müssen die rechtlich selbständigen Unternehmen unter einheitlicher Leitung stehen.

Alle durch Konzernzugehörigkeit verbundenen Unternehmen befinden sich in einem multilateralen Verhältnis. Die einzelnen Konzernunternehmen sind sowohl mit der Konzernobergesellschaft als auch miteinander verbunden.[176]
Beispielsweise werden die drei Unternehmen A, B und C betrachtet. Unternehmen A beherrscht Unternehmen B und Unternehmen C. Zwischen B und C existiert kein Beteiligungsverhältnis. Die Konzernvermutung wurde nicht widerlegt. Im Konzern sind folglich nicht nur A und B sowie A und C verbunden, sondern auch B und C.

Die einheitliche Leitung wird in den folgenden beiden Kapiteln, nach Unterordnungskonzern und Gleichordnungskonzern unterschieden, eingehend behandelt.

Da Konzerne verbundene Unternehmen gemäß § 15 AktG sind und zumindest die Unterordnungskonzerne meist auf Mehrheitsbeteiligung sowie immer auf Abhängigkeit beruhen, gelten auch alle bereits in diesen Kapiteln aufgeführten Regelungen hinsichtlich der Bildung von Kreditnehmereinheiten.[177]

---

[172] Vgl. hierzu § 18 Abs. 1 Satz 2 AktG, Kropff, B. (Aktiengesetz, 1965), Begründung RegE zu § 18, S. 33.

[173] Vgl. § 18 Abs. 2 AktG, Würdinger, H. (Konzernrecht, 1973), S. 261.

[174] Vgl. hierzu und zum folgenden Kropff, B. (Aktiengesetz, 1965), Begründung RegE zu § 18, S. 32, Würdinger, H. (Konzernrecht, 1973), S. 259 f.

[175] Vgl. hierzu und zum folgenden § 18 AktG.

[176] Vgl. hierzu und zum folgenden Würdinger, H. (Konzernrecht, 1973), S. 253.

[177] Vgl. Kapitel 2.3, S. 14 ff., Kapitel 2.3.1, S. 18 ff., Kapitel 2.3.2, S. 24 ff.

2.3.3.1   Die Zugehörigkeit zu einem Unterordnungskonzern als Basis für die Bildung einer Kreditnehmereinheit gemäß § 19 Abs. 2 KWG

Der Unterordnungskonzern ist die am weitesten verbreitete Konzernform im Wirtschaftsleben.[178] Daher wird auf diesen im folgenden ein besonderer Schwerpunkt gelegt.

Bei der Existenz eines Unterordnungskonzerns kommt es im Gegensatz zur bloßen Abhängigkeit darauf an, daß der beherrschende Einfluß des herrschenden Unternehmens tatsächlich ausgeübt wird.[179] Dies wird hier durch den Begriff der einheitlichen Leitung ausgedrückt. Daher ist zu klären, was unter diesem sehr allgemein gehaltenen Begriff im Zusammenhang mit dem Unterordnungskonzern zu verstehen ist.

Im Gesetz werden keine Vorschriften über Ausmaß und Form der einheitlichen Leitung gemacht.[180] Dies kann insofern problematisch sein, als daß z. B. bei einem Prozeß zu hohe Anforderungen an das Bestehen einheitlicher Leitung gestellt werden. Diese können sich beispielsweise darin ausdrücken, daß die einheitliche Leitung *alle* wichtigen Bereiche, vor allem das Finanzwesen des Unternehmens umfassen muß. So muß das herrschende Unternehmen durch unmittelbare Weisungen in die geschäftliche Tätigkeit des abhängigen Unternehmen, ohne Rücksicht auf dessen Selbständigkeit, eingreifen. Diese Anforderungen entsprechen einem sehr begrenzten Konzernbegriff.
Bei einem weiter gefaßten Konzernbegriff genügt für das Bestehen einheitlicher Leitung bereits die Abstimmung der Geschäftspolitik innerhalb des Konzerns in *einem* wesentlichen Bereich der Konzernunternehmen. Findet diese Abstimmung im Finanzwesen statt, liegt in jedem Fall einheitliche Leitung vor. Es genügt aber auch die Abstimmung in einem der anderen zentralen Bereiche wie z. B. Einkauf, Organisation oder Personalwesen. Diese muß jedoch Auswirkungen auf den gesamten Konzern haben, so daß eine selbständige Planung der Konzernunternehmen de facto nicht mehr stattfinden kann. Die Abstimmung kann in Form lockerer Beratungen vollzogen werden, aber auch

---

[178]   Vgl. bereits Kropff, B. (Aktiengesetz, 1965), Begründung RegE zu § 18, S. 32, auch Reischauer, F./ Kleinhans, J. (Kreditwesengesetz, 1963,1996), zu § 19, S. 26, Rn. 29

[179]   Vgl. hierzu und zum folgenden Kropff, B. (Aktiengesetz, 1965), Begründung RegE zum § 18, S. 32 f., Würdinger, H. (Konzernrecht, 1973), S. 257, Zünd, A. (Einheitliche Leitung, 1988), S. 77 ff.

[180]   Vgl. hierzu und zum folgenden Kropff, B. (Aktiengesetz, 1965), Begründung RegE zum § 18, S. 32 f., Emmerich, V./ Sonnenschein, J. (Konzernrecht, 1993), S. 82 ff.

personelle Verflechtungen in den Verwaltungen können dazu führen, daß die Unternehmen als unter einheitlicher Leitung stehend zu betrachten sind.[181]

Da an den Konzernbegriff Regelungen zum Gläubiger- und Anteilseignerschutz geknüpft sind,[182] die durch einen zu engen Konzernbegriff ad absurdum geführt würden, wird in dieser Arbeit dem weiteren Konzernbegriff gefolgt.

Diesen Ausführungen zufolge ist der Nachweis, ob einheitliche Leitung vorliegt, nicht ohne Probleme zu erbringen. Aus diesem Grund wurde die Konzernvermutung in den § 18 AktG aufgenommen.[183] Dies bedeutet, daß von jedem abhängigen Unternehmen angenommen wird, daß es zusammen mit dem herrschenden Unternehmen einen Unterordnungskonzern bildet. Nunmehr ist es, wie schon bei der Abhängigkeitsvermutung beschrieben, Aufgabe des betroffenen herrschenden Unternehmens, diese Vermutung zu widerlegen und nachzuweisen, daß keine einheitliche Leitung ausgeübt wird.[184] Diese Regelung ist sinnvoll, da das herrschende Unternehmen im Gegensatz zu allen Außenstehenden eine umfassende Kenntnis der maßgeblichen Fakten hat.

Da in dieser Arbeit dem weiten Konzernbegriff gefolgt wird, ist davon auszugehen, daß der Nachweis, daß keine einheitliche Leitung besteht, nur in seltenen Fällen erbracht werden kann. Diese Folgerung wird durch die Praxis untermauert, da die Widerlegung der Konzernvermutung durch das herrschende Unternehmen nur selten versucht wird und noch seltener gelingt.[185]

Einen Sonderfall stellen die Gemeinschaftsunternehmen dar, bei denen je 50 % der Anteile einer Gesellschaft verschiedenen herrschenden Unternehmen gehören.[186] Bei dieser Konstellation wird eine mehrfache Konzernzugehörigkeit anerkannt, wenn die Muttergesellschaften so zusammenwirken, daß sie gemeinsam einen herrschenden

---

[181] Vgl. zur ausführlichen Diskussion Decher, Ch. E. (Personelle Verflechtungen, 1990), S. 31 ff.

[182] Hier ist z. B. die Verpflichtung der Obergesellschaft zur Konzernrechnungslegung gemäß §§ 290 ff. HGB und der §§ 11 ff. PublizitätsG zu nennen. Auch müssen gemäß § 5 MitbestG die Mitarbeiter eines Konzerns für die Zwecke der Mitbestimmung zusammengerechnet werden. Vgl. Emmerich, V./ Sonnenschein, J. (Konzernrecht, 1993), S. 97, 93.

[183] Vgl. hierzu und zum folgenden § 18 Abs. 1 Satz 3 AktG.

[184] Vgl. hierzu und zum folgenden Emmerich, V./ Sonnenschein, J. (Konzernrecht, 1993), S. 97, Würdinger, H. (Konzernrecht, 1973), S. 260.

[185] Vgl. Giese, R. (Widerlegung, 1974), S. 464 ff., Richter, B. (Widerlegung, 1976), S. 261 ff.

[186] Vgl. hierzu und zum folgenden Emmerich, V./ Sonnenschein, J. (Konzernrecht, 1993), S. 86, Reischauer, F./ Kleinhans, J. (Kreditwesengesetz, 1963,1996), zu § 19, S. 28 f., Rn. 30 a, BAK, Schreiben vom 20.1.1992 - I 3 - 236 - 2/85, S. 1 ff.

Einfluß ausüben[187] und das abhängige Unternehmen unter einheitlicher Leitung der beiden herrschenden Unternehmen steht. Diese Voraussetzungen für eine mehrfache Konzernzugehörigkeit müssen dauerhaft gesichert sein.

Bildung von Kreditnehmereinheiten bei Gemeinschaftsunternehmen

Liegt ein Gemeinschaftsunternehmen vor, so wird es mit jedem beherrschenden Unternehmen zu jeweils einer Kreditnehmereinheit zusammengefaßt.[188]

Innerhalb des Unterordnungskonzerns können die Konzernformen 'Eingliederungskonzern', 'Vertragskonzern' und 'faktischer Konzern' unterschieden werden.[189]

Auf diese Konzernformen wird im folgenden eingegangen. Dabei werden jeweils zuerst die für Aktienkonzerne geltenden Regelungen und daraufhin die Besonderheiten bei GmbH-Konzernen betrachtet.[190]

---

[187]   Möglichkeiten zur Ausübung eines gemeinsamen herrschenden Einflusses sind z. B. ein Konsortialvertrag (Bildung eines Gesamtwillens in einem Leitungsgremium) oder faktisches Verhalten(beständige einheitliche Abstimmung in der Vergangenheit mit der daraus resultierenden Annahme auf analoge künftige Vorgehensweise). Vgl. Gromann, H.-G. (Gleichordnungskonzern, 1979), S. 25 ff., Gansweid, W. (Tochtergesellschaften, 1976), S. 53 ff., 66 ff., vgl. zum Konsortialvertrag, auch Poolvertrag genannt, Schneider, U. H. (Konzernverfassung, 1986), S. 1993 ff.

[188]   Vgl. BAK, Schreiben vom 20.1.1992 - I 3 - 236 - 2/85, S. 1 ff. Bei Gemeinschaftsunternehmen an denen ein Unternehmen und eine Person zu je 50 % beteiligt ist, besteht die Kreditnehmereinheit aus dem Unternehmen und dem Gemeinschaftsunternehmen. Eine weitere Kreditnehmereinheit aus Person und Gemeinschaftsunternehmen wird nicht gebildet, da eine Person nicht Konzernunternehmen sein kann. Vgl. BAK, Schreiben vom 20.04.1994 - I 3 - 236 - 2/85, S. 1 ff.

[189]   Vgl. Rose, G./ Glorius, C. (Unternehmensformen, 1992), S. 141 ff.

[190]   Der Unterschied bei den genannten Konzernformen ist jeweils die Rechtsform des Unternehmens, das in der Rolle des abhängigen Unternehmens ist. Beim Aktienkonzern ist es eine AG oder KGaA und bei GmbH-Konzern eine GmbH. Vgl. Emmerich, V./ Sonnenschein, J. (Konzernrecht, 1993), S. 143 ff., 428.

2.3.3.1.1 Der Konzern durch Eingliederung als Basis für die Bildung einer Kreditnehmereinheit gemäß § 19 Abs. 2 KWG

Der Eingliederungskonzern entsteht durch die Eingliederung eines Unternehmens in ein anderes.[191] Es können auch mehrere Unternehmen in ein Hauptunternehmen eingegliedert werden.[192] Dies geschieht durch Hauptversammlungsbeschluß der einzugliedernden AG, wenn sich alle Aktien[193] oder Aktien in Höhe von mindestens 95% des Nennbetrages des Grundkapitals in Händen der Hauptgesellschaft befinden.[194] Zudem ist die Zustimmung der Hauptversammlung der künftigen Hauptgesellschaft nötig.[195] Die Eingliederung kommt wirtschaftlich einer Verschmelzung der beiden Gesellschaften sehr nahe, jedoch bleibt die rechtliche Selbständigkeit der eingegliederten Gesellschaft erhalten.[196] Die Gründe, die eine Eingliederung gegenüber einer Verschmelzung als attraktiver erscheinen lassen, liegen vor allem auf drei Gebieten.[197] So bleiben bei der Eingliederung die Vorstandsposten bei der eingegliederten Gesellschaft erhalten, die verdienten Mitarbeitern der Hauptgesellschaft eine Aufstiegsmöglichkeit in den Vorstand eröffnen. Des weiteren bleibt der good will der eingegliederten Gesellschaft mit ihrem Firmennamen erhalten. Vorteilhaft ist auch die Tatsache, daß eine mögliche Rückabwicklung einer Eingliederung leichter möglich ist als die einer Verschmelzung.

Obwohl die Eingliederung in § 15 AktG bei den verbundenen Unternehmen nicht explizit genannt wird, ist sie dennoch wegen der unerläßlichen Mehrheitsbeteiligung unter diese zu subsumieren.[198] Daher gelten neben den Vorschriften der §§ 319 bis 327 AktG

---

[191] Vgl. § 18 Abs. 1 Satz 2 AktG.

[192] Vgl. Würdinger, H. (Konzernrecht, 1973), S. 275.

[193] Vgl. § 319 Abs. 1 AktG. Die Vereinigung aller Anteile einer AG in der Hand einer einzigen anderen AG, die sog. Einmann-AG, begründet noch keine Eingliederung. Vgl. Würdinger, H. (Aktienrecht, 1981), S. 321 f.

[194] Vgl. § 320 AktG. Hierbei sind jedoch eigene Aktien und Aktien, die einem anderen für Rechnung der Gesellschaft gehören, vom Grundkapital abzusetzen. Vgl. § 320 Abs. 1 Satz 2 AktG. Zu den Voraussetzungen der Eingliederung durch Mehrheitsbeschluß im Detail vgl. Rodloff, F. (Mehrheitseingliederung, 1991), S. 1 ff.

[195] 'Der Beschluß über die Zustimmung bedarf einer Mehrheit, die mindestens drei Viertel des bei der Beschlußfassung vertretenen Grundkapitals umfaßt. Die Satzung kann eine größere Kapitalmehrheit und weitere Erfordernisse bestimmen.' § 319 Abs. 2 Satz 2 und 3 AktG.

[196] Vgl. Kropff, B. (Aktiengesetz, 1965), Vorbemerkung zu § 319, S. 421, Veit, K.-R. (Unternehmensverträge, 1974), S. 48.

[197] Vgl. hierzu und zum folgenden Emmerich, V./ Sonnenschein, J. (Konzernrecht, 1993), S. 143.

[198] Vgl. Emmerich, V./ Sonnenschein, J. (Konzernrecht, 1993), S. 43.

für die Eingliederung auch alle Vorschriften für verbundene Unternehmen, die Mehrheitsbeteiligung und die Abhängigkeit.[199] Die Eingliederung ist, im Gegensatz zu allen anderen Konzernformen, nur bei Aktiengesellschaften möglich, wobei sowohl die Hauptgesellschaft als auch die eingegliederte Gesellschaft ihren Sitz im Inland haben müssen.[200]

Einflußmöglichkeiten

Die Eingliederung ermöglicht der Hauptgesellschaft dem Vorstand der eingegliederten Gesellschaft umfassende Weisung hinsichtlich der gesamten Geschäftsführung und auch der Vermögensdisposition zu erteilen.[201] Der Vorstand der eingegliederten Gesellschaft ist verpflichtet, die Weisungen zu befolgen, auch wenn diese nachteilig[202] für die eingegliederte Gesellschaft sind.[203] Dieses umfassende Weisungsrecht der Hauptgesellschaft bedeutet jedoch nicht, daß willkürliche Anweisungen erlaubt wären.[204] Die gesetzlichen Vertreter der Hauptgesellschaft sind für die sorgfältige Leitung der zusammengefassten Gesellschaften verantwortlich.[205] Die Rechtsfolgen für die Eingliederung sind in den §§ 319 - 327 AktG geregelt. Aufgrund der umfassenden Einflußmöglichkeiten hat der Gesetzgeber Regelungen getroffen, die ausdrücklich dem Gläubigerschutz dienen. Bei der Eingliederung existieren keine außenstehenden Aktionäre, die eines Schutzes bedürfen. Der

---

[199] Vgl. zu weiteren Einzelheiten, zu den Verfahrensweisen und den Rechtswirkungen bei der Eingliederung Emmerich, V./ Sonnenschein, J. (Konzernrecht, 1993), S. 143 ff. m. w. N., Würdinger, H. (Konzernrecht, 1973), S. 275 ff. Vgl. zu den Vorschriften für verbundene Unternehmen, Mehrheitsbeteiligung und Abhängigkeit Kapitel 2.3, S. 14 ff., Kapitel 2.3.1, S. 18 ff., Kapitel 2.3.2, S. 24 ff.

[200] Vgl. Würdinger, H. (Konzernrecht, 1973), S. 275, Rose, G./ Glorius, C. (Unternehmensformen, 1992), S. 176. Die Hauptgesellschaft muß eine AG sein, da Unternehmen anderer Rechtsform keinen gleichwertigen Gläubigerschutz bieten. Vgl. Kropff, B. (Aktiengesetz, 1965), Begründung RegE zu § 319, S. 422.

[201] Vgl. § 323 Abs. 1 Satz 1 AktG, Würdinger, H. (Konzernrecht, 1973), S. 278.

[202] Eine Weisung ist dann nicht nachteilig, wenn eine ordentliche und gewissenhafte Geschäftsführung eines unabhängigen Unternehmens das Rechtsgeschäft oder die Maßnahme vorgenommen bzw. unterlassen hätte. Vgl. z. B. Autenrieth, K. (Haftung, 1984), S. 199, Koppensteiner, H.-G. (Kölner Kommentar, 1987), zu § 311, S. 420, Rn. 25.

[203] Vgl. §§ 323 Abs. 1 Satz 2 und 308 Abs. 2 Satz 1 AktG, Würdinger, H. (Konzernrecht, 1973), S. 278.

[204] Vgl. Würdinger, H. (Aktienrecht, 1981), S. 319.

[205] Vgl. §§ 323 Abs. 1 Satz 2 und 309 AktG.

Gläubigerschutz ist daher leicht durch die gesamtschuldnerische Mithaftung der Hauptgesellschaft für die Verbindlichkeiten der eingegliederten AG zu erreichen.[206] So bietet § 322 Abs. 1 AktG einen umfassenden Schutz, indem er besagt, daß die Hauptgesellschaft ab dem Zeitpunkt der Eingliederung für **vor** und **nach** der Eingliederung begründete Verbindlichkeiten der eingegliederten AG den Gläubigern gesamtschuldnerisch haftet.[207] Dies hat zur Folge, daß das Vermögen der Hauptgesellschaft auch die Gläubiger der abhängigen AG sichert.[208]

Darüber hinaus sieht § 321 Abs. 1 AktG die Pflicht für die Hauptgesellschaft vor, den Gläubigern für Forderungen an die eingegliederte AG, die **vor** Bekanntmachung der Eingliederung im Handelsregister begründet wurden, Sicherheit zu leisten, soweit die Gläubiger nicht Befriedigung verlangen können.[209] Die Sicherheitsleistung ist für die Gläubiger vor allem dann sinnvoll, wenn die wirtschaftliche Lage der eingegliederten AG besser ist als die der Hauptgesellschaft.[210] In diesem Fall ist davon auszugehen, daß sich die Lage der eingegliederten AG ebenfalls verschlechtern kann.

Auch durch Beendigung der Eingliederung erfahren die Gläubiger keine Verschlechterung ihrer Situation, da die Hauptgesellschaft für weitere fünf Jahre für die Verbindlichkeiten der ehemals eingegliederten Gesellschaft mithaftet.[211] Sollten Verbindlich-

---

[206] Vgl. Kropff, B. (Aktiengesetz, 1965), Begründung RegE zur Vorbemerkung zum dritten Buch, dritter Teil. Eingegliederte Gesellschaften §§ 319-327, S. 421, Würdinger, H. (Konzernrecht, 1973), S. 279. Die Haftung der Hauptgesellschaft ist nicht subsidiär, aber akzessorisch. Vgl. Bülow, P. (Einrede, 1988), S. 204 ff.

[207] Zu den besonderen Regelungen über die Inanspruchnahme, die Befriedigung der Gläubiger und die Zwangsvollstreckung gegen die eingliedernde AG vgl. § 322 Abs. 2 - 4 AktG.

[208] Vgl. Kropff, B. (Aktiengesetz, 1965), Begründung RegE zur Vorbemerkung zum dritten Buch, dritter Teil. Eingegliederte Gesellschaften §§ 319-327, S. 421. Die Mithaftung ist in der Bilanz der Haupt-gesellschaft nur in besonderen Fällen, d. h. wenn eine Inanspruchnahme droht, auf der Passivseite der Bilanz auszuweisen. In allen anderen Fällen wird die Mithaftung wie eine Eventualverbindlichkeit behandelt und in voller Höhe unter 'Mithaftung für Verbindlichkeiten einer eingegliederten Gesellschaft' aufgeführt. Vgl. Kropff, B. (Aktiengesetz, 1965), Ausschußbericht zu § 322, S. 426.

[209] Das Recht auf Sicherheitsleistung steht den Gläubigern binnen 6-Monats-Frist nach Bekanntmachung zu, und sie müssen in der Bekanntmachung auf dieses Recht hingewiesen werden. Vgl. § 321 Abs. 1 AktG. Das Recht auf Sicherheitsleistung steht solchen Gläubigern nicht zu, die im Konkursfall ein Recht auf vorzugsweise Befriedigung aus einer gesetzlich zu ihrem Schutz vorgeschriebenen und überwachten Deckungsmasse haben. Vgl. § 321 Abs. 2 AktG. Vgl. zur Deckungsmasse Fußnote 242, S. 52.

[210] Vgl. Emmerich, V./ Sonnenschein, J. (Konzernrecht, 1993), S. 150.

[211] Vgl. hierzu und zum folgenden § 327 Abs. 4 AktG, Hemmerde, W. (Insolvenzrisiko, 1985), S. 396.

keiten mit einer darüber hinausgehenden Laufzeit bestehen, beginnt die Fünf-Jahres-Frist erst mit deren Fälligkeit.

An das umfassende Weisungsrecht bei der Eingliederung sind besondere Gläubiger-schutzregeln geknüpft. Haben die Organe der Hauptgesellschaft die nötige Sorgfalt bei der Ausübung der Leitungsmacht fehlen lassen, sind sie gemäß § 323 i. V. m. § 309 AktG verpflichtet, der eingegliederten Gesellschaft den Schaden zu ersetzen. Diese Ansprüche können dann, wenn die eingegliederte Gesellschaft ihren Verpflichtungen nicht nachkommen kann, auch von Gläubigern geltend gemacht werden.[212]

Bildung der Kreditnehmereinheit

Die Kreditnehmereinheit besteht aus der eingegliederten Gesellschaft und dem Unternehmen, in das die Gesellschaft eingegliedert wurde.[213] Wurden mehrere Aktiengesellschaften in ein anderes Unternehmen eingegliedert, bilden alle zusammen eine Kreditnehmereinheit.

2.3.3.1.2 Der Vertragskonzern als Basis für die Bildung einer Kreditnehmereinheit gemäß § 19 Abs. 2 KWG

Durch den Abschluß eines Beherrschungsvertrags zwischen zwei Unternehmen entsteht ein Vertragskonzern.[214] Dieser sogenannte Organisationsvertrag hat zur Folge, daß sich der Zweck des beherrschten Unternehmens ändert.[215]
Durch den Beherrschungsvertrag dient das beherrschte Unternehmen nicht mehr den Interessen aller Gesellschafter, sondern nur noch denen des herrschenden Unterneh-

---

[212] Vgl. Thiermeier, M. (Risiko, 1989), S. 91 f.

[213] Vgl. hierzu und zum folgenden § 19 Abs. 2 Satz 2 Nr. 1 1. Alternative KWG.

[214] Vgl. § 18 Abs. 1 Satz 2 AktG, Würdinger, H. (Konzernrecht, 1973), S. 246, 282. Der Beherrschungsvertrag wird häufig zusammen mit einem Gewinnabführungsvertrag verbunden. Vgl. Sonnenschein, J. (Organschaft, 1976), S. 15 ff., Rose, G./ Glorius, C. (Unternehmensformen, 1992), S. 147 f., Würdinger, H. (Konzernrecht, 1973), S. 291, Kort, M. (Abschluß, 1986), S. 2, 48 f. Vgl. zum Gewinnabführungsvertrag Kapitel 2.3.4, S. 74 ff.

[215] Vgl. hierzu und zum folgenden Würdinger, H. (Konzernrecht, 1973), S. 267, Schatz, S. (Gläubigerinteressen, 1980), S. 9, Bälz, U. (Konzern, 1974), S. 323 ff., Sonnenschein, J. (Organschaft, 1976), S. 319 ff., Geßler, E. (Aktiengesetz 2, 1976), zu § 291, S. 16, Rn. 24 m. w. N.

mens. Das abhängige Unternehmen ist eine AG, das herrschende Unternehmen hat beliebige Rechtsform.[216] Der Beherrschungsvertrag führt im Gegensatz zur Eingliederung nicht zur Verdrängung aller außenstehenden Aktionäre.[217] Nunmehr stellt sich die Frage, ob auch eine GmbH den abhängigen Part in einem Beherrschungsvertrag einnehmen kann. Diese Möglichkeit wird bejaht. Hinsichtlich des Beherrschungsvertrages mit einer abhängigen GmbH gilt das AktG analog.[218]

Einflußmöglichkeiten bei einer abhängigen AG

Der Beherrschungsvertrag beinhaltet ebenfalls ein umfassendes Weisungsrecht des herrschenden Unternehmens an den Vorstand der abhängigen Gesellschaft bezüglich deren Geschäftsleitung sowie des Gesellschaftsvermögens.[219] Das Weisungsrecht darf sogar für die abhängige Gesellschaft von Nachteil sein, solange sich für den Konzern Vorteile ergeben.[220] Der Beherrschungsvertrag stellt eine Rechtsgrundlage für das herrschende Unternehmen dar, neben der Unterstellung des abhängigen Unternehmens unter die eigene Leitung, diesem auch negative Weisungen zu erteilen.[221] Dabei darf der Vorstand des abhängigen Unternehmens dessen Belange hinter die Interessen des Konzerns zurückstellen. Als eine Art Gegenleistung für das umfassende Weisungsrecht ist das herrschende Unternehmen verpflichtet, den Jahresfehlbetrag der abhängigen Gesellschaft auszugleichen.[222]

---

[216]   Vgl. § 291 AktG.

[217]   Vgl. Emmerich, V./ Sonnenschein, J. (Konzernrecht, 1993), S. 156 sowie §§ 304, 305 und 320 AktG.

[218]   Vgl. §§ 291 Abs. 1 und 308 AktG, Zöllner, W. (Beherrschungsvertrag, 1992), S. 173 ff., Jahraus, G. (Haftung, 1988), S. 63.

[219]   Vgl. §§ 308, 291 Abs. 3 AktG, Würdinger, H. (Konzernrecht, 1973), S. 282, 284.

[220]   Vgl. § 308 Abs. 1 Satz 2 AktG. Dabei unterscheidet sich der Beherrschungsvertrag von der Eingliederung. Bei der Eingliederung sind Weisungen zum Nachteil der eingegliederten Gesellschaft auch dann möglich, wenn sie nicht dem Konzerninteresse dienen. Vgl. Würdinger, H. (Konzernrecht, 1973), S. 284, Kapitel 2.3.3.1.1, S. 44 ff.

[221]   Vgl. hierzu und zum folgenden Kropff, B. (Aktiengesetz, 1965), Begründung RegE, Vorbemerkung zum dritten Buch, S. 374.

[222]   Vgl. § 302 AktG. Vgl. zu weiteren Details des Beherrschungsvertrages wie z. B. Vertragsabschluß Würdinger, H. (Konzernrecht, 1973), S. 282 ff.

Aufgrund der legalisierten Möglichkeit hinsichtlich schädigender Weisungen und den durch die Aufhebung der Vermögensbindung entfallenden Vermögensschutz[223] sehen die §§ 300 bis 303 AktG Regelungen zur Sicherung der Gesellschaft und der Gläubiger vor.[224] Um eine Aushöhlung des bilanziellen Vermögens der AG zu verhindern und deren haftendes Kapital zu erhalten, bestimmt der § 300 AktG eine beschleunigte Dotierung der gesetzlichen Rücklage.[225] So muß bei Vorliegen eines Beherrschungsvertrages aus dem Jahresüberschuß (gemindert um einen Verlustvortrag aus dem Vorjahr) der Betrag eingestellt werden, der erforderlich ist, um die gesetzliche Rücklage unter Hinzurechnung einer Kapitalrücklage innerhalb der ersten fünf Geschäftsjahre,[226] die bei Vertragsschluß beginnen,[227] gleichmäßig auf den zehnten oder den in der Satzung bestimmten höheren Teil des Grundkapitals aufzufüllen. Als Mindestanforderung gilt der in § 150 Abs. 2 AktG bestimmte Betrag, der den zwanzigsten Teil des um einen Verlustvortrag aus dem Vorjahr geminderten Jahresüberschusses ausmacht. Es wird jedoch nur das bilanzielle Vermögen gesichert, die Auflösung von stillen Reserven wird nicht erfaßt.[228] So kann die Bonität der abhängigen Gesellschaft durch den Transfer von stillen Reserven an das herrschende Unternehmen beeinträchtigt werden.[229] Auch setzt § 300 AktG einen Jahresüberschuß voraus. Dieser existiert jedoch nur, wenn die herrschende Gesellschaft ihn zuläßt und nur dann erfüllt § 300 AktG seine Funktion.[230]

---

[223] Der Vermögensschutz der §§ 57, 58 und 60 AktG, der gewährleistet, daß die haftende Substanz der Gesellschaft erhalten bleibt wird in § 291 Abs. 3 AktG beim Vorliegen eines Beherrschungs- oder Gewinnabführungsvertrages aufgehoben. Vgl. Schatz, S. (Gläubigerinteressen, 1980), S. 174.

[224] Vgl. hierzu und zum folgenden Koppensteiner, H.-G. (Kölner Kommentar, 1987), Vorbemerkung zu § 300, S. 209 ff., Rn. 1 ff., Würdinger, H. (Konzernrecht, 1973), S. 285 ff., Eschenbruch, K. (Konzernhaftung, 1996), S. 179 ff.

[225] Vgl. hierzu und zum folgenden § 300 AktG, Kropff, B. (Aktiengesetz, 1965), Begründung RegE zu § 300, S. 388, Hemmerde, W. (Insolvenzrisiko, 1985), S. 390 f.

[226] Es handelt sich um fünf Jahre, da sich das AktG an § 14 Nr. 4 KStG orientiert, der den Abschluß eines Organschaftsvertrages auf mindestens diesen Zeitraum vorsieht. Vgl. Kropff, B. (Aktiengesetz, 1965), Ausschußbericht zu § 300, S. 389.

[227] Diese Frist beginnt von neuem, wenn eine Kapitalerhöhung durchgeführt wird. Vgl. § 300 Nr. 1 AktG.

[228] Vgl. Koppensteiner, H.-G. (Kölner Kommentar, 1987), Vorbemerkung zu § 300, S. 211, Rn. 6.

[229] Vgl. Koppensteiner, H.-G. (Kölner Kommentar, 1987), zu § 302, S. 236, Rn. 8.

[230] Vgl. Koppensteiner, H.-G. (Kölner Kommentar, 1987), zu § 300, S. 222, Rn. 20, Hemmerde, W. (Insolvenzrisiko, 1985), S. 391, vgl. zu weiteren Einzelheiten zur Rücklagenbildung, zu den

Der Höchstbetrag des abzuführenden Gewinns bei Beherrschungsverträgen ist in § 301 AktG geregelt. Dieser besagt, daß maximal der ohne Gewinnabführung entstehende Jahresüberschuß, vermindert um einen Verlustvortrag und die Beträge gemäß § 300 AktG, abgeführt werden kann.[231]

Zudem ist das herrschende Unternehmen gemäß § 302 AktG verpflichtet, den Jahresfehlbetrag zu übernehmen.[232] Dabei spielt es keine Rolle auf welche Weise der Fehlbetrag entstanden ist.[233] So kann dieser z. B. auf Verlusten aus Rechtsgeschäften mit Dritten, auf gesetzlichen Haftpflichten oder auch auf Unglücksfällen basieren. Es handelt sich jedoch nur um Jahresfehlbeträge, die während der Vertragsdauer entstanden sind.[234] Der Gesetzgeber begründet diese Verlustübernahmepflicht mit der Feststellung: „Wer die Geschicke der Gesellschaft bestimmen kann oder ihren ganzen Gewinn erhält, muß auch für Verluste einstehen."[235]

Im Ergebnis verhindert die Übernahmepflicht von Jahresfehlbeträgen gemäß § 302 AktG eine Überschuldung der abhängigen Gesellschaft während der Vertragslaufzeit, zumindest solange das herrschende Unternehmen nicht selbst in finanzielle Schwierigkeiten gerät.[236] Das Problem der Illiquidität der abhängigen Gesellschaft wird jedoch durch die Verlustübernahmepflicht nicht ausgeschlossen.[237] Sollte Illiquidität zur Eröffnung eines Konkursverfahren führen, ist der Beherrschungsvertrag beendet und das herrschende Unter-nehmen hat gemäß § 303 AktG Sicherheit zu leisten. Ein Forderungsausfall für den Gläubiger wird bei Leistungsfähigkeit des herrschenden Unternehmens dadurch vermieden, Verzögerungen bei der Erfüllung der Forderungen, das

---

Möglichkeiten die Vorschrift zu umgehen und zur Kritik an § 300 AktG Schatz, S. (Gläubigerinteressen, 1980), S. 43 ff.

[231] Vgl. zur Gewinnabführung im Rahmen eines Beherrschungsvertrages Schatz, S. (Gläubigerinteressen, 1980), S. 70 ff. m. w. N., vgl. zur Ermittlung des maximal abzuführenden Gewinns Schatz, S. (Gläubigerinteressen, 1980), S. 76 ff.

[232] Vgl. Kusterer, S. (Verlustausgleichsverpflichtungen, 1994), S. 5 ff. Der Jahresfehlbetrag ist nicht auszugleichen, soweit er durch Entnahme von Beträgen aus den anderen Gewinnrücklagen ausgeglichen werden kann, die während der Vertragsdauer in sie eingestellt worden sind. Vgl. § 302 Abs. 1 2. Halbsatz AktG. Zu den Details des Ausgleichsanspruches vgl. § 302 Abs. 3 AktG und Schatz, S. (Gläubigerinteressen, 1980), S. 98 ff.

[233] Vgl. hierzu und zum folgenden Würdinger, H. (Konzernrecht, 1973), S. 286 f.

[234] Vgl. Kropff, B. (Aktiengesetz, 1965), Begründung RegE zu § 302, S. 391

[235] Kropff, B. (Aktiengesetz, 1965), Begründung RegE zu § 302, S. 391.

[236] Vgl. hierzu und zum folgenden Koppensteiner, H.-G. (Kölner Kommentar, 1987), zu § 302, S. 235, Rn. 8, Würdinger, H. (Konzernrecht, 1973), S. 287.

[237] Vgl. hierzu und zum folgenden Schatz, S. (Gläubigerinteressen, 1980), S. 179, 190 f. m. w. N., Priester, H.-J. (Liquiditätsausstattung, 1989), S. 1301 ff.

heißt für die Bank bei der Erbringung des Kapitaldienstes für die ausgereichten Kredite, sind jedoch zu erwarten.

Die Regelungen zur Sicherung des Vermögens der beherrschten Gesellschaft der §§ 300-302 AktG begründen nur einen mittelbaren Gläubigerschutz, da die bilanzielle Substanz erhalten wird.[238] Auch haben die Gläubiger kein eigenes Klagerecht aus der Verlustübernahme, können jedoch hinsichtlich des Verlustübernahmeanspruches der abhängigen Gesellschaft einen Pfändungs- und Überweisungsbeschluß erwirken. Für unzulässige Weisungen, die z. B. in keiner Weise dem Konzerninteresse dienen oder den Bestand der abhängigen Gesellschaft gefährden, sieht der § 309 Abs. 2 AktG eine Schadensersatzpflicht der gesetzlichen Vertreter des herrschenden Unternehmens vor, die auch von den Gläubigern eingeklagt werden kann.[239] Diese Art von Gläubiger- schutz ist von untergeordneter Bedeutung, da der Gläubiger mangels Einblick in die Unternehmensinterna die Problemfälle weder erkennen noch beweisen kann. Da jedoch die nachteiligen Folgen unzulässiger Weisungen von der Verlustausgleichspflicht des § 302 AktG erfaßt werden, kann es dennoch zu keiner Überschuldung kommen, und die Erbringung des Kapitaldienstes für Kredite an die abhängige Gesellschaft wird dadurch nicht gefährdet.

Die abhängige Gesellschaft erhält häufig Kredit erst aufgrund der Verlustübernahme- verpflichtung des herrschenden Unternehmens, da diese eine ähnliche Garantiefunktion erfüllt wie das Grundkapital.[240]

Zudem kann eine Beendigung des Vertrages bei der abhängigen Gesellschaft Probleme hervorrufen, isoliert weiterzuexistieren. Daher ist das Ende eines Beherrschungsver- trages von überragender Bedeutung für die Gläubiger der abhängigen Gesellschaft. Die Schutzvorschriften der §§ 300 bis 302 AktG können die Lebensfähigkeit der abhängi- gen Gesellschaft nach Vertragsende nicht garantieren. Daher ist die herrschende Ge- sellschaft verpflichtet, für Forderungen,[241] die vor Bekanntmachung der Eintragung des

---

[238] Vgl. hierzu und zum folgenden Kropff, B. (Aktiengesetz, 1965), Begründung RegE zu § 302, S. 390, Koppensteiner, H.-G. (Kölner Kommentar, 1987), zu § 302, S. 243, Rn. 23, Schatz, S. (Gläubigerinteressen, 1980), S. 174, 178, 180, Würdinger, H. (Konzernrecht, 1973), S. 287.

[239] Vgl. hierzu und zum folgenden Schatz, S. (Gläubigerinteressen, 1980), S. 177.

[240] Vgl. hierzu und zum folgenden Kropff, B. (Aktiengesetz, 1965), Begründung RegE zu § 303, S. 392 ff., Koppensteiner, H.-G. (Kölner Kommentar, 1987), zu § 303, S. 253, Rn. 2.

[241] Unter Forderung ist jeder schuldrechtliche Anspruch zu verstehen. Vgl. Koppensteiner, H.-G. (Kölner Kommentar, 1987), zu § 303, S. 255, Rn. 5.

Vertragsendes in das Handelsregister begründet wurden, den Gläubigern gemäß § 303 Abs. 1 Satz 1 AktG Sicherheit zu leisten.[242] Den Gläubigern wird somit zugemutet, sich ununterbrochen über diesbezügliche Bekanntmachungen zu informieren, was einen erheblichen Verwaltungsaufwand für die Bank bedeutet.[243] Da der Sicherheitsleistende das Vertragsende nicht immer selbst bestimmen kann[244] und es sich um Sicherheiten für Verbindlichkeiten einer anderen Gesellschaft handelt, ist er berechtigt, sich statt der Erbringung einer Sicherheitsleistung zu verbürgen.[245] Dabei muß er nicht auf die Einrede der Vorausklage gemäß § 771 BGB verzichten. Der Gesetzgeber hat mit dieser Regelung das Ziel verfolgt, den zur Sicherheitsleistung Verpflichteten durch den unbedingten Zwang zur Sicherheitsleistung nicht in finanzielle Schwierigkeiten zu bringen. Die Sicherheit einer Bürgschaft ist zwar geringer als die einer Sicherheitsleistung einzustufen, dies ist jedoch zumutbar, da der Gläubiger im wesentlichen nicht schlechter gestellt wird als bei der Verlustübernahme.

Dem Gläubiger hingegen steht kein Wahlrecht zwischen Sicherheitsleistung und Bürgschaft zu.[246]

Einflußmöglichkeiten bei einer abhängigen GmbH

An dieser Stelle werden die Spezifika bei einer abhängigen GmbH betrachtet. Wichtig ist, daß die einheitliche Leitung des herrschenden Unternehmens gegenüber den Ge-

---

[242] Vgl. Wilhelm, H. (Beendigung, 1976), S. 87 f. Die verschiedenen Arten der Sicherheitsleistung sind in § 232 BGB geregelt. Die Gläubiger müssen sich binnen 6-Monats-Frist nach Bekanntmachung im Handelsregister melden. Vgl. § 303 Abs. 1 Satz 1 AktG und § 10 HGB und sie sind in der Bekanntmachung auf das Recht auf Sicherheitsleistung hinzuweisen. Vgl. § 303 Abs. 1 Satz 2 AktG. Sollten die Gläubiger Anspruch auf vorzugsweise Befriedigung aus einer Deckungsmasse haben, steht ihnen keine Sicherheitsleistung zu. Vgl. § 303 Abs. 2 AktG. Unter die Deckungsmasse sind z. B. Ansprüche aus von Hypothekenbanken ausgegebenen Pfandbriefen gemäß § 35 HypBG, aus Schiffspfandbriefen gemäß § 36 SchiffsBG sowie Ansprüche der Gläubiger aus Lebens-, Unfall- und Krankenversicherungen gegen Versicherungsaktiengesellschaften gemäß §§ 77, 79 des Gesetzes über die Beaufsichtigung der privaten Versicherungsunternehmen und Bausparkassen zu subsumieren, jedoch nur insoweit die Sicherungen ausreichen. Vgl. Koppensteiner, H.-G. (Kölner Kommentar, 1987), zu § 303, S. 257 f., Rn. 11, Geßler, E. (Aktiengesetz 2, 1976), zu § 303, S. 156 f., Rn. 18. Vgl. zu weiteren Einzelheiten zur Sicherheitsleistung Schatz, S. (Gläubigerinteressen, 1980), S. 186 ff., zur gestörten Vertragsbeendigung ders., S. 188 ff.

[243] Vgl. Schatz, S. (Gläubigerinteressen, 1980), S. 186.

[244] Z. B. bei Kündigung des Vertrages durch den anderen Vertragsteil.

[245] Vgl. hierzu und zum folgenden § 303 Abs. 3 AktG, Kropff, B. (Aktiengesetz, 1965), Begründung RegE zu § 303, S. 393. Zur Bürgschaft vgl. §§ 765 ff. BGB, § 349 HGB.

[246] Vgl. Koppensteiner, H.-G. (Kölner Kommentar, 1987), zu § 303, S. 258, Rn. 13.

schäftsführern der abhängigen GmbH im Beherrschungsvertrag fixiert wird.[247] Eine Weisungsbefugnis gegenüber den Geschäftsführern durch die Gesellschafterversammlung besteht zwar auch ohne Beherrschungsvertrag,[248] jedoch erstreckt sich die Befugnis bei Abschluß eines Beherrschungsvertrages in legaler Weise auch auf Weisungen mit negativen Folgen für die abhängige GmbH. Daraus eröffnet sich dem herrschenden Unternehmen die Möglichkeit, bei der abhängigen GmbH eine umfassende einheitliche Leitung auszuüben.[249]

Bei der Ausübung des Weisungsrechts stellt sich die Frage, wie Divergenzen zwischen den Weisungen des herrschenden Unternehmens[250] und denen der anderen Gesellschafter[251] zu behandeln sind. Da alle Gesellschafter dem Abschluß des Beherrschungsvertrages zugestimmt haben müssen, sind den Weisungen des herrschenden Unternehmens gegenüber denen der übrigen Gesellschafter der Vorrang einzuräumen.[252]

Auch bei einem GmbH-Vertragskonzern wird durch den sogenannten Organisationsvertrag der Zweck der GmbH verändert.[253] Sie dient nun nicht mehr allen Gesellschaftern auf gleiche Weise, sondern nur noch den Zwecken des herrschenden Unternehmens.

Für die abhängige GmbH in einem Vertragskonzern gelten die Regelungen der §§ 302 und 303 AktG analog.[254] Auch § 301 AktG gilt analog, wobei sich weitere Grenzen aus

---

247   Vgl. hierzu und zum folgenden Kort, M. (Abschluß, 1986), S. 46 f., Zöllner, W. (Beherrschungsvertrag, 1992), S. 174 f.

248   Vgl. § 37 GmbHG.

249   Vgl. Kort, M. (Abschluß, 1986), S. 46 f.

250   Vgl. § 308 AktG.

251   Vgl. § 37 GmbHG.

252   Vgl. Kort, M. (Abschluß, 1986), S. 140 f., Zöllner, W. (Beherrschungsvertrag, 1992), S. 174. Zu Ausnahmen bei Vorhandensein eines Aufsichtsrates vgl. Emmerich, V./ Sonnenschein, J. (Konzernrecht, 1993), S. 482. Vgl. zu weiteren Einzelheiten bei einem Beherrschungsvertrag mit einer abhängigen GmbH ders., S. 469 ff. m. w. N.

253   Vgl. hierzu und zum folgenden Schatz, S. (Gläubigerinteressen, 1980), S. 9, Würdinger, H. (Konzernrecht, 1973), S. 267, § 33 BGB, Bälz, U. (Konzern, 1974), S. 323 ff., Sonnenschein, J. (Organschaft, 1976), S. 319 ff., Geßler, E. (Aktiengesetz 2, 1976), zu § 291, S. 16, Rn. 24 m. w. N. (analog). Vgl. zum Abschluß des Vertrages Kort, M. (Abschluß, 1986), S. 135, 157 ff.

254   Vgl. BGH, Urteil vom 11.11.1991 - II ZR 287/90, 'Stromlieferung-Urteil', S. 37 ff., Würdinger, H. (Konzernrecht, 1973), S. 294, Scholz, F. (GmbH-Gesetz, 1993), S. 1848 f., Rn. 311 f., Kort, M. (Abschluß, 1986), S. 144 ff., Emmerich, V. (Stand, 1987), S. 7, Möhring, L. (Schutz, 1992), S. 108 ff., Kusterer, S. (Verlustausgleichsverpflichtungen, 1994), S. 25 ff.

der Kapitalerhaltungsvorschrift, namentlich dem § 30 GmbHG, ergeben.[255] Dies bedeutet, daß die Gläubiger einer abhängigen GmbH besser geschützt sind als die einer unabhängigen.[256] Diese Besserstellung läßt sich damit begründen, daß die Gläubiger einer abhängigen GmbH mit Schädigungen rechnen müssen, die zusätzlich zum allgemeinen Unternehmerrisiko auftreten.

Bildung der Kreditnehmereinheit

Liegt ein Vertragskonzern vor, besteht die Kreditnehmereinheit aus den Partnern des Beherrschungsvertrages.[257] Hat ein Unternehmen mit mehreren Partnern Beherrschungsverträge abschlossen, gehören alle Beteiligten demselben Konzern an und bilden daher eine Kreditnehmereinheit.

2.3.3.1.3 Der faktische Konzern als Basis für die Bildung einer Kreditnehmereinheit gemäß § 19 Abs. 2 KWG

Die dritte Form eines Unterordnungskonzerns ist der faktische Konzern. Der Oberbegriff faktischer Konzern ist in der Realität vielschichtig.[258] So werden darunter bereits **Abhängigkeitsverhältnisse** subsumiert, wobei die Unternehmen noch nicht durch die einheitliche Leitung zusammengefaßt sind und damit an sich noch keinen Konzern darstellen.[259] Da jedoch die Widerlegung der Konzernvermutung durch das herrschende Unternehmen nur selten gelingt, ist davon auszugehen, daß ein abhängiges Unternehmen mit dem herrschenden Unternehmen einen faktischen Unterordnungskonzern bildet. Zudem werden die **einfachen faktischen Konzerne** und die **qualifizierten faktischen** Konzerne unterschieden. Der Unterschied besteht darin, daß bei einem einfachen faktischen Konzern die Veranlassung zu einzelnen Rechtsgeschäften und sonstigen Maßnahmen und deren Auswirkungen zur Einflußnahme auf die beherrschte Gesell-

---

[255] Das Stammkapital der GmbH muß erhalten bleiben, das dazu benötigte Vermögen darf nicht an die Gesellschafter ausbezahlt werden. Vgl. § 30 GmbHG. Vgl. zur analogen Anwendung des § 301 AktG Emmerich, V./ Sonnenschein, J. (Konzernrecht, 1993), S. 484.

[256] Vgl. hierzu und zum folgenden Kort, M. (Abschluß, 1986), S. 41.

[257] Vgl. hierzu und zum folgenden § 19 Abs. 2 Satz 2 Nr. 1 1. Alternative KWG.

[258] Vgl. hierzu und zum folgenden Emmerich, V./ Sonnenschein, J. (Konzernrecht, 1993), S. 366 ff.

[259] Vgl. § 17 AktG.

schaft isolierbar sind, während bei einem qualifizierten faktischen Konzern die Verflechtungen so eng sind, daß sich Weisungen und ihre Auswirkungen nicht mehr einzeln betrachten und bewerten lassen.[260] Aufgrund dieser wenig konkreten Definition liegt einer der Schwerpunkte der Diskussion um den qualifizierten faktischen Konzern auf dessen Tatbestandsbildung, die die Grundlage für den Haftungsumfang darstellt.[261] Dabei ist dem AktG der Begriff des qualifizierten faktischen Konzerns unbekannt und auch die Rechtsprechung enthält sich einer Definition.[262] Es handelt sich daher um die Beschreibung bestimmter Sachverhalte des Konzernverhältnisses, die eines gemeinsam haben: Die Schutz-Regelungen der §§ 311 ff. AktG sind unzureichend.

Der Aufbau eines qualifizierten faktischen Aktienkonzerns ist aufgrund der Regelungen in § 76 AktG über die eigenverantwortliche Leitung der AG durch den Vorstand schwieriger als bei der GmbH, bei der die Geschäftsführer den Weisungen durch die Gesellschafter unterworfen sind.[263] Daher dürfte der qualifizierte faktische Aktienkonzern eher die Ausnahme sein.[264] Ob ein qualifizierter faktischer Aktienkonzern vorliegt, hängt jedoch auch davon ab, wie eng oder weit dessen Definition gefaßt ist.[265] Grundsätzlich steht hier die Zulässigkeit des, wie auch immer definierten, qualifizierten faktischen Aktienkonzerns in der Diskussion.[266] Das Meinungsspektrum reicht von der Entwicklung besonderer Regeln zu dessen Legalisierung bis zur Unzulässigkeit.

So wird im ersten Fall die Möglichkeit gesehen, den Tatbestand des qualifizierten faktischen Aktienkonzerns zu legalisieren, indem die Zustimmung der Hauptversammlung

260 Vgl. BGH, Urteil vom 16.9.1985 - II ZR 275/84, 'Autokran-Urteil', S. 236 f., Bundesministerium der Justiz (Hrsg.) (Unternehmensrechtskommission, 1980), S. 702 ff. Tz. 1379 ff., S. 837 ff., Tz. 1662 ff.

261 Vgl. hierzu und zum folgenden Emmerich, V./ Sonnenschein, J. (Konzernrecht, 1993), S. 391 ff. m. w. N., zusammenfassend Weigl, G. (Haftung, 1996), S. 180.

262 Der Begriff des qualifizierten faktischen Konzerns wurde vom Arbeitskreis GmbH-Reform definiert. Vgl. Hueck, G./ Lutter, M./ Mertens, H.-J./ Rehbinder, E./ Ulmer, P./ Wiedemann, H./ Zöllner, W. (Arbeitskreis, 1972), S. 5.

263 Vgl. Emmerich, V./ Sonnenschein, J. (Konzernrecht, 1993), S. 390 f.

264 Vgl. zum Vorkommen von qualifizierten faktischen Aktien-Konzernen OLG Hamm, Beschluß vom 3.11.1986 - 8 U 59/86, 'Banning-Entscheidung', S. 38 ff., LG Mannheim, Urteil vom 17.1.1990 - 21 O 9/89, S. 29 f.

265 Vgl. hierzu und zum folgenden Emmerich, V./ Sonnenschein, J. (Konzernrecht, 1993), S. 391 f., vgl. zur Diskussion um den Tatbestand des qualifizierten faktischen Konzerns Hoffmann-Becking, M. (AG-Konzern, 1989), S. 68 ff., Altmeppen, H. (Abschied, 1991), S. 5 ff.

266 Vgl. hierzu und zum folgenden Emmerich, V./ Sonnenschein, J. (Konzernrecht, 1993), S. 404.

der abhängigen Gesellschaft eingeholt wird.[267] Gegen diese Möglichkeit spricht die Tatsache, daß das Erkennen eines qualifizierten faktischen Aktienkonzerns für die außenstehenden Aktionäre nur schwierig oder überhaupt nicht möglich ist, da der Einblick in die relevanten Verhältnisse fehlt.[268] Auch können die Grenzen zum Vertragskonzern nicht mehr klar gezogen werden. Das könnte ein herrschendes Unternehmen dazu veranlassen, auf den Abschluß eines Beherrschungsvertrages gänzlich zu verzichten, da dieser mit wesentlich strengeren Rechtsfolgen[269] verbunden ist.

Die Argumentation derer, die die Unzulässigkeit qualifizierter faktischer Aktienkonzerne postulieren, geht davon aus, daß die Schutzvorschriften der §§ 311 bis 318 AktG auf einzelnen, isolierbaren Veranlassungen und deren Auswirkungen basieren.[270] Diese Isolierbarkeit ist dann nicht mehr gegeben, wenn die Beziehungen zwischen dem herrschenden Unternehmen und der abhängigen Gesellschaft durch multiple Beeinflussung derart verflochten sind, daß sie für Außenstehende weder durchschaubar noch kontrollierbar sind. Da eine Isolierung der Weisungen und deren Auswirkungen beim qualifizierten faktischen Konzern nicht vorgenommen werden kann und daher die Schutzvorschriften der §§ 311 - 318 AktG nicht anwendbar sind, ist der qualifizierte faktische Aktienkonzern im Umkehrschluß unzulässig und damit ein Unrechtstatbestand. Diese Auffassung wird dadurch bekräftigt, daß durch die umfassende und andauernde Leitung durch das herrschende Unternehmen gegen die eigenverantwortliche Leitung der abhängigen AG durch den Vorstand gemäß § 76 AktG verstossen wird.[271]

Basierend auf dieser Erkenntnis muß den außenstehenden Aktionären ein Recht auf Unterlassungsklage und Schadensersatz oder auch, wenn ein Rückgängigmachen be-

---

[267] Dazu ist eine Dreiviertel-Mehrheit des vertretenen Grundkapitals nötig. Vgl. §§ 179 Abs. 2, 293 Abs. 1 AktG analog. Dies führt zu einer Teil-Überleitung in einen Vertragskonzern. Vgl. Emmerich, V./ Sonnenschein, J. (Konzernrecht, 1993), S. 405.

[268] Vgl. hierzu und zum folgenden Decher, Ch. E. (Personelle Verflechtungen, 1990), S. 111 ff., Reul, J. (Gleichbehandlung, 1991), S. 288 ff.

[269] Vgl. §§ 300 ff. AktG.

[270] Vgl. hierzu und zum folgenden 404 f., OLG Hamm, Beschluß vom 3.11.1986 - 8 U 59/86, 'Banning-Entscheidung', S. 38 f., Schmidt, K. (Verlustausgleichspflicht, 1989), S. 549 f., Sonnenschein, J. (Schutz, 1991), S. 63 f. Vgl. allgemein zum Beziehungsgeflecht im qualifizierten faktischen Konzern Deilmann, B. (Entstehung, 1990), S. 63 ff.

[271] Vgl. beispielsweise Schmidt, K. (Abhängigkeit, 1992), S. 860, Streyl. A. (Vorstands-Doppelmandate, 1992), S. 99 ff. Vgl. zu gegenteiliger Meinung Emmerich, V. (Konzernbildungskontrolle, 1991), S. 306 f.

reits fixierter Zustände nicht mehr möglich ist, ein Recht auf Abfindung und Ausgleich zugestanden werden.[272] Die Unrechtmäßigkeit des qualifizierten faktischen Aktienkonzerns hat zur Folge, daß faktische Konzerne im Sinne des AktG nur als lockere Zusammenschlüsse mit einzelnen, isolierbaren Weisungen erlaubt sein können.[273] Der Auffassung vom Vorliegen einer Unrechtmäßigkeit wird in dieser Arbeit gefolgt, da ein Konzern, bei dem ununterbrochen gegen die eigenverantwortliche Leitung der AG durch den Vorstand gemäß § 76 AktG verstoßen wird und der keinen ausreichenden Schutz für Gläubiger und außenstehende Aktionäre bietet, als unzulässig anzusehen ist.

Im Anschluß an den qualifizierten faktischen Aktienkonzern wird nun der **qualifizierte faktische GmbH-Konzern** betrachtet. Da dieser in der Realität sehr häufig vorkommt, steht dessen rechtliche Behandlung im Mittelpunkt des Interesses.[274] Die weite Verbreitung des qualifizierten faktischen GmbH-Konzerns liegt an den Spezifika des GmbH-Rechts. So existieren bei der GmbH die Gesellschafterversammlung und der Geschäftsführer als Organe.[275] Dabei hat die Gesellschafterversammlung den Vorrang hinsichtlich der Fragen der Geschäftsführung. Dies hat zur Folge, daß eine beherrschende Stellung durch Mehrheitsbeteiligung in der Gesellschafterversammlung zur Ausübung der Leitungsmacht, auch ohne Abschluß eines Beherrschungsvertrags, ausreicht.

Es stellt sich die konkrete Frage, welche Tatbestände einen faktischen GmbH-Konzern zu einem qualifizierten faktischen Konzern werden lassen. Dies ist dann der Fall, wenn

---

[272] Vgl. Emmerich, V./ Sonnenschein, J. (Konzernrecht, 1993), S. 407 m. w. N. Gegen diese Auffassung z. B. Hoffmann-Becking, M. (AG-Konzern, 1989), S. 68, 84 ff., Lutter, M. (Fortentwicklung, 1991), S. 74 ff., Reul, J. (Gleichbehandlung, 1991), S. 288 ff.

[273] Vgl. Bälz, U. (Konzern, 1974), S. 310 ff., Dierdorf, J. (Herrschaft, 1978), S. 256 ff., Hommelhoff, P. (Konzernleitungspflicht, 1982), S. 109 ff., Paehler, O. H.(Nachteilsfeststellung, 1972), S. 160 ff., OLG Hamm, Beschluß vom 3.11.1986 - 8 U 59/86, 'Banning-Entscheidung', S. 38 ff. Vgl. auch zur detaillierten Diskussion der Unzulässigkeit von qualifizierten faktischen Aktien-Konzernen Emmerich, V./ Sonnenschein, J. (Konzernrecht, 1993), S. 404 ff., Flume, W. (Bürgerliches Recht, 1983), S. 122 ff., Semler, J. (Überwachung, 1996), S. 184 ff., Rn. 313, 321 m. w. N., Strohn, L. (Verfassung, 1977), S. 138 ff. Entscheidungen zur Haftung in qualifizierten faktischen Aktienkonzernen liegen bisher, soweit ersichtlich, nicht vor. Vgl. Emmerich, V./ Sonnenschein, J. (Konzernrecht, 1993), S. 390.

[274] Vgl. hierzu und zum Kort, M.(Abschluß, 1986), S. 9, 29, Hommelhoff, P. (Konzernleitungspflicht, 1982), S. 245.

[275] Vgl. hierzu und zum folgenden §§ 6, 35, 45 GmbHG.

das herrschende Unternehmen die Leitung der abhängigen Gesellschaft umfassend und andauernd an sich zieht und es zusätzlich, als weiteres qualifizierendes Merkmal, an Rücksichtnahme auf die eigenen Belange der abhängigen Gesellschaft im Konzerninteresse fehlen läßt und es damit zu einer umfassenden Schädigung der abhängigen GmbH kommt.[276]

Aufgrund der schwerwiegenden Rechtsfolgen, vor allem hinsichtlich der Haftung, ist eine Konzernvermutung dahingehend, daß jeder faktische Konzern ein qualifizierter faktischer Konzern ist, abzulehnen.[277] Vielmehr ist der Begriff des qualifizierten faktischen Konzerns möglichst eng zu fassen.

Bei bestimmten Tatbeständen liegt jedoch die Vermutung, daß ein qualifizierter faktischer Konzern vorliegt, sehr nahe und zwar besonders dann, wenn diese kumuliert auftreten. Dies ist beispielsweise der Fall, wenn das herrschende Unternehmen die abhängige Gesellschaft wie eine unselbständige Betriebsabteilung führt, wobei sich der Einfluß auf das Tagesgeschäft der abhängigen Gesellschaft ausdehnen muß.[278] Auch personelle Verflechtungen dergestalt, daß gesetzliche Vertreter des herrschenden Unternehmens in der Geschäftsleitung der abhängigen Gesellschaft tätig sind und deren Majorisierung bewirken[279] sowie die Übertragung zentraler Aufgaben der Geschäftsführung auf das herrschende Unternehmen[280] sind Anzeichen, daß ein qualifizierter faktischer Konzern vorliegt.

---

[276] Vgl. Kort, M. (Abschluß, 1986), S. 38, BGH, Urteil vom 29.3.1993 - II ZR 265/91, 'TBB-Urteil', S. 283, BGH, Urteil vom 23.9.1991 - II ZR 135/90, 'Video-Urteil', S. 157 f., Hommelhoff, P. (Konzernpraxis, 1992), S. 309 ff., Ulmer, P. (Beweisfragen, 1992), S. 75 ff., Westermann, H. P. (Tatbestand, 1992), S. 21 ff., Westermann, H. P. (Neuansatz, 1993), S. 554 ff., BGH, Urteil vom 16.9.1985 - II ZR 275/84, 'Autokran-Urteil', S. 236 f. Ist eine GmbH in 100 % Anteilsbesitz des herrschenden Unternehmens, liegt zumeist ein qualifizierter faktischer GmbH-Konzern vor. Vgl. Kort, M. (Abschluß, 1986), S. 27.

[277] Vgl. z. B. Deilmann, B. (Entstehung, 1990), S. 59 ff., BGH, Urteil vom 20.2.1989 - II ZR 167/88, 'Tiefbau-Urteil', S. 440 ff., Stimpel, W. (Tiefbau-Urteil, 1991), S. 148, anders: z. B. Geitzhaus, G. (Verlustausgleichspflicht, 1989), S. 406.

[278] Vgl. BGH, Urteil vom 16.9.1985 - II ZR 275/84, 'Autokran-Urteil', S. 236 f., Lutter, M. (Konzern, 1990), S. 182 f. Anders: Ulmer, P. (Beweisfragen, 1992), S. 81

[279] Vgl. zur ausführlichen Diskussion des Zusammenhangs zwischen der personellen Verflechtung und dem qualifizierten faktischen Konzern Decher, Ch. E. (Personelle Verflechtungen, 1990), S. 31 ff. Vgl. hierzu und zu weiteren Beispielen Emmerich, V./ Sonnenschein, J. (Konzernrecht, 1993), S. 402 f. m. w. N.

[280] Vgl. Stein, U. (Konzernherrschaft, 1988), S. 181 ff., Krieger, G. (Konzernrecht 2, 1988), S. 758, Rn. 275.

Die Bildung eines qualifizierten faktischen GmbH-Konzerns ist rechtswidrig, solange ihr nicht alle Gesellschafter zugestimmt haben.[281] Der Grund für diese Bestimmung liegt in den schwerwiegenden Beeinflussungsmöglichkeiten (auch zum Nachteil der Minderheitsgesellschafter), die der qualifizierte faktische Konzern dem herrschenden Unternehmen bietet. Eine Konzernbildung ohne Zustimmung der Gesellschafter würde einen eklatanten Verstoß gegen die Treuepflicht des herrschenden Unternehmens darstellen. Haben sämtliche Gesellschafter der Konzernbildung zugestimmt, kann auf einen weiteren Minderheitenschutz verzichtet werden.

Welche Vorgehensweise ist aber angezeigt, wenn die Bildung des qualifizierten faktischen Konzerns, wie in der Realität häufig der Fall, ohne die Zustimmung aller Gesellschafter bereits durchgeführt wurde.[282] In diesem Fall ist der so gebildete Konzern rechtswidrig. Die Gesellschafter, die keinen beherrschenden Einfluß geltend machen können, haben ein Recht auf Schadensersatz und vor allem auf Rückgängigmachung der Konzernbildung. Sollte letzteres nicht mehr möglich sein, da die abhängige GmbH nicht mehr alleine lebensfähig ist, haben die Gesellschafter das Recht zum Austritt aus wichtigem Grund mit voller Abfindung.[283]

Einflußmöglichkeiten innerhalb eines einfachen faktischen Konzerns

Beim einfachen faktischen Konzern kann das abhängige Unternehmen wie bei der Abhängigkeit durch negative Weisungen beeinflußt werden.[284] An den Tatbestand des einfachen faktischen Konzerns gemäß § 18 Abs. 1 Satz 1 AktG knüpfen daher wie auch an die Abhängigkeit die Rechtsfolgen der §§ 311 bis 318 AktG (Verantwortlichkeit bei Fehlen eines Beherrschungsvertrages) an.[285]

---

[281] Vgl. hierzu und zum folgenden Kort, M. (Abschluß, 1986), S. 43 ff., Scholz, F. (GmbH-Gesetz, 1993), S. 1812, Rn. 210 ff., Schulze-Osterloh, J. (Betriebsaufspaltung, 1983), S. 155 f., Zöllner, W. (GmbH-Gesetz 2, 1996), S. 1379 ff., Rn. 53, 57, 61, 71.

[282] Vgl. hierzu und zum folgenden Scholz, F. (GmbH-Gesetz, 1993), S. 1812 f., Rn. 212, Zöllner, W. (GmbH-Gesetz 2, 1996), S. 1379 ff., Rn. 55, 61.

[283] Vgl. § 305 AktG analog, Flume, W. (Bürgerliches Recht, 1983), S. 130, Scholz, F. (GmbH-Gesetz, 1993), S. 1813, Rn. 213, Kort, M. (Abschluß, 1986), S. 32 ff.

[284] Vgl. Kapitel 2.3.2, S. 24 ff.

[285] Vgl. Kropff, B. (Aktiengesetz, 1965), Begründung RegE zu § 311, S. 407, Würdinger, H. (Konzernrecht, 1973), S. 297.

Einflußmöglichkeiten innerhalb eines qualifizierten faktischen Konzerns

Da beim qualifizierten faktischen Konzern einzelne Einflußnahmen durch schädigende Weisungen und deren Auswirkungen auf die abhängige Gesellschaft nicht isolierbar sind, ist auch kein Nachteilsausgleich möglich.[286] Das für die Abhängigkeit und den einfachen faktischen Aktienkonzern vorgesehene Haftungssystem der §§ 311 bis 318 AktG versagt beim qualifizierten faktischen Konzern völlig, und daher wird ein besserer Schutz für die Gesellschaft und für die Gläubiger notwendig.

Daher wird vielfach in der Literatur eine analoge Haftung gemäß den Regelungen der §§ 302 und 303 AktG für den Beherrschungs- und Gewinnabführungsvertrag propagiert.[287] Das würde bedeuten, daß das herrschende Unternehmen den Jahresfehlbetrag ausgleichen sowie bei Beendigung des qualifizierten faktischen Konzerns den Gläubigern Sicherheit leisten muß.[288]

Grundlage für diese strengen Haftungsregelungen wäre ausschließlich die dauernde, umfassende Leitung der abhängigen AG.[289] Nunmehr stellt sich die Frage, wie ein Gläubiger mit zumutbarem Aufwand diesen Tatbestand nachweisen kann. Dies ist im Hinblick auf die Haftung der Fall, wenn sich einzelne Weisungen und ihre Auswirkungen gemäß § 311 AktG nicht mehr mit hinreichender Sicherheit isolieren lassen bzw.

---

[286] Vgl. hierzu und zum folgenden mangels höchstrichterlicher Rechtsprechung zum qualifizierten faktischen Aktienkonzern die Rechtsprechung für GmbH-Konzerne, deren Grundsätze auch rechtsformunabhängige Geltung haben, Ebenroth, C. T. (Konzernierung, 1990), S. 189, Geiger, A. (Konzernhaftungsrecht, 1993), S. 166, BGH, Urteil vom 20.2.1989 - II ZR 167/88, 'Tiefbau-Urteil', S. 440 ff., Stimpel, W. (Tiefbau-Urteil, 1991), S. 144 ff., BGH, Urteil vom 16.9.1985 - II ZR 275/84, 'Autokran-Urteil', S. 236.

[287] Vgl. Fleck, H. J. (Rechtsprechung, 1986), S. 1210, 1212 f., Emmerich, V. (Ausblick, 1985), S. 753 f., Flume, W. (Bürgerliches Recht, 1983), S. 127 f., Lutter, M. (Unternehmensgruppe, 1982), S. 263 f., Ulmer, P. (Verlustübernahmepflicht, 1986), S. 123 ff., Wiedemann, H. (Spätlese, 1986), S. 668 ff., Eschenbruch, K. (Konzernhaftung, 1996), S. 276 ff. Es liegen auch viele Gegenstimmen vor, auf die hier im einzelnen nicht näher eingegangen wird, da diese offensichtlich keine sachdienlicheren Lösungsvorschläge für die Haftungsproblematik offerieren. Vgl. z. B. Drüke, H. (Haftung, 1990), S. 173 ff., Gäbelein, W. (Definition, 1990), S. 185 ff., Koppensteiner, H.-G. (Verlustausgleichspflicht, 1989), S. 87 ff., Schneider, U. H. (Konzernbildung, 1980), S. 537 ff.

[288] Vgl. die bereits beim Beherrschungsvertrag ausgeführten Einzelheiten. Dabei legitimiert die Verlustübernahmeverpflichtung nicht die Leitungsmacht des herrschenden Unternehmens, sondern hat eher die Aufgabe einer Schadensersatzpflicht. Vgl. Kort, M. (Abschluß, 1986), S. 39, anders: Schmidt, K. (Verlustübernahmepflicht, 1983), S. 518 f.

[289] Vgl. hierzu und zum folgenden Emmerich, V./ Sonnenschein, J. (Konzernrecht, 1993), S. 399 f.

61

der Versuch dazu aufgrund des engen Beziehungsgeflechts von Anfang an nicht realsierbar erscheint.

Grundlage ist beim qualifizierten faktischen Aktienkonzern[290] die Zustandshaftung,[291] da für eine Verschuldenshaftung[292] aufgrund der strengeren Kapitalerhaltungsvorschriften im AktG im Vergleich zum GmbHG[293] kein Raum ist.[294] Problematisch stellt sich bei der Übertragung des § 303 AktG die Ermittlung der 6-Monats-Frist zur Anmeldung von Ansprüchen auf Sicherheitsleistung dar, da beim qualifizierten faktischen Konzern keine Registerpublizität besteht.[295] Der relevante Zeitpunkt ist somit der Stichtag der tatsächlichen Beendigung des Konzerns. Dieser ist jedoch für den außenstehenden Gläubiger aufgrund der mangelnden Publizität schwierig oder überhaupt nicht zu erkennen.

Zum Schutze der Gläubiger vor einer schädigenden Einflußnahme durch das herrschende Unternehmen sind nach herrschender Meinung auch beim mehrgliedrigen **qualifizierten faktischen GmbH-Konzern** die Vorschriften der §§ 302 und 303 AktG analog anzuwenden.[296] Das heißt, daß auch hier das herrschende Unternehmen den Jah-

---

[290] Trotz der Tatsache, daß der qualifizierte faktischen Aktienkonzern einen Unrechtstatbestand darstellt, sollte, da er in wenigen Fällen existieren kann, nicht von vorneherein auf einen Gläubigerschutz verzichtet werden. Vgl. Emmerich, V./ Sonnenschein, J. (Konzernrecht, 1993), S. 409.

[291] Unter Zustandshaftung, auch Organisationshaftung oder Strukturhaftung genannt, ist zu verstehen, daß für die Anwendung der §§ 302, 303 AktG das bloße Vorliegen eines qualifizierten faktischen Konzerns genügt. Vgl. Emmerich, V./ Sonnenschein, J. (Konzernrecht, 1993), S. 455.

[292] Unter Verschuldenshaftung, auch Verhaltenshaftung genannt, ist zu verstehen, daß zum Vorliegen eines qualifizierten faktischen Konzern noch die schuldhafte Schädigung der abhängigen Gesellschaft durch das herrschende Unternehmen als qualifizierendes Merkmal hinzukommen muß. Vgl. Emmerich, V./ Sonnenschein, J. (Konzernrecht, 1993), S. 455 f.

[293] Vgl. §§ 57, 58 und 60 AktG im Unterschied zu § 30 GmbHG.

[294] Vgl. Emmerich, V./ Sonnenschein, J. (Konzernrecht, 1993), S. 409.

[295] Vgl. hierzu und zum folgenden Emmerich, V./ Sonnenschein, J. (Konzernrecht, 1993), S. 410.

[296] Vgl. z. B. BGH, Urteil vom 16.9.1985 - II ZR 275/84, 'Autokran-Urteil', S. 236, BGH, Urteil vom 29.3.1993 - II ZR 265/91, 'TBB-Urteil', S. 283, BGH, Urteil vom 20.2.1989 - II ZR 167/88, 'Tiefbau-Urteil', S. 440 ff., Stimpel, W. (Tiefbau-Urteil, 1991), S. 144 ff., Ensthaler, J./ Kreher, M. (Verlustausgleichspflicht, 1995), S. 1422 ff., Bundesministerium der Justiz (Hrsg.) (Unternehmensrechtskommission, 1980), S. 849 f., Tz. 1690, zur neueren Rechtsprechung vgl. Michalski, L./ Zeidler, F. (Ausgleichshaftung, 1996), S. 224 ff., kritisch: Hoffmann-Becking, M. (Qualifizierungsvermutung, 1992), S. 89 ff.

resfehlbetrag der abhängigen GmbH ausgleichen und bei Beendigung des Konzernverhältnisses den Gläubigern Sicherheit leisten muß.[297]

Hauptstreitpunkt ist beim qualifizierten faktischen GmbH-Konzern die Frage, ob Zustands- oder Verschuldenshaftung die Grundlage für die Anwendung der §§ 302 und 303 AktG darstellen sollen.[298] In jedem Fall muß ein qualifizierter faktischer GmbH-Konzern vorliegen, d. h. es muß eine umfassende Schädigung der abhängigen GmbH erfolgen.[299] Es ist jedoch ungeklärt, wie der Gläubiger diesen Tatbestand nachweisen soll, da ihm die Einblicke in die Konzerninterna fehlen. Daher hat der BGH festgestellt, daß bei Vorliegen einer umfassenden und andauernden Leitung durch das herrschende Unternehmen auch eine Schädigung zu vermuten ist.[300] Dabei hat der Kläger, d. h. der Gläubiger, die Darlegungs- und Beweislast hinsichtlich aller Voraussetzungen einer Konzernhaftung gemäß den §§ 302, 303 AktG. Da der Gläubiger, wie bereits festgestellt, keinen Einblick in die relevanten Daten hat, werden ihm Erleichterungen hinsichtlich der Substantiierungslast zugestanden. Es muß lediglich alle ihm zugänglichen Informationen dem Gericht vorlegen.

Dennoch hat der Gläubiger das Kostenrisiko einer Klage zu tragen und wird daher nur selten Klage erheben.

---

[297] Vgl. dazu die Ausführungen zum Vertragskonzern in Kapitel 2.3.3.1.2, S. 47 ff.

[298] Vgl. Emmerich, V./ Sonnenschein, J. (Konzernrecht, 1993), S. 455. Der Steit über das 'richtige' Haftungsmodell ist noch nicht beigelegt. Diese Fragestellung ist jedoch für die vorliegende Arbeit nicht in dem Maße relevant, da eine wie auch immer geartete Haftung für schädigenden Einfluß bestehen muß und wird. Daher wird diese Problematik ausgeklammert. Vgl. zur Diskussion über das Haftungsmodell im Detail Emmerich, V./ Sonnenschein, J. (Konzernrecht, 1993), S. 456 ff. m. w. N., Hoffmann-Becking, M. (Qualifizierungsvermutung, 1992), S. 89 ff.

[299] Vgl. hierzu und zum folgenden Emmerich, V./ Sonnenschein, J. (Konzernrecht, 1993), S. 397.

[300] Vgl. hierzu und zum folgenden BGH, Urteil vom 16.9.1985 - II ZR 275/84, 'Autokran-Urteil', S. 236 f., BGH, Urteil vom 29.3.1993 - II ZR 265/91, 'TBB-Urteil', S. 283, BGH, Urteil vom 20.2.1989 - II ZR 167/88, 'Tiefbau-Urteil', S. 440 ff., Stimpel, W. (Tiefbau-Urteil, 1991), S. 146, Stodolkowitz, H. D. (Haftung, 1992), S. 1518. Vgl. zur Widerlegung der Vermutung z. B. Hommelhoff, P. (Konzernlagen, 1992), S. 249 ff., Krieger, G. (Tatbestand, 1992), S. 58 f. Die Vermutung könnte z. B. durch den Nachweis widerlegt werden, daß ein pflichtgemäß handelnder Geschäftsführer einer selbständigen GmbH die Geschäfte ebenso geführt hätte. Vgl. BGH, Urteil vom 16.9.1985 - II ZR 275/84, 'Autokran-Urteil', S. 237. Eine weitere Möglichkeit ist der Nachweis, daß die entstandenen Verluste auf Umständen beruhen, die mit der Ausübung der Leitungsmacht nichts zu tun haben. Vgl. BGH, Urteil vom 20.2.1989 - II ZR 167/88, 'Tiefbau-Urteil', S. 440 ff., Stimpel, W. (Tiefbau-Urteil, 1991), S. 147. Für eine reine Zustandshaftung vgl. Schmidt, K. (Verlustausgleichspflicht, 1989), S. 545 ff.

Interessant stellt sich die Haftungsfrage im qualifizierten faktischen GmbH-Konzern bei den weitverbreiteten Einmann-Gesellschaften dar.[301] In der vorliegenden Arbeit wird der Auffassung gefolgt, daß auch bei diesen die §§ 302 und 303 AktG analog anzuwenden sind, um einen verbesserten Gläubigerschutz zu verwirklichen. Daraus ergibt sich, daß bei Einmann-Gesellschaften, bei denen ein qualifizierter faktischer GmbH-Konzern vorliegt, der einzige herrschende Gesellschafter[302] über die §§ 302 und 303 AktG entgegen dem § 13 GmbHG für die Verbindlichkeiten der Gesellschaft einzustehen hat.

Emmerich und Sonnenschein sind der Auffassung, daß in der Regel das Modell der Zustandshaftung greift, da den §§ 302, 303 AktG ein Verschuldenstatbestand fremd ist, obwohl sie beim Stand der Diskussion eine Festlegung für fehl am Platze halten.[303] Da diese Haftung sehr strenger Natur ist, sollen die Grenzen für das Vorliegen eines qualifizierten faktischen Konzerns möglichst eng gezogen werden. Es muß sich beim qualifizierten faktischen Konzern um eine seltene Ausnahme handeln, da nur dann der Haftungsdurchgriff entgegen dem § 13 GmbHG gerechtfertigt ist.

Eine Ausnahme soll für den Privatgesellschafter mit mehrfachem Beteiligungsbesitz gelten.[304] Um diesem die Haftungsbeschränkung des § 13 GmbHG zu erhalten, erscheint es als sinnvoll, die Anwendung der §§ 302, 303 AktG an eine vom Gesellschafter zu vertretende, umfassende Schädigung der abhängigen GmbH anzuknüpfen.

---

[301] Vgl. hierzu und zum folgenden BGH, Urteil vom 20.2.1989 - II ZR 167/88, 'Tiefbau-Urteil', S. 440 ff., Stimpel, W. (Tiefbau-Urteil, 1991), S. 146, BGH, Urteil vom 23.9.1991 - II ZR 135/90, 'Video-Urteil', S. 157 f., Emmerich, V. (Nachlese, 1987), 219 f. Vgl. zur kontroversen Diskussion bei der Haftung im qualifizierten faktischen Einmann-GmbH-Konzern Emmerich, V./ Sonnenschein, J. (Konzern-recht, 1993), S. 461 ff. m. w. N. Unter einer Einmann-Gesellschaft wird eine GmbH verstanden, die nur einen Gesellschafter hat.

[302] Dieser muß Unternehmenseigenschaft haben. Vgl. Kapitel 2.2, S. 12 ff.

[303] Vgl. Emmerich, V./ Sonnenschein, J. (Konzernrecht, 1993), S. 465.

[304] Vgl. hierzu und zum folgenden Emmerich, V./ Sonnenschein, J. (Konzernrecht, 1993), S. 465, BGH, Urteil vom 29.3.1993 - II ZR 265/91, 'TBB-Urteil', S. 285 f.

Bildung der Kreditnehmereinheiten

Die Bildung von Kreditnehmereinheiten auf Basis eines einfachen oder qualifizierten faktischen Konzerns ist derart vorzunehmen, daß alle Konzernbeteiligten zu einer Kreditnehmereinheit zusammenzufassen sind.[305]

2.3.3.2 Die Zugehörigkeit zu einem Gleichordnungskonzern als Basis für die Bildung einer Kreditnehmereinheit gemäß § 19 Abs. 2 KWG

Bei einem Gleichordnungskonzern ist wie beim Unterordnungskonzern die einheitliche Leitung die zentrale Voraussetzung.[306]

Im Unterschied zum Unterordnungskonzern basiert diese jedoch nicht auf dem Tatbestand der Abhängigkeit. Die Unabhängigkeit der Konzernunternehmen besteht nur dann, wenn diese an der Leitung des Konzerns paritätisch beteiligt sind und die relevanten Entscheidungen bzgl. der Geschäftsführung einstimmig erfolgen.[307]

Daraus folgt, daß die Kette der Abhängigkeitsvermutung und Konzernvermutung für die Bildung von Kreditnehmereinheiten, die auf der Zugehörigkeit zu einem Gleichordnungskonzern basieren, nicht angewendet werden kann. Aus diesem Grund muß die Voraussetzung für einen Gleichordnungskonzern, die einheitliche Leitung im Vordergrund der Betrachtungen stehen.[308]

Bei der Klärung, ob einheitliche Leitung vorliegt, muß der Schwerpunkt der Betrachtungen auf dem Konzern als wirtschaftlicher Einheit liegen.[309] Unter diesem Aspekt

---

[305] Vgl. § 19 Abs. 2 Satz 2 Nr. 1 1. Alternative KWG.

[306] Vgl. hierzu und zum folgenden Kropff, B. (Aktiengesetz, 1965), Begründung RegE zu § 18, S. 33 f., Würdinger, H. (Konzernrecht, 1973), S. 261, Reischauer, F./ Kleinhans, J. (Kreditwesengesetz, 1963,1996), zu § 19, S. 28, Rn. 30, Koppensteiner, H.-G. (Kölner Kommentar, 1988), zu § 18, S. 236, Rn. 5. Kritisch zur fehlenden Abhängigkeit Schmidt, K. (Gleichordnung, 1991), S. 421 ff., Wellkamp, L. (Gleichordnungskonzern, 1993), S. 2517 ff. Gleichordnungskonzerne kommen hauptsächlich bei Versicherungsvereinen auf Gegenseitigkeit vor und sind sonst eher selten. Vgl. Lutter, M./ Drygala, T. (Gleichordnungskonzern, 1995), S. 557 ff., o. V. (Gleichordnungskonzern, 1997), S. 28

[307] Vgl. Jakob, C. B. (Gleichordnungskonzerne, 1995), S. 15. Sollte ein Konzernunternehmen andauernd überstimmt werden, muß ihm ein Kündigungs- oder Vetorecht zustehen. Vgl. ebd.

[308] Vgl. Gromann, H.-G. (Gleichordnungskonzern, 1979), S. 5.

[309] Vgl. hierzu und zum folgenden Koppensteiner, H.-G. (Kölner Kommentar, 1988), zu § 18, S. 239, Rn. 15 m. w. N., Meier, A. (Leitung, 1966), S. 570 ff., Geßler, E. (Aktiengesetz 1, 1973),

genügt bereits der lockere Zusammenschluß der Konzernbeteiligten, wenn die Entscheidungen in mindestens einem wesentlichen Bereich, wie z. B. dem Finanzwesen, der Absatzorganisation oder der Personalplanung gemeinschaftlich getroffen werden. Im Gleichordnungskonzern existieren verschiedene Mittel, um die einheitliche Leitung zu erwirken. So gibt es gemeinsame, paritätisch besetzte Leitungsorgane in Form eines gemeinsamen Gremiums wie z. B. eines Beirates oder Aufsichtsratsausschusses[310] oder eines rechtlich selbständigen Gemeinschaftsunternehmens.[311] Vor allem personelle Verflechtungen in den Unternehmensleitungen aber auch, als besonders lockere Form, die Absprachen der Personen untereinander dienen dazu, die einheitliche Leitung durchzusetzen.[312] Diese Mittel werden häufig auch kumulativ eingesetzt.[313] Zusätzlich können noch Kapitalverflechtungen zwischen den Konzernunternehmen hinzutreten. Es stellt sich die Frage, welche Erscheinungsformen des Gleichordnungskonzerns konkret existieren.[314] Diese Frage ist vor allem in den Fällen, in denen sich die Konzernierung auf Personalverflechtungen oder Absprachen zwischen den Unternehmensleitungen begründet, nicht ohne weiteres zu beantworten, da es sich hierbei um Angelegenheiten im Innenverhältnis handelt, die selten an die Öffentlichkeit dringen.[315] Zudem existiert keine Registerpublizität für Gleichordnungskonzerne.[316]

---

zu § 18, S. 242, Rn. 30, vgl. zur ausführlichen Diskussion der wirtschaftlichen Einheit Milde, T. (Gleichordnungskonzern, 1996), S. 70 ff.

[310] Vgl. Gromann, H.-G. (Gleichordnungskonzern, 1979), S. 5. Durch Aufsichtsratsausschüsse bei Interessengemeinschaften verpflichten sich die Unternehmen, ihre Geschäftspolitik abzustimmen. Vgl. Rasch, H. (Konzernrecht, 1974), S. 108 ff. Soweit ersichtlich, wurden in neuerer Zeit keine Konzerne mehr unter der Bezeichnung Interessengemeinschaft gebildet. Vgl. Milde, T. (Gleichordnungskonzern, 1996), S. 122. Vgl. zu Interessengemeinschaften allgemein Spindler, G. (Konzern, 1993), S. 67 ff. m. w. N.

[311] Diese besteht aus Haftungsgründen häufig in der Rechtsform einer GmbH. Vgl. Jakob, C. B. (Gleichordnungskonzern, 1995), S. 16.

[312] Vgl. Jacob, C. B. (Gleichordnungskonzern, 1995), S. 16. Vgl. zur Bedeutung der personellen Verflechtungen zur Durchsetzung der einheitlichen Leitung Deutscher Bundestag (Konzentration 1964), S. 1 ff.

[313] Vgl. hierzu und zum folgenden Jacob, C. B. (Gleichordnungskonzern, 1995), S. 16, Gromann, H.-G. (Gleichordnungskonzern, 1979), S. 10 ff.

[314] So haben z. B. Interessengemeinschaften mit Gewinngemeinschaften auch in der Form von Gleichordnungskonzernen eine gewisse Verbreitung gefunden. Vgl. Fikentscher, S. 9 ff., 19, 52 ff., Gromann, H.-G. (Gleichordnungskonzern, 1979), S. 7. Vgl. zur Gewinngemeinschaft auch § 292 Abs. 1 Nr. 1 AktG.

[315] Vgl. Gromann, H.-G. (Gleichordnungskonzern, 1979), S. 25.

[316] Vgl. Wöhe, G. (Einführung, 1986), S. 266.

Dennoch können die folgenden Erscheinungsformen unterschieden werden.[317] Es kommen Gleichordnungskonzerne mit und ohne Leitungsorgan vor, wobei die mit Leitungsorgan noch nach Leitungsorgan mit oder ohne eigener Rechtssubjektivität unterschieden werden können.[318] Alle benannten Formen können mit oder ohne Kapitalverflechtung bestehen.

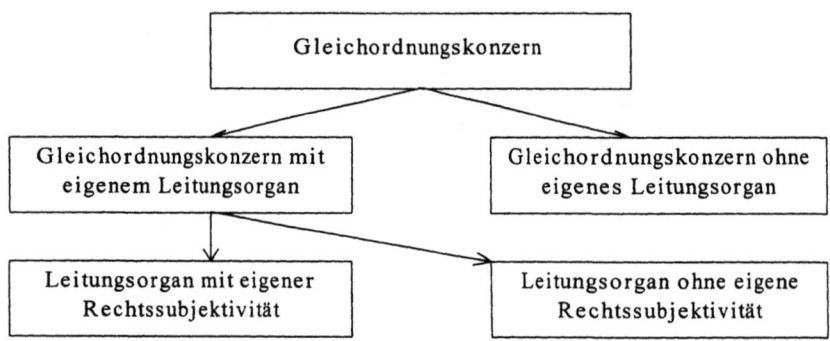

Abb. 6:   Formen des Gleichordnungskonzerns[319]

Gleichordnungskonzerne, die die einheitliche Leitung durch ein dafür errichtetes Leitungsorgan verwirklichen, welches ein eigenes Rechtssubjekt ist, kommen am häufigsten vor.[320] Da die Rechtsform der GmbH besondere Möglichkeiten zur Haftungsbeschränkung bietet,[321] wird diese häufig gewählt.[322] Bei Gleichordnungskonzernen, die zusätzlich durch Kapitalverflechtungen verbunden sind, wird häufig eine gemeinsame, rechtlich selbständige Leitungsgesellschaft durch die vorherige Errichtung von Zwi-

---

[317]   Vgl. hierzu und zum folgenden Jacob, C. B. (Gleichordnungskonzern, 1995), S. 17 ff., Milde, T. (Gleichordnungskonzern, 1996), S. 110 f., Gromann, H.-G. (Gleichordnungskonzen, 1979), S. 10 ff.

[318]   Vgl. hierzu und zum folgenden Abb. 6, S. 66.

[319]   Vgl. Jacob, C. B. (Gleichordnungskonzern, 1995), S. 17.

[320]   Z. B. die von EDEKA Handelsgesellschaft Nordbayern mbH und der KG Chemnitz eG gegründete Handelsunion Chemnitz GmbH & Co. KG. Vgl. Schön, R.-D. (Zusammenschlüsse, 1992), S. 608, vgl. auch Studienkommission des deutschen Juristentages (Hrsg.) (Reform, 1967), S. 29, Rn. 169.

[321]   Vgl. § 13 Abs. 2 GmbHG.

[322]   Z. B. Oberhessische Gasversorgung GmbH begründet durch die Main-Gaswerke AG und die Oberhessische Versorgungsbetriebe AG. Vgl. Commerzbank AG (Hrsg.) (wer gehört zu wem, 1994), S. 709.

schenholdings gegründet.[323] Dies erfolgt derart, daß jedes Konzernunternehmen seine Kapitalanteile auf die jeweilige Zwischenholding überträgt. Diese Zwischenholdings gründen dann die Leitungsgesellschaft und übertragen auf diese jeweils 50 % der Anteile an den Konzernunternehmen selbst, was zur einheitlichen Leitung führt.[324]

Bei Gleichordnungskonzernen ohne Kapitalverflechtungen wird eine gemeinsame Leitungsgesellschaft gegründet, an deren Leitung wiederum die Konzernunternehmen paritätisch beteiligt sind. Folglich haben die beteiligten Unternehmen einen gleichberechtigten Einfluß auf die unter einheitlicher Leitung stehenden Unternehmen.[325]

Es gibt jedoch auch die Möglichkeit, einen Gleichordnungskonzern ohne Leitungsorgan mit eigener Rechtspersönlichkeit zu bilden.[326] Dies geschieht durch die bereits erwähnten personellen Verflechtungen oder Absprachen zwischen den Unternehmensleitungen. Auch hier kann zusätzlich zwischen den Fällen mit Kapitalverflechtung und ohne unterschieden werden.

Die Gleichordnungskonzerne ohne zusätzliche Kapitalverflechtungen sind eher selten anzutreffen.[327]

Bei Gleichordnungskonzernen mit Kapitalverflechtungen kann die Struktur sehr unterschiedlich sein. Bei Vorliegen von Personalverflechtungen müssen diese auf anderen Umständen als auf dem Einfluß eines gemeinsamen Mehrheitsaktionärs basieren, da aus dem letztgenannten Tatbestand Abhängigkeit folgt.[328] Eine Möglichkeit ist die

---

[323] Vgl. hierzu und zum folgenden Jacob, C. B. (Gleichordnungskonzern 1995), S. 19, vgl. zu verschiedenen Beispielen Gromann, H.-G. (Gleichordnungskonzern, 1979), S. 20 ff.

[324] Vgl. zu weiteren Varianten zur Bildung von Gleichordnungskonzernen mit rechtlich selbständigem Leitungsorgan und Kapitalverflechtungen Jacob, C. B. (Gleichordnungskonzern 1995), S. 19 f. m. w. N.

[325] Vgl. z. B. Handelsunion Chemnitz GmbH & Co. KG, Schön, R.-D. (Zusammenschlüsse, 1992), S. 608, Oldenburger Dauersahne und Süßwaren GmbH, Commerzbank AG (Hrsg.) (wer gehört zu wem, 1994), S. 715, vgl. auch Gromann, H.-G. (Gleichordnungskonzern, 1979), S. 11 ff.

[326] Vgl. hierzu und zum folgenden Gromann, H.-G. (Gleichordnungskonzern, 1979), S. 13 ff.

[327] Vgl. zu verschiedenen Beispielen Jacob, C. B. (Gleichordnungskonzern 1995), S. 21 ff. m. w. N. Die Konzerne bestehen dadurch allein auf vertraglicher Grundlage. Vgl. Gromann, H.-G. (Gleichordnungskonzern, 1979), S. 10.

[328] Vgl. hierzu und zum folgenden Jacob, C. B. (Gleichordnungskonzern 1995), S. 23 ff. m. w. N., kritisch: Milde, T. (Gleichordnungskonzern, 1996), S. 21 ff., Schmidt, K. (Gleichordnung, 1991), S. 433. Die Folgerung, daß bei einem Mehrheitsaktionär auch Abhängigkeit vorliegen muß, wird auch bei der Betriebsaufspaltung aufgrund der fehlender Unternehmenseigenschaft (kein Interessenkonflikt zwischen Besitz- und Betriebsgesellschaft) verneint. Vgl. Drygala, T. (Betriebsaufspaltung, 1991), S. 85 ff. Anders: Holzwarth, G. (Betriebsaufspaltung, 1994), S. 1 ff.

Personalverflechtung, die durch die Willensbildung z. B. zweier Gesellschafter begründet wird, die gemeinsam die Mehrheit der Stimmrechte in den jeweiligen Unternehmen halten.[329]

Es können auch Kapitalverflechtungen über die Gründung von Zwischenholdings hergestellt werden.[330] Diese gründen jedoch keine weitere Leitungsgesellschaft, sondern es besteht lediglich eine paritätische Beteiligung der Konzernunternehmen, die einen gleichberechtigten Einfluß auf die Unternehmen und damit einheitliche Leitung ermöglichen muß.

Die Kapitalverflechtungen können auch in Form von wechselseitigen Beteiligungen bestehen.[331]

Auch beim Gleichordnungskonzern lassen sich Vertragskonzerne und faktische Konzerne unterscheiden.[332]

Als Basis für den Vertragskonzern, der die einheitliche Leitung herstellen soll, dient häufig ein Vertrag, der eine GbR begründet.[333] Dabei ist der Vertrag, der die einheitliche Leitung begründen kann, kein Beherrschungsvertrag.[334] Darüber hinaus-

---

[329] Vgl. z. B. die Betriebsaufspaltung in Form einer Doppelgesellschaft, wobei die Besitzgesellschaft nicht oder nur wenig Kapitalanteile der Betriebsgesellschaft hält. Vgl. Drygala, T. (Betriebsaufspaltung, 1991), S. 81.

[330] Vgl. hierzu und zum folgenden Jacob, C. B. (Gleichordnungskonzern 1995), S. 25. Als Beispiel dient der Zusammenschluß der Agfa AG und der Gevaert Photo-Producten N. V. Vgl. Gromann, H.-G. (Gleichordnungskonzern, 1979), S. 19. Die Vermutung, daß ein Gleichordnungskonzern vorliegt, wird mit der Personengleichheit in den Organen begründet. Vgl. ders., S. 14.

[331] Dabei sind einfache wechselseitige Beteiligungen in der Höhe von 25 % bis 50 %, während sie bei qualifizierten wechselseitigen Beteiligungen bei mindestens 51 % (der Kapitalanteile oder Stimmrechte) liegt. Vgl. § 19 AktG. Die Thematik der qualifiziert wechselseitigen Beteiligung ist nicht langfristig relevant, da derartige Mehrheitsbeteiligungen zwingend binnen Jahresfrist auf jeweils maximal 10 % zurückzuführen sind. Vgl. §§ 71 d Satz 2 und 4 i. V. m. 71 c AktG. Es ist zu beachten, daß bei wechselseitigen Mehrheitsbeteiligungen unter Beteiligung von Personengesellschaften regelmäßig ein Gleichordnungskonzern vorliegt, da die Gesellschaften durch die Tatsache, daß sie aufeinander angewiesen sind, ein hohes Maß an einheitlicher Leitung aufweisen. Vgl. Jacob, C. B. (Gleichordnungskonzern 1995), S. 27. Diese Feststellung liegt darin begründet, daß weder § 19 Abs. 3 AktG noch §§ 71 d Satz 2 und 4, 71 c AktG, die eine lex specialis für Kapitalgesellschaften darstellen, für Personengesellschaften gültig sind. Vgl. ders., S. 27 f. m. w. N.

[332] Vgl. Krieger, G. (Konzernrecht 1, 1988), S. 727 f., Rn. 80 ff., Geßler, E. (Aktiengesetz 1, 1973), zu § 18, S. 253 f., Rn. 69 ff.

[333] Vgl. Schmidt, K. (Gesellschaftsrecht, 1991), S. 1415 ff., Studienkommission des deutschen Juristentages (Hrsg.) (Reform, 1967), S. 29, Rn 168.

[334] Vgl. § 291 Abs. 1 S. 1 und Abs. 2 AktG.

gehende gesetzliche Regelungen bestehen im AktG für den Gleichordnungskonzern nicht.[335]

Auch bei der GbR fehlt eine Registerpublizität.[336]

Wird die einheitliche Leitung mit Hilfe von Absprachen zwischen den Unternehmensleitungen, von Kapitalverflechtungen oder von personellen Verflechtungen ohne Gründung einer weiteren Gesellschaft hergestellt, liegt eine einfache GbR vor.[337] Von der GbR kann auch eine weitere Gesellschaft gegründet werden, die die Geschäfte der GbR führt und von dieser abhängig ist.[338] Diese Konstruktion wird Doppelgesellschaft genannt. Bei einem Gleichordnungskonzern, der durch eine rechtlich selbständige Leitungsgesellschaft die einheitliche Leitung durchsetzt, liegt immer eine Doppelgesellschaft vor.

Die Existenz von faktischen Gleichordnungskonzernen scheint die Ausnahme darzustellen, da bei jeder Art von Vereinheitlichung der Geschäftsleitung zumindest ein konkludent abgeschlossener Vertrag anzunehmen ist.[339]

Einflußmöglichkeiten

Es ist festzustellen, daß vor allem durch die paritätische Besetzung der Leitungsorgane, ob mit oder ohne Rechtssubjektivität, gewährleistet ist, daß negative Einflüsse auf dem Wege von schädigenden Weisungen gegen den Willen des jeweils anderen Unternehmen ausgeschlossen werden können. Auch besteht im Gleichordnungskonzern keine Pflicht der Organe der beteiligten Gesellschaften nachteiligen Weisungen zu folgen, da sonst das aktienrechtliche System von Leitungsmacht und Verantwortung außer Kraft gesetzt würde.[340] Folglich ist die Geschäftsleitung der Mitgliedsunternehmen aufgrund fehlender Schutzvorschriften verpflichtet, die jeweilige Gesellschaft nur nach deren

---

[335] Vgl. Emmerich, V./ Sonnenschein, J. (Konzernrecht, 1993), S. 89, Würdinger, H. (Konzernrecht, 1973), S. 261.

[336] Vgl. Wöhe, G. (Einführung, 1986), S. 266.

[337] Vgl. Jacob, C. B. (Gleichordnungskonzern, 1995), S. 30.

[338] Vgl. hierzu und zum folgenden Jacob, C. B. (Gleichordnungskonzern, 1995), S. 30 ff.

[339] Vgl. zum konkludenten Vertragsabschluß im Falle eines Gleichordnungskonzerns und zum faktischen Gleichordnungskonzern Koppensteiner, H.-G. (Kölner Kommentar, 1988), zu § 18, S. 236, Rn. 7, Jacob, C. B. (Gleichordnungskonzern, 1995), S. 32 f., anders: Studienkommission des deutschen Juristentages (Hrsg.) (Reform, 1967), S. 32, Rn. 180 ff.

[340] Vgl. hierzu und zum folgenden Gromann, H.-G. (Gleichordnungskonzern, 1979), S. 58 ff.

eigenen Interessen zu leiten und jeden Schaden von ihr abzuwenden. Somit darf ein Gleichordnungsvertrag nur die Pflicht zur Konsultation und Koordinierung beinhalten, ein schädigender Einfluß für einzelne Unternehmen ist auszuschließen. Dafür haftet der Vorstand gemäß § 93 AktG, der Aufsichtsrat gemäß § 116 AktG.[341]

Ist kein Einstimmigkeitsprinzip für wichtige Leitungsentscheidungen vereinbart und wird daher in einem mehrgliedrigen Gleichordnungskonzern ein Mitgliedsunternehmen dauernd überstimmt, steht ihm gemäß § 723 BGB ein Kündigungsrecht aus wichtigem Grund zu.[342]

Grundsätzlich ist anzumerken, daß vom Gesetzgeber eine materielle Regelung des Gleichordnungskonzern unterlassen wurde.[343]

Da der Gleichordnungskonzern zwar auf einheitlicher Leitung aber nicht auf Abhängigkeit basiert, werden seitens des Gesetzes offensichtlich keine Schutzvorschriften für die Vermögenssicherung für nötig gehalten. Damit ist eine Haftung für schädigende Einflußnahmen des einen Mitgliedsunternehmen auf das andere grundsätzlich ausgeschlossen.[344]

Dennoch besteht die Notwendigkeit von Regelungen für den Gläubigerschutz, da die durch die einheitliche Leitung erfolgende Abstimmung der Aktionen in einem Gleichordnungskonzern zwar für den gesamten Gleichordnungskonzern sinnvoll sein mögen, für das einzelne Unternehmen trotz der oben beschriebenen Beschränkung der Leitungsmacht von Nachteil sein kann.[345] Den Gläubigerschutz durch stärkere Begrenzung der Leitungsmacht zu erreichen, erscheint jedoch als wenig praktikabel.[346] Es wäre leicht möglich, diese Beschränkungen zu umgehen, da eine Kontrolle durch Außenstehende, wie z. B. die kreditgebende Bank, mangels Einblick nahezu unmöglich ist.

---

[341] Die Haftung ist für den faktischen Konzern analog zu handhaben. Vgl. Gromann, H.-G. (Gleichordnungs-konzern, 1979), S. 62.

[342] Vgl. Milde, T. (Gleichordnungskonzern, 1996), S. 129 f.

[343] Vgl. Gromann, H.-G. (Gleichordnungskonzern, 1979), S. 1.

[344] Vgl. Schatz, S. (Gläubigerinteressen, 1980), S. 11. Vgl. zu einem Konzept horizontaler Durchgriffshaftung im Gleichordnungskonzern Schmidt, K. (Gleich-ordnung, 1991), S. 436 ff. Auch ein Gerichtsurteil zieht bei Vorliegen eines qualifizierten faktischen Gleichordnungskonzerns einen horizontalen Durchgriff auf die Schwestergesellschaft in Betracht. Vgl. AG Eisenach, Urteil vom 13.4.1995 - 5 C 526/95, S. 519.

[345] Vgl. Studienkommission des deutschen Juristentages (Hrsg.) (Reform, 1967), S. 31 f., Rn. 176 ff.

[346] Vgl. Drygala, T. (Betriebsaufspaltung, 1991), S. 116 f.

Dennoch können zumindest beim Gleichordnungskonzern mit einer GbR als Leitungsgesellschaft, Regelungen des BGB zum Schutze der beteiligten Gesellschaften und
damit auch der Gläubiger herangezogen werden.[347] So verpflichtet § 705 BGB die
Beteiligten an einer GbR zur gegenseitigen Rücksichtnahme, wobei sich der Umfang
dieser Treuepflicht am Grad des ausgeübten Einflusses orientiert. So ist im Gleichordnungskonzern jeder Gesellschafter verpflichtet, auf die Vermögensinteressen des
Partners Rücksicht zu nehmen und Schädigungen zu unterlassen. Dies gilt auch für die
Mitglieder des Leitungsorgans, soweit sie für die Mitgliedsunternehmen tätig werden.
Daher sind vor allem alle Maßnahmen nicht zulässig, die einem der Mitgliedsunternehmen einseitig Nachteile zufügen, die nicht durch ein legitimes Interesse des gesamten Gleichordnungskonzerns zu rechtfertigen sind.[348] Wird diese Treuepflicht verletzt,
muß der konkrete Schaden nachgewiesen werden und es entsteht eine Schadensersatzpflicht derjenigen Gesellschaft, die die jeweilige nachteilige Weisung erteilt hat und
diese durch das Leitungsorgan ausführen ließ.[349] Diese Gesellschaft muß sich die
Handlungen des Leitungsorgans zurechnen lassen. Der Schadensersatzes wird allein
von der anderen Mitgliedsgesellschaft, nicht von den beteiligten Gesellschaftern ge-
schuldet.

Darüber hinaus ist zu prüfen, welche Arten von wirtschaftlichem negativem Einfluß
existieren können, die die Bonität eines Mitgliedsunternehmens verschlechtern
können.[350] So ist beispielsweise die Erbringung von freiwilligen Leistungen zu
betrachten, mit denen ein Unternehmen eines Gleichordnungskonzerns dem anderen
Unternehmen in finanziellen Schwierigkeiten zur Seite stehen könnte. Es ist vorstellbar,
daß ein Unternehmen dem anderen Güter zu höheren als den Marktpreisen abnimmt,
um diesem Hilfestellung zu leisten und die gemeinsame wirtschaftliche Basis nicht zu
gefährden.

---

[347]   Vgl. hierzu und zum folgenden Koppensteiner, H.-G. (Kölner Kommentar, 1988), zu § 18, S.
236, Rn. 7, Geßler, E. (Aktiengesetz 1, 1973), zu § 18, S. 243 f., Rn. 37, Schmidt, K.
(Gesellschaftsrecht, 1991), S. 1462, Westermann, H. P. (Handkommentar zu § 705 BGB, 1993),
zu § 705, S. 1807 ff., Rn. 47 ff., Gromann, II.-G. (Gleichordnungskonzern, 1979), S. 57,
Drygala, T. (Betriebsaufspaltung, 1991), S. 120 f.

[348]   Dabei kann als Maßstab der Treuepflicht § 43 Abs. 1 GmbHG herangezogen werden.
Unzulässige Maßnahmen sind z. B. alle Formen der verdeckten Gewinnausschüttung oder die
Nichtbeachtung der bestehenden Verträge. Vgl. Drygala, T. (Betriebsaufspaltung, 1991), S. 122.

[349]   Vgl. hierzu und zum folgenden Drygala, T. (Betriebsaufspaltung, 1991), S. 122 ff., 139; zum
Nachweis der konkreten Schädigung vgl. Zöllner, W. (GmbH-Gesetz 1, 1996), S. 804, Rn. 13 a.

[350]   Vgl. hierzu und zum folgenden auch Thiermeier, M. (Risiko, 1989), S. 67 ff.

Dabei bleibt bei allen freiwilligen Leistungen zu beachten, daß diese in aller Regel nicht soweit ausgedehnt werden, daß sich die finanziellen Schwierigkeiten des anderen Unternehmens auf das eigene ausdehnen. Problematischer kann sich die Sachlage darstellen, wenn die Unternehmen eines Gleichordnungskonzerns wichtige Unternehmensbereiche gemeinsam gestalten. Wird z. B. der Einkauf gemeinsam organisiert, ist eine Übertragung finanzieller Schwierigkeiten von einem Unternehmen auf das andere möglich, da der betreffende Aufgabenbereich bei den einzelnen Unternehmen des Gleichordnungskonzerns isoliert nicht mehr funktionsfähig ist. Ist nun das eine Unternehmen aus finanziellen Gründen nicht mehr in der Lage, z. B. die georderten Gütermengen abzunehmen, könnten Konventionalstrafen fällig werden, die auch das ursprünglich nicht in finanziellen Schwierigkeiten befindliche Unternehmen treffen.

Bildung der Kreditnehmereinheit

Die Kreditnehmereinheit wird durch die dem Gleichordnungskonzern zugehörigen Unternehmen gebildet. Dabei sind die Unternehmen oder Personen, die den Gleichordnungskonzern begründen, nicht einzubeziehen.[351]

Beispiel für die Bildung einer Kreditnehmereinheit:[352]
Sind z. B. A, B und C Gesellschafter der Y-GmbH mit den Beteiligungsquoten 25 %, 40 % und 35 % und A, B und D Gesellschafter der X-GmbH mit den Quoten 45 %, 25 % und 30 % so gilt: Liegt die einheitliche Leitungsmacht bei A und B, sind Y-GmbH und X-GmbH gemäß § 19 Abs. 2 Satz 2 Nr. 1 1. Alternative KWG (Gleichordnungskonzern) zu einer Kreditnehmereinheit zusammenzufassen.

---

[351] Vgl. hierzu und zum folgenden Bisani, H. P. (Risikoeinheiten, 1996), S. 135.

[352] Vgl. hierzu und zum folgenden Abb. 7, S. 73.

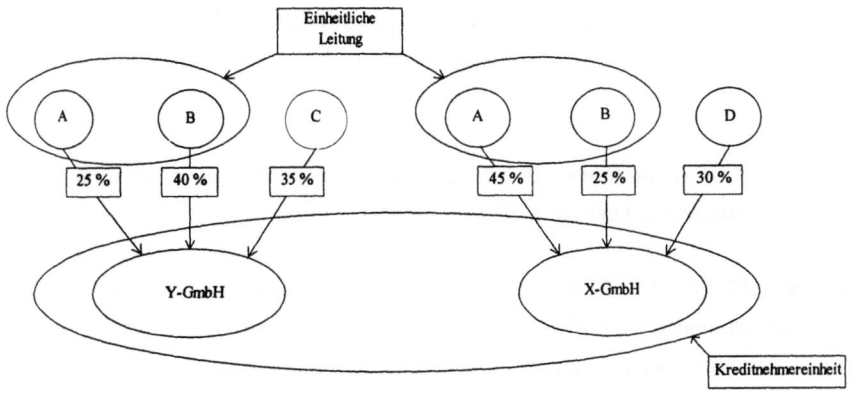

Abb. 7:   Kreditnehmereinheit auf Basis eines Gleichordnungskonzerns[353]

In einem weiteren Beispiel gründen die A-GmbH und die B-GmbH ein Leitungsorgan mit eigenem Rechtssubjekt, die C-GmbH.[354] Des weiteren besteht eine Kapitalver-flechtung dergestalt, daß A-GmbH und B-GmbH je 50 % ihrer Kapitalanteile auf die C-GmbH übertragen.

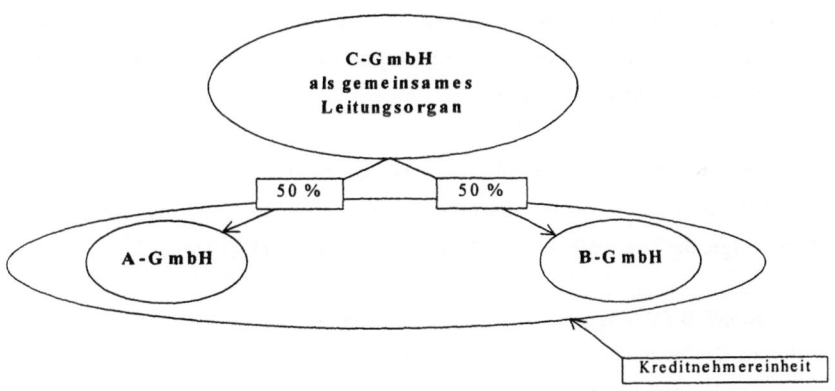

Abb. 8:   Kreditnehmereinheit auf Basis eines Gleichordnungskonzerns mit einem gemeinsamen Leitungsorgan

---

[353]   Vgl. Bisani, H. P. (Risikoeinheiten, 1994), S. 208.

[354]   Vgl. hierzu und zum folgenden Abb. 8, S. 73.

74

Damit besteht die Kreditnehmereinheit aus A-GmbH und B-GmbH gemäß § 19 Abs. 2 Satz 2 Nr. 1 1. Alternative KWG (Gleichordnungskonzern).

2.3.4 Der Gewinnabführungsvertrag als Basis für die Bildung einer Kreditnehmereinheit gemäß § 19 Abs. 2 KWG

Gemäß § 19 Abs. 2 S. 2 Nr. 1 2. Alternative KWG bilden Unternehmen, die durch Verträge verbunden sind, die vorsehen, daß das eine Unternehmen verpflichtet ist, seinen ganzen Gewinn an ein anderes abzuführen, eine Kreditnehmereinheit. Dabei bezieht sich das KWG auf den Gewinnabführungsvertrag gemäß § 291 AktG.

Gewinnabführungsvertrag

Der Gewinnabführungsvertrag ist in § 291 AktG definiert.[355] Er besagt, daß sich eine AG verpflichtet, ihren *gesamten* Gewinn[356] an ein anderes Unternehmen[357] abzuführen. Ein solcher Vertrag liegt auch vor, wenn eine AG es übernimmt, ihr Unternehmen auf Rechnung eines anderen Unternehmens zu führen.[358] Daraus ist ersichtlich, daß sich die Regelungen des AktG wiederum primär auf Aktiengesellschaften in der beschriebenen Rolle beziehen. Es wird im Verlauf dieses Kapitels geklärt, ob sich die Vorschriften auch auf eine GmbH anwenden lassen.

Im allgemeinen werden Gewinnabführungsverträge zusammen mit Beherrschungsverträgen abgeschlossen.[359] Beide zusammen bilden sogenannte Organ- oder Organschaftsverträge, die ihre Bedeutung auf steuerrechtlichem Gebiet haben.[360]

---

[355] Vgl. Kropff, B. (Aktiengesetz, 1965), Begründung RegE zu § 291, S. 376 f.

[356] Vgl. zur Gewinnermittlung § 301 AktG, Würdinger, H. (Konzernrecht, 1973), S. 292.

[357] Vgl. zum Unternehmensbegriff Kapitel 2.2, S. 12 ff.

[358] Vgl. § 219 Abs. 1 S. 2 AktG, Würdinger, H. (Konzernrecht, 1973), S. 291 f.

[359] Vgl. hierzu und zum folgenden eingehend Sonnenschein, J. (Organschaft, 1976), S. 15 ff., Rose, G./ Glorius, C. (Unternehmensformen, 1992), S. 147 f., Würdinger, H. (Konzernrecht, 1973), S. 291, Kort, M. (Abschluß, 1986), S. 2, 48 f.

[360] Ein weiteres Eingehen auf konzernsteuerrechtliche Fragestellungen soll in dieser Arbeit unterbleiben, da diese für die Bildung von Kreditnehmereinheiten keine Relevanz besitzen. Geschäftsführungsverträge, wie sie § 219 Abs. 1 Satz 2 AktG vorsieht, kommen in der Praxis nur sehr selten vor; daher wird auf ihre Behandlung im folgenden verzichtet. Vgl. Kropff, B. (Aktiengesetz, 1965), Ausschußbericht zu § 291, S. 377, Knepper, K. H.

Der Gewinnabführungsvertrag ist in großen Teilen analog zum Beherrschungsvertrag geregelt.[361] An dieser Stelle wird nur noch auf die Sachverhalte eingegangen, bei denen abweichende Regelungen zum Tragen kommen.

Beim Gewinnabführungsvertrag wird der gesamte Gewinn abgeführt. In direktem Zusammenhang steht die Pflicht des Unternehmens, welches den Gewinn erhält, auch die Jahresfehlbeträge der abführungspflichtigen AG auszugleichen.[362] Diese beiden Sachverhalte zusammengefaßt führen faktisch zu einem Ergebnisübernahmevertrag.

Bei einem Gemeinschaftsunternehmen ist ein Gewinnabführungsvertrag mit mehreren oder allen Mutterunternehmen möglich und in mehrstufigen Unternehmensverbindungen ist dieser sowohl zwischen Mutter- und Tochterunternehmen als auch zwischen Tochter- und Enkelunternehmen möglich.[363]

Die Frage, ob ein Gewinnabführungsvertrag auch isoliert, d. h. ohne korrespondierenden Beherrschungsvertrag, abgeschlossen werden kann, ist bei Betrachtung der Regelungen in den §§ 316 und 324 AktG zu bejahen, da sich diese auf isolierte Gewinnabführungsverträge beziehen. Auch das Steuerrecht sieht in den §§ 14 und 17 KStG diese Möglichkeit vor. Aus diesen gesetzlichen Regelungen wird daher im Schrifttum häufig der Schluß gezogen, daß isolierte Gewinnabführungsverträge möglich sind.[364]
Die kontrovers diskutierte aber plausible Auffassung propagiert, daß ein isolierter Gewinnabführungsvertrag nur zwischen konzernverbundenen Unternehmen möglich ist, d. h. einheitliche Leitung vorliegt, da die Pflicht zur Verlustübernahme ein nicht unerhebliches Risiko für den gewinnerhaltenden Teil des Vertrages beinhaltet.[365] Dies bedeutet, daß es sich ohne gleichzeitigen Abschluß eines Beherrschungsvertrages um

---

(Unternehmensverträge, 1982),
S. 2063, Krieger, G. (Konzernrecht 3, 1988), S. 849, Rn. 1.

[361] Vgl. zu den Ausführungen über den Beherrschungsvertrag Kapitel 2.3.3.1.2, S. 47 ff.

[362] Vgl. hierzu und zum folgenden § 302 AktG, Würdinger, H. (Konzernrecht, 1973), S. 293.

[363] Vgl. hierzu Rehbinder, E. (Unternehmensverbindungen, 1977), S. 601 ff.

[364] Vgl. Koppensteiner, H.-G. (Kölner Kommentar, 1987), zu § 291, S. 75 f., Rn. 53, Geßler, E. (Aktiengesetz 2, 1976), S. 29 f., Rn. 71 f., Mutze, O. (Unternehmensverträge, 1967), S. 254 ff., Krieger, G. (Konzernrecht 3, 1988), S. 849, Rn. 1.

[365] Vgl. hierzu und zum folgenden Venrooy, van, G. J. (Unternehmensverträge, 1986), S. 612 ff., Sonnenschein, J. (Organschaft, 1976), S. 379 f., Ebenroth, C. T. (Vermögenszuwendungen, 1979), S. 402 f., Schatz, S. (Gläubigerinteressen, 1980), S. 10, Veit, K.-R. (Unternehmensverträge, 1974), S. 43 f.

einen faktischen Konzern handelt.[366] Diesbezüglich ist in den §§ 311 ff. AktG ein Schädigungsverbot mit Nachteilsausgleich geregelt. Muß nun eine AG den gesamten Gewinn ohne Gegenleistung an ein anderes Unternehmen abführen, ist die Veranlassung dazu als eine Schädigung anzusehen, und der Gewinn muß im Rahmen des Nachteilsausgleichs zurückgeführt werden.[367] Aus diesen Ausführungen ist zu folgern, daß ein isolierter Gewinnabführungsvertrag bei einer AG konzernrechtlich entgegen der §§ 316 und 324 AktG in der Regel nicht möglich ist.

An dieser Stelle sind Gewinnabführungsverträge unter Beteiligung einer **GmbH** als abführendes Unternehmen zu betrachten. Bei einer GmbH kommen ebenfalls aus steuerlichen Gründen Gewinnabführungsverträge vor, die mit Beherrschungsverträgen zu Organschaftsverträgen gekoppelt werden.[368] Da die §§ 311 ff. AktG eine lex specialis hinsichtlich der Unzulässigkeit von isolierten Gewinnabführungsverträgen bei der AG ist, die sich nicht auf die GmbH übertragen läßt, können theoretisch bei der GmbH auch Gewinnabführungsverträge ohne gleichzeitig abgeschlossene Beherrschungsverträge existieren, die in weiten Teilen die Regelungen des AktG übernehmen.[369] Es ist jedoch davon auszugehen, daß isolierte Gewinnabführungsverträge nicht genügen, um steuerrechtliche Organschaft zu begründen und damit den Hauptzweck eines Gewinnabführungsvertrages nicht erreicht wird.[370]

Einflußmöglichkeiten

Bei Vorliegen eines Gewinnabführungsvertrags existieren dieselben Einflußmöglichkeiten und Rechtsfolgen wie bei Vorliegen eines Beherrschungsvertrags Daher wird an dieser Stelle auf die Ausführungen zum Vertragskonzern in Kapitel 2.3.3.1.2, S. 47 ff. verwiesen.

---

[366] Vgl. hierzu und zum folgenden Kapitel 2.3.3.1.3, S. 54 ff.

[367] Vgl. hierzu und zum folgenden Emmerich, V./ Sonnenschein, J. (Konzernrecht, 1993), S. 181.

[368] Vgl. z. B. Kort, M. (Abschluß, 1986), S. 83 ff.

[369] Vgl. Scholz, F. (GmbH-Gesetz, 1993), S. 1852 ff., Rn. 324 ff., Sonnenschein, J. (Organschaft, 1976), S. 380.

[370] Vgl. Kort, M. (Abschluß, 1986), S. 83 ff.

Bildung der Kreditnehmereinheit

Sollten trotz der in dieser Arbeit vertretenen Unzulässigkeit des isolierten Gewinnabführungsvertrages bei der AG und der für die Begründung steuerrechtlicher Organschaft geltenden Unbrauchbarkeit bei der GmbH dennoch isolierte Gewinnabführungsverträge bestehen, bilden die gewinnabführende Kapitalgesellschaft und das gewinnerhaltende Unternehmen eine Kreditnehmereinheit.[371]

Hat ein herrschendes Unternehmen mit mehreren abhängigen Unternehmen Gewinnabführungsverträge abgeschlossen, bilden alle Beteiligten eine Kreditnehmereinheit.

2.4 Die Beteiligung von Personen als Basis für die Bildung einer Kreditnehmereinheit gemäß § 19 Abs. 2 KWG

Die Erfassung der Unternehmenseigenschaft im Sinne des AktG und damit des KWG
hat in der Praxis vor allem bei natürlichen Personen zu erheblichen Problemen
geführt.[372] Dies hat den Gesetzgeber dazu veranlaßt, neben dem Unternehmensbegriff
auch den Begriff 'Personen' in das KWG einzubringen. Somit entsteht eine umfassendere Grundlage für die Bildung von Kreditnehmereinheiten.

Bereits durch die 3. KWG-Novelle wurden in § 19 Abs. 2 KWG neben Unternehmen
auch Personen als Mehrheitsbeteiligte mit einbezogen. So sind auch Personen ohne
Unternehmenseigenschaft als Inhaber der Mehrheit der Kapital- oder Stimmrechts-
anteile in die Kreditnehmereinheiten einzubeziehen. In der 5. KWG-Novelle wurden
bei der Einführung des § 19 Abs. 2 Satz 1 KWG die Begriffe 'Unternehmen' und
'Personen' nicht mehr explizit aufgeführt. Dieser Teil des § 19 Abs. 2 KWG kennt nur
noch die Formulierung 'natürliche oder juristische Personen oder Personenhandelsgesellschaften'. Auch können jetzt Abhängigkeiten zwischen allen genannten Parteien
erfaßt werden, was bei einem Bezug auf den Unternehmensbegriff, der Personen nicht
umfaßt, nicht möglich gewesen wäre. Diese Erweiterung erscheint vor allem unter
risikopolitischen Aspekten als sinnvoll, da es hinsichtlich des Kreditausfallrisikos keine
Rolle spielt, ob der Anteilseigner eine Person oder ein Unternehmen ist.

---

[371] Vgl. hierzu und zum folgenden § 19 Abs. 2 Satz 2 Nr. 1 2. Alternative KWG, Szagunn, V./
Wohlschieß, K. (Kreditwesen, 1990), zu § 19, S. 332, Rn. 41.

[372] Vgl. hierzu und zum folgenden Deutscher Bundestag (3. KWG-Novelle, 1984), S. 1 ff.,
Deutscher Bundestag (Finanzausschuß, 1984), S. 1 ff.

Einflußmöglichkeiten

Bei einer **einfachen Mehrheitsbeteiligung** liegt kein beherrschender Einfluß durch
schädigende Weisungen auf die in Mehrheitsbesitz stehende Gesellschaft aufgrund
fehlender Stimmrechtsmehrheit vor, und damit kann deren Vermögen nicht gefährdet
werden. Aus diesem Grund existieren keine Haftungsregelungen.[373]
Daher sind Beeinflussungsmöglichkeiten, die zu einer Erhöhung des Kreditausfallrisikos führen können, auf Basis wirtschaftlicher Zusammenhänge näher zu betrachten.
Es ist zu prüfen, ob finanzielle Schwierigkeiten der mit Mehrheit beteiligten Person auf
das in Mehrheitsbesitz stehende Unternehmen übertragbar sind. Ist das in Mehrheitsbesitz stehende Unternehmen in der Rechtsform einer AG oder GmbH, auf die sich
diese Arbeit beschränkt, ist dies im allgemeinen zu verneinen, da es der Person, die in
finanzielle Schwierigkeiten gerät, möglich ist, sich durch Veräußerung oder Beleihung
der Beteiligung Liquidität zu verschaffen. Die Veräußerung von Aktien ist im allgemeinen, wenn auch evtl. mit Erlösschmälerungen, möglich.[374] Auch bei der GmbH sind
die Geschäftsanteile grundsätzlich veräußerlich.[375] Da jedoch kein Markt für GmbH-
Anteile besteht und häufig eine Zustimmungserteilung der Mitgesellschafter erforderlich ist, ist die Veräußerung mit umfangreicheren Problemen behaftet. Eine Beleihung
von Beteiligungen ist sowohl bei der AG als auch bei der GmbH möglich.[376]

Ein Zusammenhang zwischen finanziellen Schwierigkeiten des in Mehrheitsbesitz
stehenden Unternehmens und einer Verschlechterung der Bonität bei der mit Mehrheit
beteiligten Person erscheint aufgrund fehlender Haftungsverpflichtungen nur dann
relevant, wenn die Einnahmen aus der Beteiligung einen maßgeblichen Anteil der
Gesamteinkünfte bei der mit Mehrheit beteiligten Person einnehmen. Ist das in Mehrheitsbesitz stehende Unternehmen nicht mehr in der Lage, Einnahmen in der erwarteten
und benötigten Höhe bereitzustellen, wird sich die Bonität bei der mit Mehrheit beteiligten Person negativ verändern.

---

[373] Vgl. Schatz, S. (Gläubigerinteressen, 1980), S. 7, Clausen, U. (Unternehmen, 1992), S. 117,
Drygala, T. (Betriebsaufspaltung, 1991), S. 98 f.

[374] Vgl. Fußnote 82, S. 24.

[375] Vgl. § 15 Abs. 1 GmbHG.

[376] Vgl. ausführlich zu Aktien als Kreditsicherheit Kraft, A./ Hönn, G. (Kreditsicherheit, 1979),
S. 163 ff. sowie zu GmbH-Anteilen als Kredit-sicherheit Mühl, O. (Geschäftsanteil, 1979),
S. 129 ff.

Existiert **Abhängigkeit** eines Unternehmens[377] von einer Person, basiert diese in der Regel auf einer Mehrheitsbeteiligung. Bei Abhängigkeit wird vermutet, daß eine mit (Stimmrechts-) Mehrheit beteiligte und damit herrschende[378] Person keinen schädigenden Einfluß auf das beherrschte Unternehmen ausüben wird, da deren Ziele und die des beherrschten Unternehmens als grundsätzlich gleichgerichtet angenommen werden.[379] Da der herrschende Teil der Kreditnehmereinheit kein Unternehmen im Sinne des AktG ist, existieren auch keine im Recht der verbundenen Unternehmen geregelten Haftungsvorschriften.[380] Bei der Vermutung, daß gleichgerichtete Interessen vorliegen, handelt es sich jedoch um eine widerlegbare Vermutung, die nicht der Realität entsprechen muß. So ist es durchaus möglich, daß z. B. bei erhöhten Gewinnentnahmen durch die herrschende Person eine abhängige GmbH geschädigt wird. Die Beeinflussung der Bonität der herrschenden Person durch das abhängige Unternehmen ist analog zur Mehrheitsbeteiligung zu sehen.

Bildung der Kreditnehmereinheiten

Eine Person und ein Unternehmen, die durch Mehrheitsbeteiligung oder Abhängigkeit verbunden sind, bilden eine Kreditnehmereinheit.[381]

2.5 Die Beteiligung an einer Gesellschaft bürgerlichen Rechts, einer Personenhandelsgesellschaft, einer Erbengemeinschaft oder einer Ehegemeinschaft als Basis für die Bildung einer Kreditnehmer einheit gemäß § 19 Abs. 2 KWG

Im KWG wird in § 19 Abs. 2 Satz 2 Nr. 2 KWG nur auf Personen**handels**gesellschaften explizit Bezug genommen. Unter diesen Begriff fallen die OHG und die

---

[377] Auch hier beschränkt sich die Arbeit auf die abhängigen Unternehmen in der Rechtsform der AG und GmbH.

[378] Vgl. § 17 Abs. 2 AktG analog, Kapitel 2.3.2, S. 24 ff.

[379] Vgl. Koppensteiner, H.-G. (Kölner Kommentar, 1988), § 15, S. 156, Rn. 7.

[380] Vgl. Schatz, S. (Gläubigerinteressen, 1980), S. 5. So haftet z. B. ein privater Großaktionär gemäß der allgemeinen Vorschriften des § 117 AktG.

[381] Vgl. § 19 Abs. 2 S. 2 Nr. 1 3. Alternative KWG und § 19 Abs. 2 S. 1 1. Alternative KWG.

KG.[382] Des weiteren ist jedoch auch die Beteiligung an einer GbR sowie an anderen Personenmehrheiten wie der Erbengemeinschaft aufgrund gesamtschuldnerischer Haftung und der Ehegemeinschaft aufgrund bestehender Einflußmöglichkeiten zwischen den Ehegatten für die Risikobetrachtung im Sinne des KWG Bedeutung. Daher werden auch diese Sonderfälle im folgenden näher betrachtet.

Die Beteiligung an einer GbR

Da die OHG und auch die KG auf den Rechtsgrundlagen der **GbR** beruhen,[383] wird zunächst diese näher beleuchtet. Bei der GbR schließen sich die Gesellschafter mittels eines Gesellschaftsvertrages zusammen, um einen gemeinsamen Zweck zu verfolgen.[384] Sie verpflichten sich, diesen in vertragsgemäßer Weise zu fördern und die vereinbarten Beiträge zu leisten.

Die GbR wird häufig für Zusammenschlüsse von Handwerkern oder Freiberuflern aber auch z. B. bei Gleichordnungskonzernen als Organ für die Ausübung der einheitlichen Leitung genutzt.

Die GbR ist keine juristische Person und die Geschäftsführung erfolgt, sofern nichts anderes im Gesellschaftsvertrag bestimmt ist, durch alle Gesellschafter gemeinsam; für jedes Geschäft ist die Zustimmung aller nötig.[385] Sind im Gesellschaftervertrag Geschäftsführer bestimmt, vertreten sie die Gesellschaft im Zweifel auch nach außen.[386] Die Haftung in der Grundform der GbR ist unbegrenzt und gesamtschuldnerisch.[387]

Ähnlich ist die Sachlage bei einer **Quoten-GbR**.[388] Bei dieser ist zwar die Haftung in der Weise eingeschränkt, daß jeder Gesellschafter nur gemäß seiner Anteilsquote haftet, dies aber unbegrenzt und auch mit seinem Privatvermögen. Ist diese Gestaltung im

---

[382] Vgl. hierzu und zum folgenden §§ 105 ff. HGB, Rose, G./ Glorius, C. (Unternehmensformen, 1992), S. 41 ff.

[383] Vgl. §§ 105 Abs. 2 und 161 Abs. 2 HGB.

[384] Vgl. hierzu und zum folgenden § 705 BGB, Rose, G./ Glorius, C. (Unternehmensformen, 1992), S. 41 f.

[385] Vgl. §§ 709 und 710 BGB.

[386] Vgl. § 714 BGB.

[387] Vgl. §§ 421, 426 und 427 BGB, Rose, G./ Glorius, C. (Unternehmensformen, 1992), S. 42, Wöhe, G. (Einführung, 1986), S. 266.

[388] Vgl. hierzu und zum folgenden Reischauer, F./ Kleinhans, J. (Kreditwesengesetz, 1963,1996), zu § 19, S. 34 ff., Rn. 41.

Außenverhältnis wirksam, liegt keine gesamtschuldnerische Haftung mehr vor, sondern es handelt sich um sogenannte Teilschulden.[389] Ein Gläubiger kann nunmehr den einzelnen Gesellschafter lediglich gemäß dessen Quote in Anspruch nehmen. Läßt sich eine Bank im Rahmen einer Kreditgewährung einen Gesellschaftsvertrag vorlegen, in dem Haftungsquoten vereinbart sind, so sind diese im Außenverhältnis wirksam und die Bank muß diese gegen sich gelten lassen.

Bei dem anerkannten Rechtsgebilde der **GbR mit beschränkter Haftung** besteht ein Unterschied.[390] Hier wird im Gesellschaftsvertrag die gesetzlich nicht vorgeschriebene unbeschränkte Haftung auf die jeweilige Einlage bzw. auf den jeweiligen Anteil des Gesellschafters eingeschränkt; eine Nachschußpflicht wird ausgeschlossen. Diese Vertragsgestaltung behandelt die Gesellschafter im Kontext der Haftung wie einen GmbH-Gesellschafter oder Aktionär. Im Vertrag muß ebenfalls explizit geregelt werden, daß die Vertretungsmacht des Geschäftsführers insoweit beschränkt ist, daß er die Gesellschafter lediglich mit der Einlage/dem Anteil des jeweiligen Gesellschafters verpflichten kann.

Einflußmöglichkeiten

Durch die gemeinsame Geschäftsführung besteht die Möglichkeit der negativen Einflußnahme. Daher haften bei einer GbR die Gesellschafter persönlich und gesamtschuldnerisch,[391] wobei eine Quoten-GbR an dieser grundsätzlichen Haftungsregelung nichts ändert.[392] Hier hat jedoch die Höhe der Quoten einen maßgeblichen Einfluß auf die Haftung. Angenommen eine Quoten-GbR besteht aus zwei Beteiligten, einer GmbH mit einer Quote von 99 % und einer natürlichen Person mit einer Quote von 1 %. Bei einer solch extremen Konstellation haftet zwar die natürliche Person unbeschränkt mit dem Privatvermögen für den Kredit, aber nur mit 1 % der Kreditsumme.

Bei der GbR mit beschränkter Haftung besteht zwar der Einfluß durch die gemeinsame Geschäftsführung, jedoch fehlt die gesamtschuldnerische persönliche Haftung. Das

---

[389]   Vgl. § 420 BGB.

[390]   Vgl. hierzu und zum folgenden Palandt, P. (Bürgerliches Gesetzbuch, 1996), zu § 714, S. 830, Anm. 3 b, Reischauer, F./ Kleinhans, J. (Kreditwesengesetz, 1963,1996), zu § 19, S. 35, Rn. 41.

[391]   Vgl. Wöhe, G. (Einführung, 1986), S. 266, §§ 421, 426 und 427 BGB, Rose, G./ Glorius, C. (Unternehmensformen, 1992), S. 42.

[392]   Vgl. Kapitel 2.5, S. 79 ff.

Privatvermögen der Gesellschafter wird somit bei finanziellen Problemen der GbR nicht in Mitleidenschaft gezogen.

Bildung der Kreditnehmereinheiten

Die GbR bildet mit den jeweiligen Gesellschaftern eine Kreditnehmereinheit.[393] Haben sich z. B. A, B und C zu einer GbR zusammengeschlossen, sind drei Kreditnehmereinheiten zu bilden, nämlich A und die GbR, B und die GbR sowie C und die GbR.

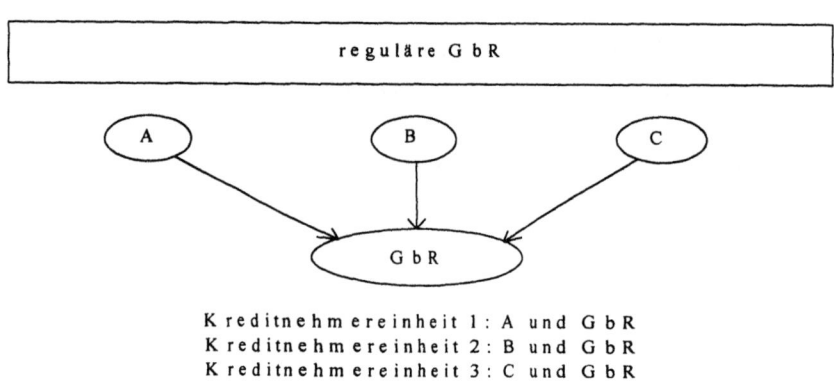

reguläre G b R

A   B   C

G b R

Kreditnehmereinheit 1 : A und G b R
Kreditnehmereinheit 2 : B und G b R
Kreditnehmereinheit 3 : C und G b R

---

[393] Vgl. Abb. 9, S. 83, Reischauer, F./ Kleinhans, J. (Kreditwesengesetz, 1963,1996), zu § 19, S. 33 ff., Rn. 41, BAK, Schreiben vom 10.5.1978 - I 2 - 231 - 12/76, S. 1 ff. Analog zur GbR sind auch Partenreedereien und andere Formen des Zusammenschlusses von Personen und Unternehmen zu behandeln, falls gesamtschuldnerische Haftung gemäß §§ 421, 427 BGB besteht. Vgl. Szagunn, V./ Wohlschieß, K. (Kreditwesen, 1990), zu § 19, S. 326, Rn. 30. Vgl. zur Partenreederei im Detail Schmidt, K. (Partenreederei, 1995), S. 1 ff.

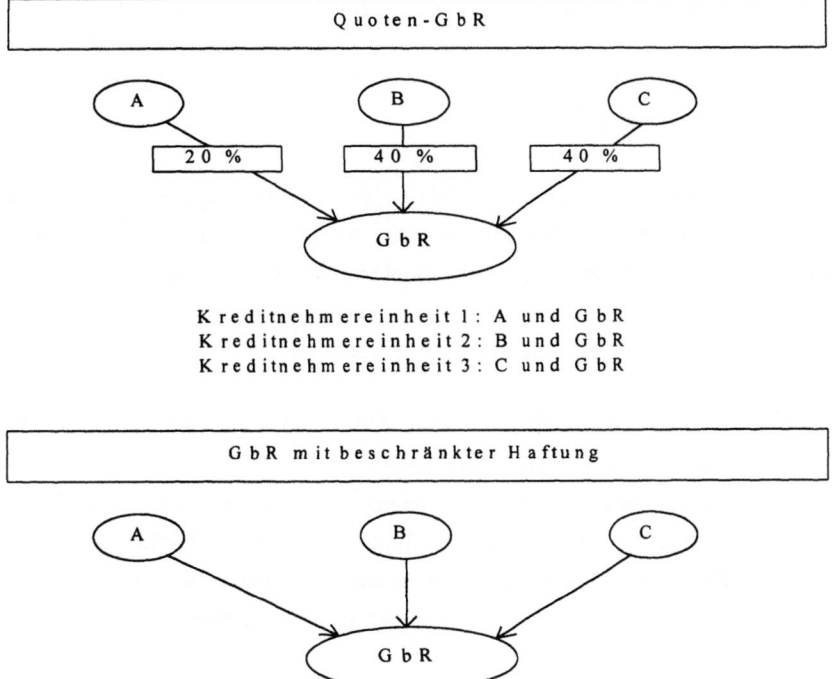

Quoten-GbR

A   B   C

20 %   40 %   40 %

GbR

Kreditnehmereinheit 1 : A und GbR
Kreditnehmereinheit 2 : B und GbR
Kreditnehmereinheit 3 : C und GbR

GbR mit beschränkter Haftung

A   B   C

GbR

Kreditnehmereinheit: GbR

Abb. 9:   Kreditnehmereinheiten auf Basis von Gesellschaften bürgerlichen Rechts

Die Kreditnehmereinheiten sind bei einer Quoten-GbR somit aus den jeweiligen Gesellschafter und der GbR zu bilden, wobei hinsichtlich der Höhe des Kredites an die GbR nur die jeweilige Quote des einzelnen Gesellschafters, nicht aber der gesamte Kreditbetrag anzusetzen ist.[394]

Ist die Haftung bei einer GbR mit beschränkter Haftung Dritten gegenüber wirksam auf das Gesellschaftsvermögen eingeschränkt, bildet die GbR eine eigene Kreditnehmereinheit. Die jeweiligen Gesellschafter sind somit nicht mit einzubeziehen.

Die Beteiligung an einer Personenhandelsgesellschaft

Im folgenden wird auf Beteiligung einer OHG und einer KG in Sinne des § 19 Abs. 2 Satz 2 Nr. 2 KWG näher eingegangen.[395] Bei der OHG handelt es sich um einen Zusammenschluß zweier oder mehrerer juristischer oder natürlicher[396] Personen zur Verfolgung eines gemeinschaftlichen Zweckes, nämlich des Betriebes eines Handelsgeschäftes unter einer gemeinsamen Firma.[397] Die Haftung der Gesellschafter ist unbeschränkt und gesamtschuldnerisch.[398] Besonderes Kennzeichen gegenüber der GbR ist das Führen einer Firma, unter deren Namen die OHG nach außen auftritt und die Geschäftsführung zeichnet.[399] Unter der Firma kann die OHG zudem Rechte erwerben und Verbindlichkeiten eingehen, Eigentum und andere dingliche Rechte an Grundstücken erwerben und vor Gericht klagen und verklagt werden.[400] Für die Gesellschafter untereinander ist der Gesellschaftsvertrag maßgeblich.[401] Erst in Ermangelung spezifischer Regelungen eines solchen greifen die

---

[394] Vgl. hierzu und zum folgenden Abb. 9, S. 83.

[395] Unter diese Vorschrift können nicht GmbH-Gesellschafter, Kommanditisten oder stille Gesellschafter subsumiert werden, da sich der Wortlaut des Gesetzes ausdrücklich auf persönlich haftende Gesellschafter einer Personenhandelsgesellschaft bezieht. Vgl. Reischauer, F./ Kleinhans, J. (Kreditwesengesetz, 1963,1996), zu § 19, S. 30 b, Rn. 36.

[396] Vgl. Rose, G./ Glorius, C. (Unternehmensformen, 1992), S. 41.

[397] Vgl. hierzu und zum folgenden § 105 Abs. 1 HGB.

[398] Vgl. § 128 HGB, §§ 421, 426 und 427 BGB.

[399] Vgl. Rose, G./ Glorius, C. (Unternehmensformen, 1992), S. 48.

[400] Vgl. § 124 HGB.

[401] Vgl. § 109 HGB.

allgemeinen Vorschriften der §§ 110 bis 122 HGB.[402] Die Gesellschaft wird nach außen von jedem Gesellschafter vertreten, im Innenverhältnis können jedoch abweichende Regelungen getroffen werden.[403]

Die **KG** unterscheidet sich von der OHG insofern, daß es neben mindestens einem persönlich haftenden Gesellschafter, Komplementär genannt, auch mindestens einen Gesellschafter mit auf seine Einlage beschränkter Haftung, den Kommanditisten gibt.[404] Der Kommanditist ist von der Leitung der Gesellschaft und von deren Vertretung nach außen ausgeschlossen.[405]

Zum Handelsregister sind neben den Daten, die für die OHG einzureichen sind, auch die Kommanditisten mit dem Betrag ihrer Vermögenseinlage anzugeben.[406] Eine Mindesthöhe der Einlage ist im Gesetz nicht gefordert.[407]

Der persönlich haftende Gesellschafter kann auch hier eine juristische Person z. B. eine GmbH sein.[408] Diese Konstellation wird als GmbH & Co. KG bezeichnet.

Einflußmöglichkeiten

Alle persönlich haftenden Gesellschafter der Personenhandelsgesellschaften haben den gleichen Einfluß auf die Geschäftsführungshandlungen und sind damit befähigt, Verbindlichkeiten der Gesellschaft zu begründen, die deren Haftung auslösen kann.[409] Zur gesetzlichen Regelung sind aufgrund der vertraglichen Gestaltungsfreiheit im Innenverhältnis Abweichungen möglich.[410] So können z. B. einem Gesellschafter besondere Rechte zugestanden werden, die ihm eine dominierende Stellung einräumen. Dennoch geht der Gesetzgeber davon aus, daß die Interessen des persönlich haftenden Gesellschafters und der Gesellschaft grundsätzlich gleichgerichtet sind, da jede Schädi-

---

[402] In § 110 HGB wird beispielsweise der Ersatz für Aufwendungen und Verluste geregelt, in §§ 114 ff. HGB die Geschäftsführung oder in § 120 HGB die Verteilung von Gewinn und Verlust.

[403] Vgl. Rose, G./ Glorius, C. (Unternehmensformen, 1992), S. 48.

[404] Vgl. § 161 HGB, Rose, G./ Glorius, C. (Unternehmensformen, 1992), S. 52.

[405] Vgl. §§ 164 und 170 HGB.

[406] Vgl. § 162 HGB.

[407] Vgl. Rose, G./ Glorius, C. (Unternehmensformen, 1992), S. 53.

[408] Vgl. Rose, G./ Glorius, C. (Unternehmensformen, 1992), S. 41.

[409] Vgl. § 116 Abs. 1 HGB, Burbach, H.-A. (Personenhandelsgesellschaft, 1989), S. 260.

[410] Vgl. hierzu und zum folgenden Westermann, H. P. (Vertragsfreiheit, 1970), S. 211 ff.

gung der Gesellschaft wiederum auch den persönlich haftenden Gesellschafter trifft.[411] Des weiteren ist es die Pflicht jedes Gesellschafters, den gemeinsamen Zweck zu fördern. Wird diese Pflicht verletzt, muß der betreffende Gesellschafter im Innenverhältnis Schadensersatz leisten.

Wird nun ein persönlich haftender Gesellschafter im Außenverhältnis für eine Verbindlichkeit in Anspruch genommen, kann er von der Gesellschaft und auch von den anderen persönlich haftenden Gesellschaftern (so vorhanden) Ersatz verlangen.[412] Ein unbegrenztes Risiko ergibt sich für den Gesellschafter dann, wenn ihm die Rückgriffsmöglichkeit auf die Gesellschaft nach der Eröffnung des Konkursverfahrens mangels Masse versagt bleibt und Ansprüche auf Ausgleich von weiteren Gesellschaftern nicht bestehen (z. B. weil es nur einen persönlich haftenden Gesellschafter gibt) oder sich aufgrund von Zahlungsunfähigkeit der Mitgesellschafter nicht realisieren lassen.[413]

Bildung der Kreditnehmereinheiten

Bei der Bildung von Kreditnehmereinheiten ist die OHG mit den persönlich haftenden Gesellschaftern jeweils zu einer Einheit zusammenzufassen.[414] Sind beispielsweise an einer OHG die Gesellschafter A, B und C beteiligt, müssen drei Kreditnehmereinheiten gebildet werden: OHG und A, OHG und B sowie OHG und C.[415]

---

[411]   Vgl. hierzu und zum folgenden Burbach, H.-A. (Personenhandelsgesellschaft, 1989), S. 261.

[412]   Vgl. § 110 HGB, § 128 HGB i. V. m. § 426 Abs. 1 BGB.

[413]   Vgl. Burbach, H.-A. (Personenhandelsgesellschaft, 1989), S. 291 ff. m. w. N. Vgl. zu den Ausgleichsansprüchen des persönlich haftenden Gesellschafters bei Beendigung des Gesellschaftsverhältnisses bzw. Ausscheiden aus der Gesellschaft Burbach, H.-A. (Personenhandelsgesellschaft, 1989), S. 287 ff. m. w. N.

[414]   Vgl. hierzu und zum folgenden Bisani, H. P. (Risikoeinheiten, 1996), S. 135. Landeszentralbank in Bayern, Schreiben vom 16.11.1993, Nr. B. 933/93, V 2 3029, Mitteilung Nr. 50, S. 1 ff. Die Verschuldung einer OHG ist jedem persönlich haftenden Gesellschafter zuzurechnen, auch wenn per Vertrag die Haftung quotal beschränkt ist. Vgl. BAK, Schreiben vom 31.01.1995 - I 3 - 236 - 3/88, S. 1.

[415]   Vgl. Abb. 10, S. 87.

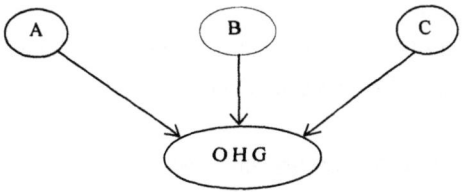

Kreditnehmereinheit 1: A und OHG
Kreditnehmereinheit 2: B und OHG
Kreditnehmereinheit 3: C und OHG

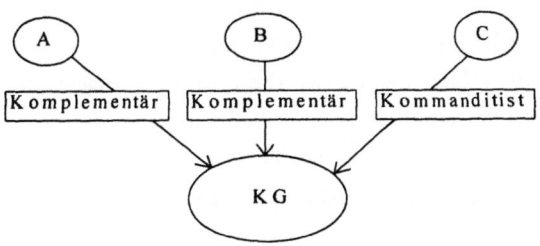

Kreditnehmereinheit 1: A und KG
Kreditnehmereinheit 2: B und KG

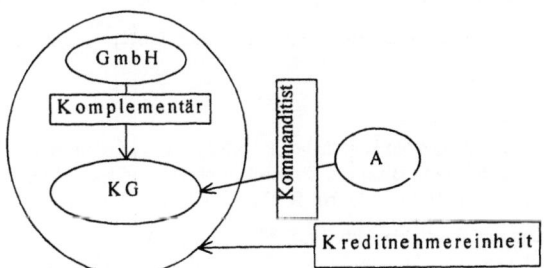

Abb. 10: Kreditnehmereinheiten auf Basis von Personenhandelsgesellschaften[416]

---

[416] Vgl. Bisani, H. P. (Risikoeinheiten, 1994), S. 209.

Bei der KG sind jeweils der persönlich haftende Gesellschafter und die KG als Kredit-nehmereinheit zusammenzufassen.[417]

Wenn z. B. A und B Komplementäre der KG sind, gibt es zwei Kreditnehmereinheiten: A und KG sowie B und KG.[418] Ist eine GmbH Komplementär einer GmbH & Co. KG, so wird die Kreditnehmereinheit aus GmbH und GmbH & Co. KG gebildet.

Sind mehrere Personenhandelsgesellschaften nur dadurch verbunden, daß ihnen dieselbe Person als persönlich haftender Gesellschafter angehört, werden sie aufgrund § 19 Abs. 2 Satz 2 Nr. 2 KWG nicht zu einer umfassenden Kreditnehmereinheit zusam-mengefaßt.[419] Möglicherweise ergibt sich jedoch eine Zusammenfassung aufgrund von Mehrheitsbeteiligung oder aufgrund von Konzernzugehörigkeit.

Die Beteiligung an einer Erbengemeinschaft

Ein Sonderfall bei der Bildung von Kreditnehmereinheiten, der im KWG nicht explizit genannt ist, ist die Erbengemeinschaft. Diese hat keine eigene Rechtspersönlichkeit, daher sind Kredite an eine Erbengemeinschaft Kredite an die einzelnen Erben.[420] Die Erben haften für gemeinschaftliche Nachlaßverbindlichkeiten gesamtschuldnerisch.[421] Kredite an die Erbengemeinschaft sind in vollem Umfang jedem einzelnen Miterben zuzurechnen.

Einflußmöglichkeiten

Aufgrund der fehlenden rechtlichen Selbständigkeit der Erbengemeinschaft ergeben sich dieselben Einflußmöglichkeiten wie bei einer GbR.[422] Daher haften auch die

---

[417] Vgl. hierzu und zum folgenden Reischauer, F./ Kleinhans, J. (Kreditwesengesetz, 1963,1996), zu § 19, S. 30 a f., Rn. 34 f., Bisani, H. P. (Risikoeinheiten, 1996), S. 135, Landeszentralbank in Bayern, Schreiben vom 16.11.1993, Nr. B. 933/93, V 2 3029, Mitteilung Nr. 50, S. 1 ff.

[418] Vgl. hierzu und zum folgenden Abb. 10, S. 87.

[419] Vgl. hierzu und zum folgenden Reischauer, F./ Kleinhans, J. (Kreditwesengesetz, 1963,1996), zu § 19, S. 30 a, Rn. 34.

[420] Vgl. hierzu und zum folgenden Reischauer, F./ Kleinhans, J. (Kreditwesengesetz, 1963,1996), zu § 19, S. 36, Rn. 42.

[421] Vgl. §§ 2058, 421 und 427 BGB.

[422] Vgl. § 2058 BGB, Kapitel 2.5, S. 79 ff.

Beteiligten an einer Erbengemeinschaft hinsichtlich der Nachlaßverbindlichkeiten persönlich und gesamtschuldnerisch.

Bildung der Kreditnehmereinheiten

Bilden A, B und C eine Erbengemeinschaft, gibt es drei Kreditnehmereinheiten: A und Nachlaßverbindlichkeit, B und Nachlaßverbindlichkeit sowie C und Nachlaßverbindlichkeit.[423]

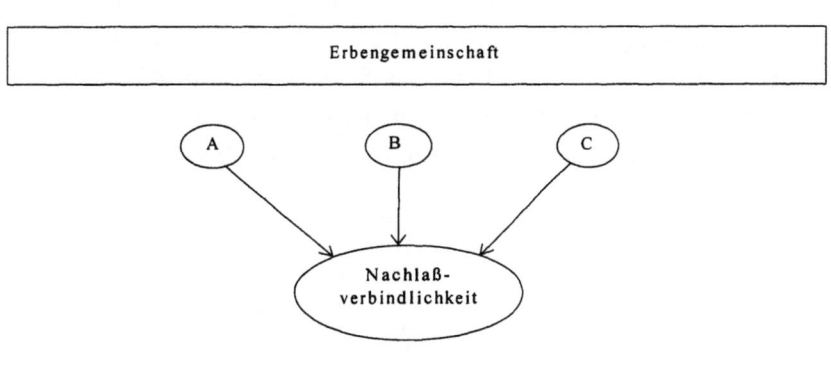

Kreditnehmereinheit 1: A und Nachlaßverbindlichkeit
Kreditnehmereinheit 2: B und Nachlaßverbindlichkeit
Kreditnehmereinheit 3: C und Nachlaßverbindlichkeit

Abb. 11:   Kreditnehmereinheiten auf Basis einer Erbengemeinschaft

Die Beteiligung an einer Ehegemeinschaft

Eine weitere Besonderheit bei der Bildung von Kreditnehmereinheiten stellt die Ehegemeinschaft dar, die ebenfalls im KWG nicht ausdrücklich geregelt ist.[424]
Dabei genügt allein die Tatsache der Ehe bzw. der Familienzugehörigkeit bei minderjährigen Kindern nicht für die Bildung von Kreditnehmereinheiten, da dies dem ver-

---

[423]   Vgl. BAK, Schreiben vom 18.05.1965 - I 2 - 236 - 14/65, Reischauer, F./ Kleinhans, J. (Kreditwesengesetz, 1963,1996), zu § 19, S. 36, Rn. 42., Abb. 11, S. 89.

[424]   Vgl. hierzu und zum folgenden BAK, Schreiben vom 20.01.1992 - I 3 - 236 - 2/85, S. 1 ff.

fassungsrechtlich verankerten Schutz von Ehe und Familie widerspicht (Artikel 6 Grundgesetz). Es muß ein Tatbestand des § 19 Abs. 2 gegeben sein.[425]

Bildung der Kreditnehmereinheiten

Es wird zwischen unternehmerisch tätigen und nicht unternehmerisch tätigen Ehegatten unterschieden.[426]

Im ersten Fall handelt es sich um unternehmerisch tätige Ehegatten. Das bedeutet, daß beide Unternehmenseigenschaft haben müssen.[427] Liegt diese Voraussetzung vor, kommt eine Zusammenfassung auf Basis einer Konzernzugehörigkeit in Betracht.[428] Dabei ist die Erfassung eines Unterordnungskonzerns, bestehend aus den Ehegatten und den von ihnen beherrschten Unternehmen, von praktischer Relevanz.[429]

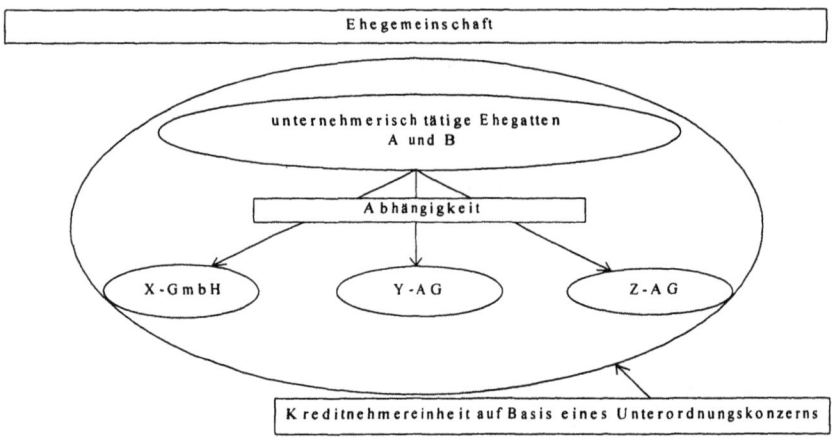

Abb. 12:   Kreditnehmereinheit auf Basis eines Unterordnungskonzerns bei unternehmerisch tätigen Ehegatten

---

[425]   Vgl. BAK, Schreiben vom 20.01.1992 - I 3 - 236 - 2/85, S. 1 ff.

[426]   Die folgenden Ausführungen gelten auch für minderjährige Kinder in der Familie.

[427]   Vgl. zum Unternehmensbegriff Kapitel 2.2, S. 12 ff.

[428]   Vgl. § 19 Abs. 2 Satz 2 Nr. 1 1. Alternative KWG, vgl. zu den Einzelheiten des Konzerns Kapitel 2.3.3, S. 39 ff.

[429]   Vgl. Abb. 12, S. 90.

Als Grundlage einer gemeinsamen Herrschaft genügt es jedoch nicht, daß die Ehegatten Gütergemeinschaft vereinbart haben oder gegenseitige Kreditsicherung durch Bürgschaften betreiben. Vielmehr müssen die Ehegatten eine mehrere Unternehmen umfassende, planmäßige, gemeinsame Gestaltung der wirtschaftlichen Verhältnisse vorweisen. Dadurch zeigen die Ehegatten, daß sie zusätzlich zur ehelichen Lebensgemeinschaft durch gleichgerichtete wirtschaftliche Interessen eine Zweck- und Wirtschaftsgemeinschaft begründet haben.[430]

Aus diesen Ausführungen ist zu ersehen, daß von der Bankenaufsicht auf das Vorliegen einer Zweck- und Wirtschaftsgemeinschaft besonderer Wert gelegt wird.

Eine weitere Grundlage für die Bildung von Kreditnehmereinheiten ist die Mehrheitsbeteiligung.[431] Bei der Berechnung des Mehrheitsanteils sind die Anteile der Ehegatten zusammenzurechnen **und** es muß eine Zweck- und Wirtschaftsgemeinschaft vorliegen.[432]

Im zweiten Fall, dem der nicht unternehmerisch tätigen Ehegatten, sind verschiedene Grundlagen für die Bildung von Kreditnehmereinheiten zu überprüfen.

Eine Bildung einer Kreditnehmereinheit auf Basis eines Konzerns[433] ist nicht möglich, selbst wenn Gütergemeinschaft oder gegenseitige Sicherheitenstellung für den Ehegatten vorliegt, da die Unternehmenseigenschaft der Ehegatten fehlt. Dies gilt auch, wenn nur ein Ehegatte Unternehmenseigenschaft besitzt.

Möglicherweise ist eine Bildung einer Kreditnehmereinheit aufgrund von Mehrheitsbeteiligung[434] vorzunehmen, da im KWG bei Mehrheitsbeteiligung ausdrücklich auch Personen eingeschlossen sind, folglich auf die Unternehmenseigenschaft verzichtet werden kann. Wenn die zusammengerechneten Anteile eine Mehrheitsbeteiligung

---

[430] Vgl. hierzu und zum folgenden Landeszentralbank in Bayern, Schreiben vom 29.6.1992 Nr. B 422/92, V 2 3018 S, Mitteilung Nr. 16, S. 1 ff.

[431] Vgl. § 19 Abs. 2 Satz 2 Nr. 1 3. Alternative KWG, vgl. zu den Einzelheiten der Mehrheitsbeteiligung Kapitel 2.3.1, S. 18 ff.

[432] Vgl. Bisani, H. P. (Risikoeinheiten, 1996), S. 137.

[433] Vgl. § 19 Abs. 2 Satz 2 Nr. 1 1. Alternative KWG, Kapitel 2.3.3.2, S. 64 ff.

[434] Vgl. § 19 Abs. 2 Satz 2 Nr. 1 3. Alternative KWG, Kapitel 2.4, S. 77 ff.

ergeben **und** zusätzlich eine Zweck- und Wirtschaftsgemeinschaft zwischen den Ehegatten besteht, ist eine Kreditnehmereinheit zu bilden.[435]

Es ist von der Bank immer zu prüfen, ob eine Zusammenfassung aufgrund des Tatbestandes 'Strohmann-Kreditverhältnis'[436] nötig ist, da „diese Fallgestaltung bei Ehegatten nicht außerhalb der Lebenserfahrung liegt."[437]

Ein Beispiel:[438]

A und B sind verheiratet. A ist mit 25 % an einer AG beteiligt, B mit 45 % an derselben AG. Zudem ist A mit 30 % an einer GmbH beteiligt und B mit ebenfalls 30 % an derselben. Liegt zudem eine Zweck- und Wirtschaftsgemeinschaft vor, sind die Anteile von A und B zusammenzurechnen. Es wird **eine** Kreditnehmereinheit A und B und AG und GmbH gebildet.

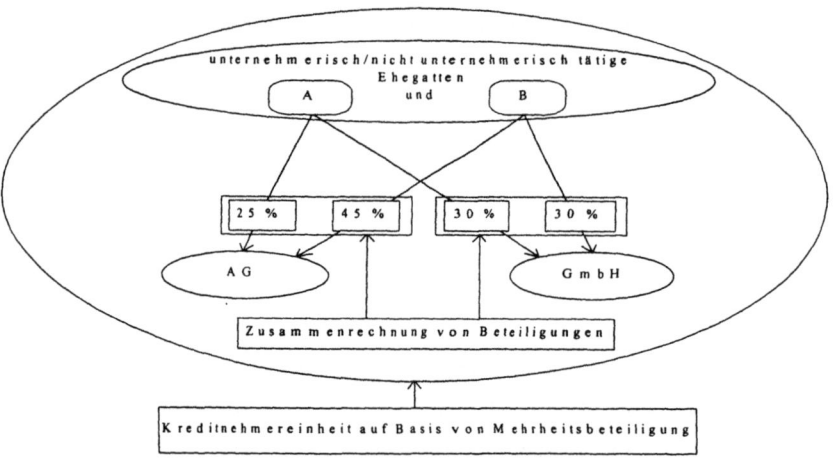

Abb. 13:   Kreditnehmereinheit auf Basis einer Ehegemeinschaft

---

[435]   Vgl. Landeszentralbank in Bayern, Schreiben vom 29.6.1992 Nr. B 422/92, V 2 3018 S, Mitteilung Nr. 16, S. 1 ff.

[436]   Vgl. § 19 Abs. 2 Satz 2 Nr. 3 KWG, vgl. zu den Einzelheiten des 'Strohmann-Kreditverhältnisses' Kapitel 2.6, S. 93 ff.

[437]   BAK, Schreiben vom 20.01.1992 - I 3 - 236 - 2/85, S. 1 ff.

[438]   Vgl. hierzu und zum folgenden Abb. 13, S. 92.

Seit dem Inkrafttreten der 5. KWG-Novelle ist durch die Einführung des § 19 Abs. 2 Satz 1 2. Alternative KWG anzunehmen, daß eine weitere Möglichkeit besteht, Ehegatten unter den dort genannten Voraussetzungen zusammenzufassen. Das KWG besagt, daß die Bildung einer Kreditnehmereinheit dann möglich ist, wenn die Abhängigkeiten zwischen zwei natürlichen Personen es wahrscheinlich erscheinen lassen, daß finanzielle Schwierigkeiten bei der einen Person zu Zahlungsschwierigkeiten bei der anderen führen.

Eine Bestätigung dieser Möglichkeit zur Bildung von Kreditnehmereinheiten durch das BAK liegt bisher nicht vor.

2.6 'Strohmann-Kreditverhältnisse' als Basis für die Bildung einer Kreditnehmereinheit gemäß § 19 Abs. 2 KWG

Zu einer Kreditnehmereinheit ist eine Person/ ein Unternehmen, für deren/dessen Rechnung Kredit aufgenommen wird (Hintermänner) und derjenige der den Kredit in eigenem Namen für den Dritten aufnimmt (Strohmann) zusammenzufassen.[439] Dieser Tatbestand soll die Umgehung der Vorschriften für Kreditnehmer und Kreditnehmereinheiten durch 'Strohmänner' ausschließen.[440]

Ein Beispiel für ein 'Strohmann-Kreditverhältnis' ist bei der GmbH die Vergabe von ERP-Krediten[441] durch die Deutsche Ausgleichsbank, die in der Regel an die geschäftsführenden Gesellschafter und nicht an die GmbH selbst erfolgt.[442] Der geschäftsführende Gesellschafter ist für den Kapitaldienst verantwortlich und erhält die Kreditvaluta, die er wiederum der GmbH zur Verfügung stellt. Wenn die GmbH Sicherheitengeberin ist und den Kapitaldienst erbringt, ist der Tatbestand des 'Strohmann-

---

[439] Vgl. § 19 Abs. 2 Satz 2 Nr. 3 KWG.

[440] Vgl. Deutscher Bundestag (2. KWG-Novelle, 1975), S. 1 ff.

[441] Rechtsgrundlage für das European Recovery Program (ERP) ist das ERP-Verwaltungsgesetz 1953 mit dem jeweils jährlichen ERP-Wirtschaftsplangesetz. Das Programm konzentriert sich auf die Gewährung von Krediten an kleine und mittelständische Unternehmen und auf Kreditgewährung für den Umweltschutz in den neuen Bundesländern. Die Kredite werden von der Kreditanstalt für Wiederaufbau und der Deutschen Ausgleichsbank über die jeweilige Hausbank des Unternehmens ausgereicht. Vgl. Büschgen, H. E. (Bank-Lexikon, 1992), S. 516.

[442] Vgl. hierzu und zum folgenden Bisani, H. P. (Risikoeinheiten, 1994), S. 210.

Kreditverhältnisses' erfüllt. Ein 'Strohmann-Kreditverhältnis' kann auch unter Privatpersonen bestehen, indem die bonitätsmäßig 'bessere' Person (z. B. der Vater) für die bonitätsmäßig 'schlechtere' Person (z. B. die Tochter) Kredit aufnimmt.

Einflußmöglichkeiten

Da der rechtliche Kreditnehmer und derjenige, der Zins und Tilgung leistet, verschiedene Rechtssubjekte sind, ergeben sich zwei Möglichkeiten der Beeinflussung.

Einerseits kann der **tatsächliche Kreditnehmer** in finanzielle Schwierigkeiten kommen. Da er jedoch nicht für Zins und Tilgung aufkommt, ist diese Situation rein wirtschaftlich selten von Bedeutung, da der 'Hintermann' keiner negativen Beeinflussung ausgesetzt sein muß.

Andererseits kann der **'Hintermann'** in finanzielle Schwierigkeiten geraten und damit die Zins- und Tilgungsraten nicht mehr erbringen, so daß der 'Strohmann' durch den Kreditvertrag auch wirtschaftlich die Verpflichtung zu Zins- und Tilgungszahlungen übernehmen muß. Dazu muß er jedoch in der Lage sein.

Ist dies nicht der Fall, wird der 'Strohmann' negativ beeinflußt, da er die Pflichten aus dem Kreditvertrag übernehmen muß.

Bildung der Kreditnehmereinheit

Bei der Bildung der Kreditnehmereinheit ist eine Besonderheit zu beachten.[443]

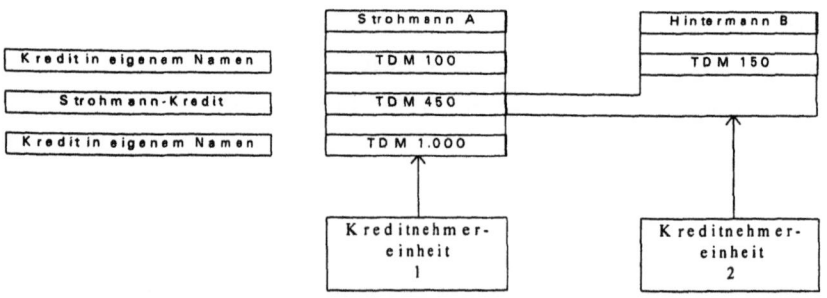

Abb. 14:   Kreditnehmereinheiten   auf   Basis   eines   'Strohmann-Kreditverhältnisses'[444]

---

[443]   Vgl. hierzu und zum folgenden BAK, Schreiben vom 20.04.1977 - I 3 - 236 - 3/77, S. 1 ff.

Es wird lediglich der jeweilige 'Strohmann-Kredit' sowohl dem, der ihn in eigenem Namen aufnimmt, als auch dem Unternehmen oder der Person, für deren Rechnung der Kredit aufgenommen wird, zugerechnet.[445] Eine **umfassende** Kreditnehmereinheit, die aus 'Strohmann' und 'Hintermann' besteht, wird **nicht** gebildet.

2.7 Zusammenfassung der Voraussetzungen zur Bildung von Kreditnehmereinheiten gemäß § 19 Abs. 2 KWG

Die in den vorigen Kapiteln behandelten Regelfälle des § 19 Abs. 2 Satz 2 KWG hinsichtlich der Bildung von Kreditnehmereinheiten sollen an dieser Stelle nochmals kurz zusammengefaßt werden, um einen besseren Überblick zu ermöglichen.

- Liegt Mehrheitsbeteiligung, unabhängig davon ob ein Unternehmen oder eine Person an einem Unternehmen mit Mehrheit beteiligt ist, vor, sind der mit Mehrheit Beteiligte und das in Mehrheitsbesitz stehende Unternehmen zu einer Kreditnehmereinheit zusammenzufassen.[446]

- Liegt Abhängigkeit von Personen oder Unternehmen vor, sind der herrschende Teil mit dem beherrschten Teil zu einer Kreditnehmereinheit zusammenzufassen.[447]

- Liegt Konzernzugehörigkeit vor, sind alle an einem Konzern Beteiligten zu einer Kreditnehmereinheit zusammenzufassen.[448]

- Liegt ein Gewinnabführungsvertrag vor, ist das Unternehmen, das den gesamten Gewinn abführen muß, mit dem Unternehmen, das den Gewinn erhält, zu einer Kreditnehmereinheit zusammenzufassen.[449]

---

444   Vgl. Bisani, H. P. (Risikoeinheiten, 1994), S. 210.

445   Vgl. hierzu und zum folgenden Abb. 14, S. 94.

446   Vgl. Kapitel 2.3.1, S. 18 ff., Kapitel 2.4, S. 77 ff.

447   Vgl. Kapitel 2.3.2, S. 24 ff., Kapitel 2.4, S. 77 ff.

448   Vgl. Kapitel 2.3.3, S. 39 ff.

449   Vgl. Kapitel 2.3.4, S. 74 ff.

- Liegt eine Beteiligung an einer GbR oder einer Quoten-GbR vor, sind jeweils die Gesellschafter mit der Gesellschaft zu einer Kreditnehmereinheit zusammenzufassen, wobei bei der Quoten-GbR die Kreditsumme quotal zugerechnet wird. Liegt eine GbR mit begrenzter Haftung vor, ist **keine** Zusammenfassung von GbR und Gesellschaftern vorzunehmen.[450]

- Liegt eine Beteiligung an einer Personenhandelsgesellschaft vor, ist jeder persönlich haftende Gesellschafter mit der Gesellschaft zu je einer Kreditnehmereinheit zusammenzufassen.

- Liegt eine Beteiligung an einer Erbengemeinschaft vor, sind die einzelnen Erben mit der Nachlaßverbindlichkeit zu je einer Kreditnehmereinheit zusammenzufassen.

- Besteht zwischen Ehegatten eine Zweck- und Wirtschaftsgemeinschaft und sind sie daher zusammenzufassen, werden Kreditnehmereinheiten mit den in deren Mehrheitsbesitz stehenden Unternehmen bzw. mit den konzernverbundenen Unternehmen gebildet.

- Liegt der Tatbestand eines 'Strohmann-Kreditverhältnisses' vor, ist dieser Kredit, und **nur dieser**, dem 'Strohmann' und dem 'Hintermann' zuzurechnen. Eine umfassende Kreditnehmereinheit hinsichtlich sämtlicher bestehender Kredite entsteht **nicht**.[451]

Bei umfangreicheren Verflechtungen von Wirtschaftseinheiten können die oben genannten Voraussetzungen für die Bildung von Kreditnehmereinheiten kumuliert auftreten, sich überschneiden oder zu Mehrfachzuordnungen führen.[452] Dazu im folgenden einige Beispiele:

---

[450] Vgl. hierzu und zum folgenden Kapitel 2.5, S. 80 ff.

[451] Vgl. Kapitel 2.6, S. 93 ff.

[452] Vgl. Bisani, H. P. (Risikoeinheiten, 1996), S. 138, zu Formen der Verschachtelung in Konzernen Fischer, H.-E. (Kapitalstruktur, 1989), S. 15 ff.

A ist zu 90 % an einer GmbH beteiligt, diese wiederum ist Gesellschafter einer OHG.[453]

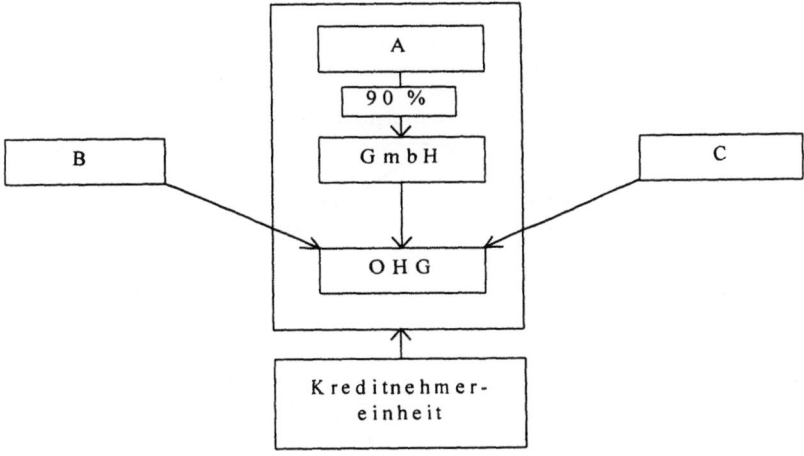

Abb. 15:   Kumulation verschiedener Voraussetzungen für die Bildung von Kreditnehmereinheiten[454]

Somit gibt es eine umfassende Kreditnehmereinheit : A und GmbH gemäß § 19 Abs. 2 Satz 2 Nr. 1 3. Alternative KWG (Mehrheitsbeteiligung) und OHG gemäß § 19 Abs. 2 Satz 2 Nr. 2 KWG (persönlich haftender Gesellschafter). Hier besteht eine Kumulation verschiedener Zuordnungsvoraussetzungen.[455]

---

[453]   Vgl. hierzu und zum folgenden Abb. 15, S. 97.

[454]   Vgl. Bisani, H. P. (Risikoeinheiten, 1994), S. 210.

[455]   Bei der Kumulation von verschiedenen Voraussetzungen zur Bildung von Kredit-
nehmereinheiten handelt es sich um ein Vorgehen, das im Gesetz nicht explizit geregelt ist. Zur
Zeit werden Kumulationon vorgenommen. Dennoch kann aufgrund der fehlenden gesetzlichen
Regelung auch gegen eine kumulative Anwendung argumentiert werden, da diese zu sehr
umfangreichen Kreditnehmereinheiten führt und dadurch bei der Großkreditgrenze gemäß § 13
KWG zu Schranken bei der Kreditvergabe führt.

B hat Unternehmenseigenschaft und ist zu 55 % an der Z-AG beteiligt und zu 65 % an der Y-GmbH.[456]

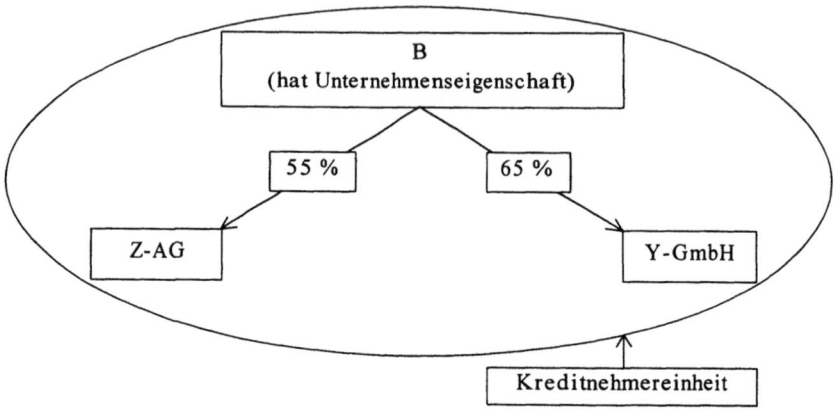

Abb. 16:   Überschneidung verschiedener Voraussetzungen für die Bildung von Kreditnehmereinheiten

Nun könnte eine Zusammenrechnung von B, Z-AG und Y-GmbH zu einer Kreditnehmereinheit gemäß § 19 Abs. 2 Satz 2 Nr. 1 3. Alternative KWG (Mehrheitsbeteiligung) erfolgen. Wegen der Unternehmenseigenschaft von B, der Abhängigkeitsvermutung und der Konzernvermutung können B, Z-AG und Y-GmbH auch zu einer Kreditnehmereinheit gemäß § 19 Abs. 2 Satz 2 Nr. 1 1. Alternative KWG (Konzernzugehörigkeit, Unterordnungskonzern) zusammengefaßt werden. Hier überschneiden sich die Möglichkeiten der Bildung von Kreditnehmereinheiten.

Eine Mehrfachzuordnung ergibt sich, wenn z. B. die Stimmrechtsmehrheit und die Kapitalmehrheit auseinanderfallen.[457]

---

[456]   Vgl. hierzu und zum folgenden Abb. 16, S. 98.

[457]   Vgl. hierzu und zum folgenden Abb. 17, S. 99.

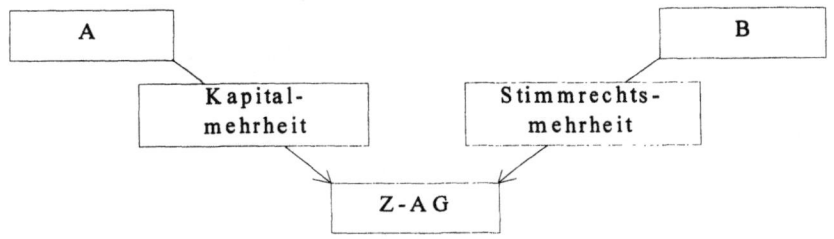

Abb. 17:   Mehrfachzuordnung bei der Bildung von Kreditnehmereinheiten[458]

A hat an der Z-AG die Kapitalmehrheit, B die Stimmrechtsmehrheit. Daher sind § 19 Abs. 2 Satz 2 Nr. 1 3. Alternative KWG (Mehrheitsbeteiligung) zwei Kreditnehmereinheiten zu bilden: A und Z-AG sowie B und Z-AG.

Die Tatbestände der kumulativen Voraussetzungen für die Bildung von Kreditnehmereinheiten, der Überschneidung und der Mehrfachzuordnung von Kreditnehmereinheiten können auch innerhalb einer Kreditnehmereinheit auftreten.

Es folgen zwei weitere Beispiele, die das Zusammenspiel der verschiedenen Voraussetzungen für die Bildung von Kreditnehmereinheiten verdeutlichen sollen:

1) A und B sind Gesellschafter einer OHG.[459] Diese ist zu 55 % an der Z-AG beteiligt, zu 65 % an der Y-GmbH und zu 51 % der Stimmrechte an der X-AG. C hat die Kapitalmehrheit an der X-AG. Nunmehr sind folgende Kreditnehmereinheit zu bilden:

---

[458]   Vgl. Bisani, H. P. (Risikoeinheiten, 1994), S. 208.

[459]   Vgl. hierzu und zum folgenden Abb. 18, S. 100.

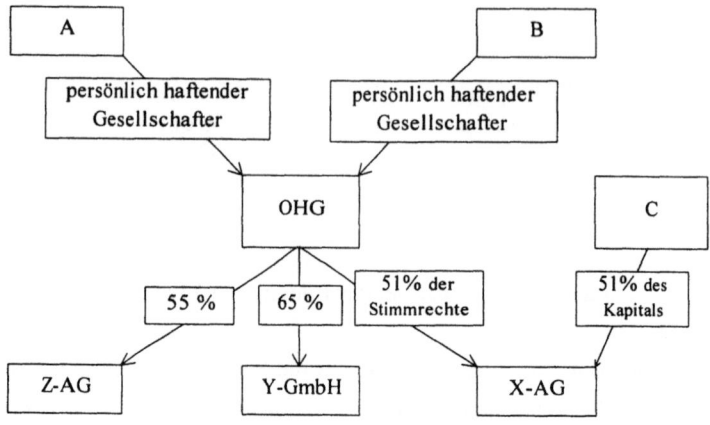

Kreditnehmereinheit 1: A und OHG und Z-AG und Y-GmbH und X-AG
Kreditnehmereinheit 2: B und OHG und Z-AG und Y-GmbH und X-AG
Kreditnehmereinheit 3: C und X-AG

Abb. 18:   Beispiel 1 für die Bildung umfassender Kreditnehmereinheiten[460]

Kreditnehmereinheit 1: A und OHG gemäß § 19 Abs. 2 Satz 2 Nr. 2 KWG (persönlich haftender Gesellschafter) und Z-AG und Y-GmbH gemäß § 19 Abs. 2 Satz 2 Nr. 1 1. Alternative oder 3. Alternative KWG (Konzernzugehörigkeit, Unterordnungskonzern oder Mehrheitsbeteiligung) und X-AG gemäß § 19 Abs. 2 Satz 2 Nr. 1 3. Alternative KWG (Mehrheitsbeteiligung).

Kreditnehmereinheit 2: B und OHG gemäß § 19 Abs. 2 Satz 2 Nr. 2 KWG (persönlich haftender Gesellschafter) und Z-AG und Y-GmbH gemäß § 19 Abs. 2 Satz 2 Nr. 1 1. Alternative oder 3. Alternative KWG (Konzernzugehörigkeit, Unterordnungskonzern oder Mehrheitsbeteiligung) und X-AG gemäß § 19 Abs. 2 Satz 2 Nr. 1 3. Alternative KWG (Mehrheitsbeteiligung).

Kreditnehmereinheit 3: C und X-AG gemäß § 19 Abs. 2 Satz 2 Nr. 1 3. Alternative KWG (Mehrheitsbeteiligung).

2) A, B und C sind Komplementäre einer KG. A, B und C sind auch als Gesellschafter an einer GmbH mit 30 %, 35 % und 35 % beteiligt.[461] Die KG und die GmbH bilden

---

[460]   Vgl. Bisani, H. P. (Risikoeinheiten, 1994), S. 211.

[461]   Vgl. hierzu und zum folgenden Abb. 19, S. 101.

einen Gleichordnungskonzern. Die Geschäftsführer sind A, B und C. D ist als Kommanditist an der KG zu 70 % beteiligt. Es sind nun folgende Kreditnehmereinheiten zu bilden:

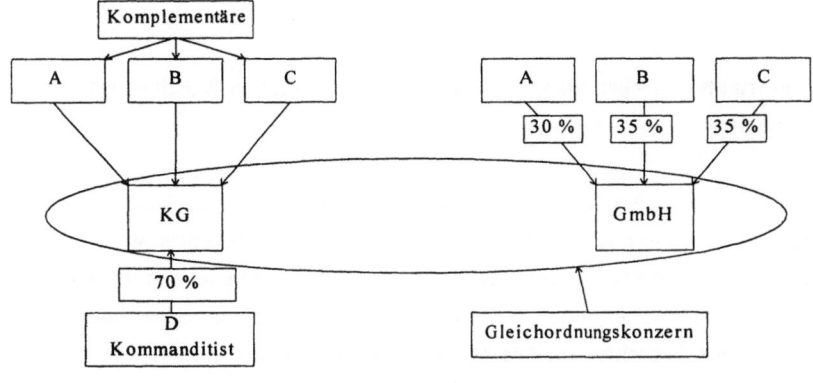

Kreditnehmereinheit 1: A und KG und GmbH und D
Kreditnehmereinheit 2: B und KG und GmbH und D
Kreditnehmereinheit 3: C und KG und GmbH und D

Abb. 19:   Beispiel 2 für die Bildung umfassender Kreditnehmereinheiten[462]

Kreditnehmereinheit 1: A und KG gemäß § 19 Abs. 2 Satz 2 Nr. 2 KWG (persönlich haftender Gesellschafter) und GmbH gemäß § 19 Abs. 2 Satz 2 Nr. 1 1. Alternative KWG (Konzernzugehörigkeit, Gleichordnungskonzern) und D gemäß § 19 Abs. 2 Satz 2 Nr. 1 3. Alternative KWG (Mehrheitsbeteiligung).

Kreditnehmereinheit 2: B und KG gemäß § 19 Abs. 2 Satz 2 Nr. 2 KWG (persönlich haftender Gesellschafter) und GmbH gemäß § 19 Abs. 2 Satz 2 Nr. 1 1. Alternative KWG (Konzernzugehörigkeit, Gleichordnungskonzern) und D gemäß § 19 Abs. 2 Satz 2 Nr. 1 3. Alternative KWG (Mehrheitsbeteiligung).

Kreditnehmereinheit 3: C und KG gemäß § 19 Abs. 2 Satz 2 Nr. 2 KWG (persönlich haftender Gesellschafter) und GmbH gemäß § 19 Abs. 2 Satz 2 Nr. 1 1. Alternative KWG (Konzernzugehörigkeit, Gleichordnungskonzern) und D gemäß § 19 Abs. 2 Satz 2 Nr. 1 3. Alternative KWG (Mehrheitsbeteiligung).

---

[462]   Vgl. Bisani, H. P. (Risikoeinheiten, 1994), S. 211.

Durch die bisher angestellten Betrachtungen wird deutlich, wie komplex die Bildung von Kreditnehmereinheiten in der Praxis ist. Denoch ist auf eine möglichst korrekte und umfassende Bildung von Kreditnehmereinheiten besonderer Wert zu legen, um die den bestehenden Risikozusammenhängen gerecht zu werden.

2.8 Informationsquellen als Grundlage für die Bildung von Kreditnehmereinheiten

Für die Bildung der Kreditnehmereinheiten werden Informationen benötigt, die eine Zugehörigkeit zu einer Kreditnehmereinheit für die Bank erkennbar werden lassen. Diese Informationen können aus vielfältigen Quellen bezogen werden. Im folgenden werden die Informationsquellen, nach den verschiedenen Kreditnehmereinheiten aufgegliedert, näher betrachtet. Im Anschluß daran werden anhand eines Beispieles die für die Bildung von Kreditnehmereinheiten allgemein nutzbaren Informationen aufgeführt.

Informationsquellen, um verbundene Unternehmen zu erkennen

Für die Bildung von Kreditnehmereinheiten, die auf Zugehörigkeit zu den verbundenen Unternehmen basieren, sind Rechtsfolgen, die an den Tatbestand 'Verbundenes Unternehmen' anknüpfen und die die Publizitätspflicht betreffen, interessant.[463] So müssen im Anhang zum Jahresabschluß Angaben über Beteiligungen **an** der Gesellschaft gemacht werden, die ihr gemäß § 20 Abs. 1 oder 4 AktG mitgeteilt wurden. Dabei ist jeweils der Name des Inhabers der Beteiligung sowie der Angabe darüber, ob es sich um mehr als ein Viertel der Aktien oder um eine Mehrheitsbeteiligung handelt, anzugeben.[464]

Um auf die Publizitätspflichten, die das HGB bezüglich der Offenlegung der Rechnungslegung für verbundene Unternehmen vorsieht, näher eingehen zu können, müssen

---

[463] Vgl. zu weiteren Rechtsfolgen, die an § 15 AktG anknüpfen z. B. § 90 Abs. 1 und 3 AktG (Berichte an den Aufsichtsrat), vgl. auch Kropff, B. (Aktiengesetz, 1965), Begründung Ausschußbericht zu § 16, S. 29, zum Auskunftsrecht der Aktionäre Burgard, U. (Offenlegung, 1990), S. 74 ff.

[464] Vgl. § 160 Abs. 1 Nr. 8 AktG, Burgard, U. (Offenlegung, 1990), S. 54.

zuerst die divergierenden Begriffe der verbundenen Unternehmen im HGB und im AktG in der gebotenen Kürze geklärt werden.

Da der Verbundbegriff immer auch auf der Unternehmenseigenschaft basiert, ist diese sowohl im HGB als auch im AktG zu betrachten. Dabei ist die Unternehmenseigenschaft im AktG weiter gefaßt, da z. B. auch natürliche Personen Unternehmenseigenschaft haben können.[465] Dagegen geht die Definition des HGB in anderer Weise über die Unternehmensdefinition des AktG hinaus, da Formkaufleute allein aufgrund ihrer Kaufmannseigenschaft gemäß § 6 HGB, ohne Vorliegen einer erwerbswirtschaftlichen Zwecksetzung, Unternehmenseigenschaft haben.

Gemäß § 271 Abs. 2 HGB sind verbundene Unternehmen dadurch definiert, daß Mutter- und Tochterunternehmen durch ein rechtlich abgesichertes bzw. tatsächliches Beherrschungsverhältnis verbunden sind.[466] Der Verbundbegriff des AktG ist weiter gefaßt, da auch Mehrheitsbeteiligungen, die keine Beherrschung begründen, eingeschlossen sind.

Das AktG definiert neben dem Unterordnungskonzern gemäß § 18 Abs. 1 AktG, den auch das HGB gemäß § 271 Abs. 2 i. V. m. § 290 Abs. 1 HGB kennt, auch den Gleichordnungskonzern gemäß § 18 Abs. 2 als verbundenes Unternehmen.[467] Somit ist auch hier der aktiengesetzliche Verbundbegriff weiter gefaßt.

Anhand dieser kurzen Ausführung ist zu erkennen, daß der Begriff der verbundenen Unternehmen im AktG häufig weiter gefaßt ist als der im HGB.

Im folgenden werden die Publizitätspflichten vor allem in Bezug auf verbundene Unternehmen skizziert, die das HGB und das PublizitätsG für Unternehmen verschiedener Rechtsformen vorsieht.

Gemäß § 242 HGB ist jeder Kaufmann verpflichtet einen **Jahresabschluß** aufzustellen, der Bilanz und Gewinn- und Verlustrechnung umfaßt. Kapitalgesellschaften müssen

---

[465] Vgl. Kapitel 2.2, S. 12 ff.

[466] Vgl. hierzu und zum folgenden zusammenfassend Clausen, U. (Unternehmen, 1992), S. 250 ff., Müller, W. (Unternehmensverbindungen, 1992), S. 1260 ff.

[467] Vgl. Müller, W. (Unternehmensverbindungen, 1992), S. 1394.

104

diesen zusätzlich gemäß § 264 Abs. 1 Satz 1 HGB um einen Anhang erweitern und auch einen Lagebericht erstellen.

Dazu sind gemäß den §§ 3 und 5 PublizitätsG auch Unternehmen anderer Rechtsform verpflichtet, soweit sie die in § 1 PublizitätsG definierte Größe erreichen.[468] Gemäß § 5 Abs. 2 Satz 1 PublizitätsG müssen speziell Personenhandelsgesellschaften und Einzelkaufleute keinen Anhang erstellen.

In der **Bilanz** werden gemäß § 266 HGB Verbindlichkeiten und Forderungen gegenüber verbundenen Unternehmen ausgewiesen. Dabei werden jedoch nur die Summen, nicht aber der Name des Unternehmens und in welcher Höhe die einzelne Forderung/Verbindlichkeit besteht, angegeben.[469] Auch in der **Gewinn- und Verlustrechnung** werden diesbezüglich nur Summen genannt.[470]

Im **Anhang** müssen gemäß § 285 Nr. 10 HGB die Mitglieder des Geschäftsführungsorgans und gegebenenfalls des Aufsichtrats angegeben werden sowie gemäß den §§ 285 Nr. 11 und 287 HGB Name und Sitz anderer Unternehmen, von denen die Kapitalgesellschaft mindestens den fünften Teil besitzt.[471] Darüber hinaus müssen gemäß § 285 Nr. 14 HGB Name und Sitz des Mutterunternehmens der Kapitalgesellschaft, das den Konzernabschluß für den größten Kreis von Unternehmen aufstellt, angegeben werden. So ist auch mit dem Mutterunternehmen, das den Konzernabschluß für den kleinsten Kreis von Unternehmen aufstellt, zu verfahren. Im Falle der Offenlegung der von diesen Mutterunternehmen aufgestellten Konzernabschlüsse ist der Ort, wo diese erhältlich sind, zu nennen.

Für den **Lagebericht** besteht große Gestaltungsfreiheit, die dessen Informationsgehalt durch die eingeschränkte Prüfungspflicht gemäß § 317 HGB noch verringert.[472]

---

[468] Es müssen für den Tag des Ablaufs eines Geschäftsjahres und für die zwei darauffolgenden Stichtage zumindest zwei der drei folgenden Merkmale zutreffen: Die Bilanzsumme ist größer als DM 125 Mio., die Umsatzerlöse der letzten zwölf Monate übersteigen DM 250 Mio. oder es wurden durchschnittlich mehr als 5.000 Mitarbeiter in den letzten zwölf Monaten beschäftigt.

[469] Vgl. Burgard, U. (Offenlegung, 1990), S. 111.

[470] Vgl. § 275 HGB, Burgard, U. (Offenlegung, 1990), S. 111.

[471] Vgl. zu den Ausnahmen für die Angaben hinsichtlich des Beteiligungsbesitzes § 286 HGB.

[472] Vgl. Burgard, U. (Offenlegung, 1990), S. 116.

So ist im Gesetz für Kapitalgesellschaften jeder Größe keine Pflicht verankert, über rechtliche und wirtschaftliche Beziehungen zu verbundenen Unternehmen im Lagebericht Auskunft zu geben.[473]

Gemäß § 325 HGB sind von den gesetzlichen Vertretern von Kapitalgesellschaften der Jahresabschluß und der Lagebericht zum Handelsregister einzureichen.[474] Diese Pflicht gilt gemäß § 9 i. V. m. § 3 PublizitätsG auch für Unternehmen anderer Rechtsform, jedoch müssen Personenhandelsgesellschaften und Einzelkaufleute gemäß § 9 Abs. 2 PublizitätsG die Gewinn- und Verlustrechnung nicht offenlegen. Dadurch, daß Personenhandelsgesellschaften und Einzelkaufleute auch weder Anhang noch Lagebericht veröffentlichen müssen, verbleibt lediglich die Bilanz als Informationsträger.

Bei den genannten Vorschriften sieht das HGB Unterschiede vor, die von der **Größe der Unternehmen** abhängen.[475]
So müssen gemäß § 267 Abs. 1 HGB als **klein** geltende Kapitalgesellschaften[476] gemäß § 326 HGB weder die Gewinn- und Verlustrechnung noch den Lagebericht offenlegen. Auch sind gemäß § 316 Abs. 1 HGB Jahresabschluß und Lagebericht nicht durch einen Abschlußprüfer zu prüfen. Darüber hinaus sieht das HBG für kleine Kapitalgesellschaften die Erleichterung vor, nur eine verkürzte Bilanz aufstellen zu müssen.[477] Dies führt dazu, daß für einen Außenstehenden die Posten, die verbundene Unternehmen in der Bilanz betreffen, verborgen bleiben.[478]

---

[473]   Vgl. § 289 HGB, Clausen, U. (Unternehmen, 1992), S. 252 ff.

[474]   Im Bundesanzeiger ist bekanntzumachen, bei welchem Handelsregister und unter welcher Nummer die Unterlagen eingereicht wurden. Vgl. § 325 Abs. 1 Satz 2 HGB.

[475]   Vgl. hierzu und zum folgenden auch Burgard, U. (Offenlegung, 1990), S. 117 f.

[476]   Kapitalgesellschaften gelten als 'klein', wenn zwei der folgenden drei Merkmale überschritten werden:
1) DM 5.310.000,00 Bilanzsumme (abzügl. eines Fehlbetrages)
2) DM 10.620.000,00 Umsatzerlöse in den 12 Monaten vor Abschlußstichtag
3) 50 Arbeitnehmer im Jahresdurchschnitt.

[477]   Vgl. hierzu und zum folgenden §§ 266 Abs. 1 Satz 3 (Aufstellung einer verkürzten Bilanz) und 267 Abs. 1 (Festlegung der Merkmale einer kleinen Kapitalgesellschaft) HGB.

[478]   Gemäß § 266 Abs. 1 Satz 3 HGB müssen Posten wie Anteile an verbundenen Unternehmen, Ausleihungen an verbundene Unternehmen, Forderungen an verbundene Unternehmen oder Verbindlichkeiten gegenüber verbundenen Unternehmen nicht mehr in der Bilanz unter gesonderten Gliederungspunkten ausgewiesen werden. Vgl. zu den größenabhängigen Erleichterungen für mittelgroße Kapitalgesellschaften §§ 267, 288 HGB.

Die umfassenden Offenlegungspflichten des § 325 HGB gelten demnach nur für **große Kapitalgesellschaften.**[479]

Die Veröffentlichung des **Konzernabschlusses** ist in der in § 325 Abs. 3 HGB geregelten Form analog zum Einzelabschluß vorzunehmen.[480] Dies gilt gemäß § 15 PublizitätsG auch für Unternehmen anderer Rechtsform, soweit diese gemäß § 9 PublizitätsG zum Konzernabschluß verpflichtet sind.

Die vom Gesetzgeber vorgesehenen Erleichterungen vor allem für kleine Kapitalgesellschaften sowie für Nicht-Kapitalgesellschaften stellen im Hinblick auf die Informationslage und damit den Schutz der Gläubiger eine Verschlechterung gegenüber den Vorschriften für große Kapitalgesellschaften dar. Diese Unterschiede können vor dem Hintergrund des Gläubigerschutzes nicht akzeptiert werden. Die Bildung von Kreditnehmereinheiten wird durch die mangelnde Information erheblich erschwert.

Der Anwendungsbereich des Begriffes der verbundenen Unternehmen aus dem HGB beschränkt sich jedoch auf die dort und im PublizitätsG geregelten Rechnungslegungsvorschriften.[481] Für das KWG bleibt der Begriff der verbundenen Unternehmen gemäß den §§ 15 ff. AktG maßgeblich.[482]

Informationsquellen, um eine Mehrheitsbeteiligung zu erkennen

Da eine Mehrheitsbeteiligung von Unternehmen an Unternehmen unter die verbundenen Unternehmen gemäß § 15 AktG fällt, gelten auch alle bereits dort aufgeführten Einzelheiten hinsichtlich der Informationsquellen.

---

[479] Dabei gelten gemäß § 267 Abs. 3 Satz 2 HGB Kapitalgesellschaften, deren Aktien oder sonstige von ihnen emittierte Wertpapiere an einer Börse zum amtlichen Handel oder zum geregelten Freiverkehr zugelassen sind, stets als groß.

[480] Vgl. zu Konzernabschluß und Konzernlagebericht Burgard, U. (Offenlegung, 1990), S. 118 ff.

[481] Vgl. z. B. Clausen, U. (Unternehmen, 1992), S. 1 ff.

[482] Vgl. hierzu Emmerich, V./ Sonnenschein, J. (Konzernrecht, 1993), S. 42 f.

An die Mehrheitsbeteiligung selbst knüpfen auch separate Regelungen an, wobei für die Bildung der Kreditnehmereinheiten, die auf Mehrheitsbeteiligung basieren, die die Publizität betreffenden relevant sind.[483] So ist das in Mehrheitsbesitz stehende Unternehmen verpflichtet, die Mehrheitsbeteiligung im Anhang zur Bilanz anzugeben. Des weiteren besteht für das mit Mehrheit beteiligte Unternehmen Mitteilungspflicht an das in Mehrheitsbesitz stehende gemäß den §§ 20, 21 AktG einschließlich der dort geregelten Veröffentlichungspflichten.[484] In § 20 AktG sind die Mitteilungspflichten für Unternehmen, die an einer AG[485] mit Sitz im Inland beteiligt sind, in § 21 AktG für Aktiengesellschaften, die an einer Kapitalgesellschaft[486] mit Sitz im Inland beteiligt sind, geregelt. Ziel der Vorschriften zur Mitteilung von Beteiligungen ist es, die real existierenden Machtverhältnisse offenzulegen. Ohne die Kenntnis der Beteiligungsverhältnisse wären große Teile der Vorschriften für verbundene Unternehmen nicht praktikabel.[487] Das Gesetz beschränkt sich auch bei dieser Thematik auf die AG in der jeweils beschriebenen Rolle. Beispielsweise sind Beteiligungen von einem Unternehmen an einer GmbH oder umgekehrt nicht explizit geregelt. Das bedeutet jedoch nicht, daß hier keine Mitteilungspflichten bestehen würden.[488] So ist vielmehr über die allgemeine Treuepflicht unter den Gesellschaftern aus § 242 BGB eine Mitteilungspflicht gemäß den §§ 20 und 21 AktG herzuleiten, da ohne diese die Schutzvorschriften für die übrigen Gesellschafter und damit auch für die Gläubiger nicht greifen würden. Dabei handelt es sich jedoch nur um Mit-

---

[483]   Vgl. hierzu und zum folgenden z. B. §§ 17 Abs. 2 (Abhängigkeitsvermutung), 56 Abs. 2 (Aktienübernahme durch ein abhängiges oder in Mehrheitsbesitz stehendes Unternehmen), 71 d Satz 2 (Erwerb eigener Aktien durch Dritte), 160 Abs. 1 Nr. 8 (Vorschriften zum Anhang) AktG, Henn, G. (Aktienrecht, 1991), S. 93.

[484]   Vgl. hierzu ausführlich Burgard, U. (Offenlegung, 1990), S. 44 ff.

[485]   Unter die folgenden Ausführungen fallen sowohl AG als auch KGaA.

[486]   Die folgenden Ausführungen zu Kapitalgesellschaften beziehen sich gleichermaßen auf die bergrechtliche Gewerkschaft.

[487]   Vgl. Kropff, B. (Aktiengesetz, 1965), Begründung RegE zu §§ 20, 21, S. 38 f., Würdinger, II. (Konzernrecht, 1973), S. 250. Über die Abhängigkeitsvermutung des § 17 Abs. 2 AktG gelten z. B., so diese nicht widerlegt wird, die Schutzvorschriften der §§ 311 ff. AktG (Verantwortlichkeit bei fehlen eines Beherrschungsvertrages). Die Mitteilung kann auch der Aufdeckung wechselseitiger Beteiligung gemäß § 19 AktG dienen. Da das KWG aus bereits beschriebenen Gründen auf wechselseitige Beteiligungen keinen Bezug nimmt, wird auch an dieser Stelle nicht weiter darauf eingegangen. Vgl. Kapitel 2.1, S. 5 ff.

[488]   Vgl. hierzu und zum folgenden Scholz, F. (GmbH-Gesetz, 1993), S. 1772 ff., Rn. 89, 103, 108, Zöllner, W. (GmbH-Gesetz 2, 1996), S. 1402, Rn. 72.

teilungspflichten der Unternehmen untereinander, eine Veröffentlichungspflicht zur Information der Gläubiger besteht nicht.

Im folgenden wird explizit nur auf die Mitteilungspflichten des § 20 AktG eingegangen, da bei den Mitteilungspflichten gemäß § 21 AktG analog zu verfahren ist. Die Mitteilungspflicht gemäß § 20 AktG entsteht, wenn dem Unternehmen ein Viertel des Kapitals einer AG gehört.[489] Dies muß der Gesellschaft unverzüglich, d. h. ohne schuldhaftes Zögern[490] und schriftlich[491] mitgeteilt werden.[492] Diese Mitteilungspflicht entsteht nochmals, wenn eine Mehrheitsbeteiligung gemäß § 16 Abs. 4 AktG vorliegt, auch dann, wenn bereits eine Mitteilung gemäß § 20 Abs. 1 AktG abgegeben wurde.[493] Sollten die Beteiligungen in den mitgeteilten Höhen nicht mehr bestehen, ist auch dies unverzüglich mitzuteilen.[494]

Unterbleiben die Mitteilungen gemäß § 20 Abs. 1 und 4 AktG, dürfen die Rechte aus diesen Aktien nicht ausgeübt werden.[495] Dabei handelt es sich um alle Rechte, vor allem aber Stimm- und Bezugsrechte sowie das Recht auf Dividende.[496] Die Überwachung der Sanktionen kann jedoch durch das vom jeweiligen Depotinhaber den Banken übertragene Stimmrecht erschwert werden. Die Vorschrift, die es für **Außenstehende** ermöglicht, Beteiligungen und vor allem Mehrheitsbeteiligungen zu erkennen, betrifft die Pflicht der AG, an der die Beteiligung besteht, diese Beteiligung unverzüglich in den Gesellschaftsblättern bekanntzumachen.[497] Dabei ist auch anzugeben, welchem

---

[489] Für die Feststellung der Höhe der Beteiligung ist § 16 Abs. 2 Satz 1 und Abs. 4 AktG heranzuziehen. Vgl. § 20 Abs. 1 Satz 2 AktG. Die Berechnung, welche Aktien dem Unternehmen zuzurechnen sind, ergibt sich gemäß § 20 Abs. 2 AktG. Vgl. zu den Einzelheiten bzgl. der §§ 20 und 21 AktG auch Kropff, B. (Aktiengesetz, 1965), Begründung RegE und Ausschußbericht zu §§ 20, 21, S. 38 ff.

[490] Vgl. § 121 BGB.

[491] Vgl. § 126 BGB.

[492] Vgl. § 20 Abs. 1 Satz 1 AktG. Die genaue Höhe der Beteiligung muß nicht mitgeteilt werden. Vgl. Emmerich, V./ Sonnenschein, J. (Konzernrecht, 1993), S. 137.

[493] Vgl. § 20 Abs. 4 AktG, Würdinger, H. (Konzernrecht, 1973), S. 251. Auch hier ist die Zurechnung gemäß § 16 Abs. 4 AktG vorzunehmen. Vgl. ebd.

[494] Vgl. § 20 Abs. 5 AktG.

[495] Vgl. § 20 Abs. 7 AktG.

[496] Vgl. hierzu und zum folgenden Würdinger, H. (Konzernrecht, 1973), S. 251, Emmerich, V./ Sonnenschein, J. (Konzernrecht, 1993), S. 138 ff.

[497] Vgl. hierzu und zum folgenden § 20 Abs. 6 AktG. Unter 'Gesellschaftsblätter' ist mindestens der Bundesanzeiger zu verstehen; daneben kann die Satzung auch andere Blätter bestimmen. Vgl. §§ 23 und 25 AktG, Burgard, U. (Offenlegung, 1990), S. 34.

Unternehmen die Beteiligung gehört. Genauso muß verfahren werden, wenn die Beteiligung nicht mehr besteht. Eine entsprechende Bekanntmachungspflicht der Kapitelgesellschaft, an der die AG beteiligt ist und die daher auch eine entsprechende Mitteilung erhält, fehlt in § 21 AktG. Somit fehlen den außenstehenden Gläubigern diese Informationen.

Um eine Mehrheitsbeteiligung zu erfassen, sind bei der GmbH aktuelle Handelsregisterauszüge mit Gesellschafterliste[498] und vor allem bei der AG die Kenntnis der Veröffentlichungen in den Gesellschaftsblättern notwendig. Jedoch ist anzumerken, daß letzteres mit hohem Aufwand für die Bank verbunden ist, da die Veröffentlichungen zumindest im Bundesanzeiger ununterbrochen zu überwachen sind.

Informationsquellen, um Abhängigkeit zu erkennen

Da das Abhängigkeitsverhältnis unter die verbundenen Unternehmen gemäß § 15 AktG fällt, gelten auch alle bereits dort aufgeführten Einzelheiten hinsichtlich der Informationsquellen.

Auch basiert Abhängigkeit zumeist auf einer Mehrheitsbeteiligung, weswegen auf die dortigen Ausführungen verwiesen wird.

Problematischer wird die Bildung in den Fällen, bei denen die Abhängigkeit nicht auf Mehrheitsbeteiligung beruht. Da jedoch gerade für diese Fälle der § 19 Abs. 2 Satz 1 1. Alternative KWG zutrifft, sollte die Bank bei der **AG** auch Satzungen und andere gesellschaftsrechtlich relevanten Verträge, falls vorhanden, zur Einsicht anfordern. Diese sind auf das Vorliegen eines möglichen Abhängigkeitsverhältnisses zu überprüfen.

Bei der **GmbH** sollte sich die Bank den Gesellschaftsvertrag zur Einsicht vorlegen lassen und diesen hinsichtlich einer möglicherweise vorliegenden Abhängigkeit überprüfen.

---

[498] Bei einer GmbH ist gemäß § 40 GmbHG eine Liste der Gesellschafter, aus welcher deren Name, Wohnort und Stammeinlage zu ersehen ist, jährlich zum Handelsregister einzureichen.

Informationsquellen, um Konzerne zu erkennen

Da Konzerne verbundene Unternehmen gemäß § 15 AktG sind und zumindest die Unterordnungskonzerne meist auf Mehrheitsbeteiligungen sowie immer auf Abhängigkeit beruhen, gelten auch alle bereits dort aufgeführten Einzelheiten hinsichtlich der Publizität.

Informationsquellen, um Eingliederungskonzerne zu erkennen

Da jede Eingliederung sowie deren Beendigung in das Handelsregister der eingegliederten Gesellschaft eingetragen werden müssen,[499] benötigt man für die Erfassung der Eingliederung als Basis für die Bildung der Kreditnehmereinheiten einen aktuellen Handelsregisterauszug der eingegliederten Gesellschaft.

Informationsquellen, um Vertragskonzerne zu erkennen

Der Beherrschungsvertrag mit einer abhängigen AG oder GmbH ist bei der beherrschten Gesellschaft unter Angabe von Vertragsschluß, der Art des Vertrags, des anderen Vertragsteils sowie des Abschlußdatums in das Handelsregister einzutragen.[500]
Dies bedeutet für die Bildung von Kreditnehmereinheiten, die auf einem Konzern durch Beherrschungsvertrag basieren, daß die Vorlage und Auswertung aktueller Handelsregisterauszüge unabdinglich ist.

Informationsquellen, um faktische Konzerne zu erkennen

Um für die Erfassung der faktischen Konzerne eine praktikable Lösung zu finden, ist die Kette der Vermutungen nochmals anzuführen. So wird von jedem in Mehrheitsbe-

---

[499] Vgl. §§ 319 Abs. 4 und 327 Abs. 3 AktG. Die Eintragung in das Handelsregister hat konstitutiven Charakter. Vgl. § 319 Abs. 7 AktG. Die Eingliederung wird nicht in das Handelsregister der Hauptgesellschaft eingetragen. Vgl. Würdinger, H. (Aktienrecht, 1981), S. 315. Vgl. grundsätzlich zur Eintragung in das Handelsregister §§ 8 ff. HGB, Burgard, U. (Offenlegung, 1990), S. 28 ff.

[500] Vgl. § 294 AktG. §§ 53, 54 Abs. 1 GmbHG analog, da der Beherrschungsvertrag als Satzungsänderung qualifiziert wird. Vgl. BGH, Urteil vom 24.10.1988 - II ZB 7/88, 'Supermarkt-Urteil', S. 324 ff., Emmerich, V. (Stand, 1987), S. 6.

sitz stehenden Unternehmen vermutet, daß es von dem mit Mehrheit Beteiligten abhängig ist.[501]

Von jedem abhängigen Unternehmen wiederum ist zu vermuten, daß es mit dem herrschenden Unternehmen, wenn kein Eingliederungs- oder Vertragskonzern besteht, einen faktischen Konzern bildet.[502] Da diese Vermutungen, wie aufgezeigt, nur selten widerlegt werden können,[503] genügt für die Erfassung der faktischen Konzerne in den meisten Fällen die Erfassung der Mehrheitsbeteiligungen, um Kreditnehmereinheiten bilden zu können. Darüber hinaus sind, der Vollständigkeit halber, noch die neben der Mehrheitsbeteiligung bestehenden Grundlagen für das Vorliegen von Abhängigkeit zu überprüfen.

Die Abgrenzung zwischen dem einfachen faktischen Konzern und dem qualifizierten faktischen Konzern ist angesichts der vorhergehenden Ausführungen für die Bildung von Kreditnehmereinheiten nicht relevant.

Informationsquellen, um Gleichordnungskonzerne zu erkennen

Die Bildung von Kreditnehmereinheiten, die auf Zugehörigkeit zu einem Gleichordnungskonzern basieren, ist mit Problemen behaftet, da die einheitliche Leitung häufig auf einer GbR basiert, die nur im Innenverhältnis besteht und damit nicht an die Öffentlichkeit dringt.

Für die Bank bietet sich als praktikable Lösung die Frage nach Bestehen eines Gleichordnungskonzerns im Kundengespräch an. Auch sind Nachschlagewerke, die Gleichordnungskonzerne mit aufnehmen wie z. B. das von der Commerzbank AG aufgelegte Werk 'wer gehört zu wem?' zu nutzen.[504] Weitere Hinweise ergeben sich aus den in Kapitel 2.3.3.2, S. 64 ff. bereits beschriebenen personellen Verflechtungen.

---

[501] Vgl. Abhängigkeitsvermutung gemäß § 17 Abs. 2 AktG.

[502] Vgl. Konzernvermutung gemäß § 18 Abs. 1 Satz 3 AktG.

[503] Vgl. Kapitel 2.3.2, S. 24 ff., Kapitel 2.3.3, S. 39 ff.

[504] Einschränkend muß angemerkt werden, daß in diesem Werk nur Unternehmen ab DM 1 Mio. Nominalkapital aufgeführt werden. Auch wird es lediglich im 3-Jahres-Rythmus aufgelegt, und die Informationen sind von der Publizitätsbereitschaft der Unternehmen abhängig. Vgl. Commerzbank AG (Hrsg.) (wer gehört zu wem, 1994), S. 5.

112

Informationsquellen, um das Bestehen von Gewinnabführungsverträgen zu erkennen

Sollten trotz der in dieser Arbeit vertretenen Unzulässigkeit des isolierten Gewinnabführungsvertrages bei der AG und der für die Begründung steuerrechtlicher Organschaft geltenden Unbrauchbarkeit bei der GmbH dennoch isolierte Gewinnabführungsverträge bestehen, wird die Erfassung eines Gewinnabführungsvertrages durch die Eintragung ins Handelsregister der abführenden AG oder GmbH ermöglicht.[505]

Informationsquellen, um eine Beteiligung an einer GbR oder an einer Erbengemeinschaft zu erkennen

Die Tatsache, ob eine wie auch immer geartete GbR oder Erbengemeinschaft vorliegt, ist aufgrund fehlender Registerpublizität nur im Kundengespräch ausfindig zu machen. Bei jeglicher Form einer GbR ist die Vorlage und genaue Prüfung des Gesellschaftsvertrages unerläßlich, um Kreditnehmereinheiten bilden zu können.
Um die Beteiligung an einer Erbengemeinschaft nachzuweisen, ist von der Erbengemeinschaft der Erbschein vorzulegen.

Informationsquellen, um die Beteiligung an einer Personenhandelsgesellschaft zu erkennen

Die OHG und die KG sind mit Angabe aller Gesellschafter in das Handelsregister einzutragen, wobei die Kommanditisten mit dem Betrag ihrer Vermögenseinlage anzugeben sind.[506] Damit ist die Erfassung aller persönlich haftenden Gesellschafter durch einen Handelsregisterauszug einfach zu bewerkstelligen.

---

[505] Vgl. § 294 AktG, § 294 AktG analog, §§ 53, 54 GmbHG. Ein Gewinnabführungsvertrag ist wie eine Satzungsänderung zu behandeln und daher ins Handelsregister einzutragen. Vgl. Scholz, F. (GmbH-Gesetz, 1993), S. 1853, Rn. 328 m. w. N.

[506] Vgl. § 106 HGB, § 162 HBG.

113

Informationsquellen, um eine Zweck- und Wirtschaftsgemeinschaft bei einer Ehegemeinschaft zu erkennen

Um festzustellen, ob bei einer Ehegemeinschaft eine Zweck- und Wirtschaftsgemeinschaft im Sinne des KWG vorliegt, sind folgende Indizien zu berücksichtigen:[507]

- Betriebsaufspaltung
- Branchengleichheit oder -ähnlichkeit
- Vollmachtserteilung
- Geschäftsführertätigkeit in den Unternehmen
- Darlehensgewährung der Ehegatten untereinander
- Vereinbarung einer gesamtschuldnerischen Haftung
- gegenseitige Sicherheitenstellung (z. B. Grundschulden)
- Gütergemeinschaft
- Führung von betrieblichen Gemeinschaftskonten
- gegenseitige Verpachtung/Vermietung
- wirtschaftliche Abhängigkeit des einen Ehegatten (oder seines Betriebes) von dem anderen Ehegatten
- Vertrieb der von einem Ehegatten (bzw. seinem Unternehmen) hergestellten Produkte durch den anderen Ehegatten.

Liegt neben den Merkmalen Gütergemeinschaft und gegenseitige Sicherheitenstellung noch mindestens ein weiteres der genannten Indizien vor, ist eine Zweck- und Wirtschaftsgemeinschaft anzunehmen.

Informationsquellen, um 'Strohmann-Kreditverhältnisse' zu erkennen

Für eine Zusammenfassung unter der Voraussetzung 'Strohmann-Kreditverhältnis' muß der Bank die 'Strohmann-Eigenschaft' bekannt sein.[508] Dies dürfte im allgemeinen dann der Fall sein, wenn der der Bank gegenüber in Erscheinung tretende Kreditnehmer den ausgezahlten Kredit an einen Dritten weiterleitet, der den Kapitaldienst entweder

---

[507] Vgl. hierzu und zum folgenden Landeszentralbank in Bayern, Schreiben vom 29.6.1992 Nr. B 422/92, V 2 3018 S, Mitteilung Nr. 16, S. 1 ff.

[508] Vgl. hierzu und zum folgenden BAK, Schreiben vom 21.10.1976 - I 3 - 236 - 20/76, S. 1 ff.

direkt oder über den 'Strohmann' erbringt. Als Indizien für eine solche Konstellation können der angegebene Verwendungszweck für den Kredit oder eine Sicherheitenstellung durch den Dritten dienen.[509] Auch wenn der Dritte bei den Verhandlungen für die Kreditvergabe involviert ist, kann dies ein Indiz für ein 'Strohmann-Kreditverhältnis' sein.

Nachdem die Informationsquellen für die einzelnen Möglichkeiten zur Bildung von Kreditnehmereinheiten näher ausgeführt wurden, soll der Blick an Hand eines Beispieles auf die praktische Anwendbarkeit und weitere allgemein nutzbare Informationsquellen gerichtet werden.

Bei Mehrheitsbeteiligung, Abhängigkeit, Eingliederung, Beherrschungsvertrag und Gewinnabführungsvertrag handelt es sich um bilaterale Beziehungen, im Falle von Konzernen um multilaterale Beziehungen, die aber ihrerseits auf bilateralen Zusammenhängen basieren.[510] An Hand der in Kapitel 2.7, S. 95 ff. aufgeführten Beispiele sind Zusammenfassungen, die sich auf mehrere Beteiligte mit verschiedenen Grundlagen der Bildung von Kreditnehmereinheiten erstrecken, ohne besondere Schwierigkeiten nachvollziehbar, da die Bekanntheit der Zusammenhänge unterstellt wurde.

Wenn man sich jedoch die Tatsache vergegenwärtigt, daß die Zusammenhänge zwischen den Teilen einer Kreditnehmereinheit in der Praxis häufig unbekannt sind, ergeben sich Problemkreise, die einer genaueren Betrachtung bedürfen und am folgenden Beispiel verdeutlicht werden.

Es sei der Fall gegeben, daß die Bank mit einem potentiellen Kreditnehmer in Kreditverhandlungen steht. Unter Risikoaspekten ist die Bank sowohl daran interessiert als auch gesetzlich verpflichtet, ausfindig zu machen, ob der Kreditnehmer einer Kreditnehmereinheit angehört und wenn ja, wie sich diese zusammensetzt. Anhand eines

---

[509] Vgl. hierzu und zum folgenden Reischauer, F./ Kleinhans, J. (Kreditwesengesetz, 1963,1996), zu § 19, S. 30 b ff., Rn. 37, Bisani, H. P. (Risikoeinheiten, 1996), S. 137.

[510] Vgl. Geßler, E. (Aktiengesetz 1, 1973), zu § 15, S. 193, Rn. 66, Koppensteiner, H.-G. (Kölner Kommentar, 1988), zu § 15, S. 155, Rn. 3, Kapitel 2.3, S. 14 ff. Durch die Zurechnungsmethode des § 16 Abs. 4 AktG wird von den bilateralen Zusammenhängen ebenfalls abgewichen. Vgl. auch Clausen, U. (Unternehmen, 1992), S. 113.

Handelsregisterauszuges stellt die Bank fest, daß eine Mehrheitsbeteiligung[511] an dem Kreditnehmer besteht und wer mit Mehrheit beteiligt ist. Im nächsten Schritt soll herausgefunden werden, welche Unternehmen[512] der Kreditnehmereinheit noch angehören. Da jedoch der Tatbestand der Mehrheitsbeteiligung nicht im Handelsregister des mit Mehrheit beteiligten Unternehmens eingetragen ist, kann zumindest durch eine Einsicht in dessen Handelsregisterauszug nicht erkannt werden, mit welchen Unternehmen das mit Mehrheit beteiligte Unternehmen darüber hinaus verbunden ist. Da eine Einsicht in das Handelsregister von jedermann leicht vorzunehmen ist,[513] wäre es zu begrüssen, daß Tatbestände wie Mehrheitsbeteiligungen, Beherrschungsverträge, Gewinnabführungsverträge und Eingliederungen immer bei beiden beteiligten Parteien in das Handelsregister eingetragen werden.[514] Eine Erhöhung der Transparenz bei Unternehmensverbindungen wäre die unmittelbare Folge. Da bis dato das Handelsregister diese Erkenntnisse nicht ermöglicht, ist weiterhin zu untersuchen, wie die Verbindungen sonst ermittelt werden können.

Eine weitere Möglichkeit ist die Einsicht in die Jahresabschlußunterlagen und dort speziell hinsichtlich der Angaben über verbundene Unternehmen.[515] Aus diesen Unterlagen kann ersehen werden, welche Unternehmen auf welcher Grundlage wie z. B. Beherrschungsvertrag verbunden sind. Die erforderlichen Unterlagen sind, um bei dem Beispiel zu bleiben, von dem Kreditnehmer einer Kreditnehmereinheit, der direkt Kredit beanspruchen will, ohne besondere Probleme zu erhalten, da die Vorlage in der Regel eine Auszahlungsvoraussetzung für die Kreditvaluta ist. Schwieriger wird die Sachlage, wenn die Bank entsprechende Unterlagen von dem mit Mehrheit beteiligten Unternehmen einsehen will, das unmittelbar keinen Kredit beansprucht. Dabei ist zwischen publizitätspflichtigen beziehungsweise freiwillig publizierenden und nicht publizitätspflichtigen beziehungsweise nicht freiwillig publizierenden Unternehmen zu

---

[511] Die folgenden Ausführungen gelten in gleicher Weise für den Beherrschungsvertrag und den Gewinnabführungsvertrag.

[512] Wenn in diesem Zusammenhang von Unternehmen die Rede ist, gilt das gleiche auch für Personen.

[513] Vgl. § 9 HBG. Ein berechtigtes Interesse muß nicht nachgewiesen werden und es kann auch eine Abschrift verlangt werden. Die Handelsregister-Nummer ist z. B. bei Aktiengesellschaften auch aus den Briefkopfangaben zu ersehen. Vgl. § 80 AktG.

[514] Vgl. auch Burgard, U. (Offenlegung, 1990), S. 94. Zu weiterer, allgemeiner Kritik an der Publizität durch das Handelsregister vgl. ders., S. 41 ff.

[515] Vgl. zur bilanzrechtlichen Offenlegungspflicht Burgard, U. (Offenlegung, 1990), S. 108 ff.

unterscheiden. Bei den ersteren ist eine Einsicht und Überprüfung der Jahresabschlußunterlagen hinsichtlich verbundener Unternehmen auf einfache Art und Weise
möglich,[516] bei den letzteren wird gerade aufgrund der fehlenden Publizität eine Überprüfung der Jahresabschlußunterlagen mit besonderen Schwierigkeiten hinsichtlich der
Erhältlichkeit der Unterlagen verbunden sein. Dennoch ist die Bank verpflichtet, die
erforderlichen Unterlagen einzuholen. Durch einen entsprechenden Passus im Kreditvertrag könnte dieser Forderung der Bank Nachdruck verliehen werden.

Als weitere praktikable Möglichkeit bleibt, die Thematik 'Kreditnehmereinheit' explizit im Kundengespräch aufzugreifen und die Vorlage eines 'Organigrammes' des
Unternehmensverbundes und aller bestehenden Beteiligungen zu fordern, welches
wiederum hinsichtlich der verschiedenen Möglichkeiten zur Bildung von Kreditnehmereinheit zu überprüfen ist.

Zudem können, falls schon längere Zeit eine Kontoverbindung besteht, Empfänger und
Verwendungszwecke von Zahlungen auf des Bestehen einer Kreditnehmereinheit hin
überprüft werden.

Auch Informationsschriften wie „Wer gehört zu wem?" sowie „Leitende Männer und
Frauen der Wirtschaft" können Unternehmensverbindungen transparenter werden
lassen.[517]

Darüber hinaus können auch die kostenpflichtigen Dienste von Auskunfteien wie des
Verbandes der Vereine Creditreform oder Dun & Bradstreet Schimmelpfeng GmbH in
Anspruch genommen werden.[518] Diese bieten Spezialauskünfte an, die auch zur
Existenz von verbundenen Unternehmen Stellung nehmen. Auch können Bankaus-
künfte angefordert werden, die diese Fragestellung beantworten. Jedoch sollte sich die
Bank immer vor Augen halten, daß die Auswertung dieser Informationsquellen teil-
weise mit erheblichem Aufwand verbunden ist und daher eine Selektion dahingehend
vorgenommen werden sollte, daß nur bei Kreditnehmereinheiten, bei denen Unklarhei-

---

[516] Man beachte die Ausnahmen gemäß §§ 266 Abs. 1 Satz 3 und 267 Abs. 1 HGB.

[517] Vgl. Commerzbank AG (Hrsg.) (wer gehört zu wem, 1994), S. 1 ff., Hoppenstedt GmbH (Hrsg.)
(Leitende, 1996), S. 1 ff.

[518] Vgl hierzu und zum folgenden Wobbe-Sahm, G. (Auskunftei, 1982), S. 26, 144.

ten hinsichtlich der Bildung bestehen, umfangreichere Nachforschungen betrieben werden.

Es ist offensichtlich, daß als Basis für die Bildung von Kreditnehmereinheiten vielfältige Informationsquellen genutzt werden können und müssen.

Eine Evidenzzentrale der Kreditwirtschaft für sämtliche Kreditnehmereinheiten, die von unabhängigen Prüfern kontrolliert wird, wäre eine sinnvolle Ergänzung hinsichtlich der Informationsbasis der einzelnen Banken. Somit wäre nicht jedes Institut gezwungen, alle Informationen selbst zu beschaffen und diese zu verwerten.

Nach den Ausführungen zur Bildung von Kreditnehmereinheiten sowie der Darstellung der Informationsquellen, die als Grundlage für deren Bildung dienen, wird auf die Fragestellung, welche Besonderheiten in der Beziehung zwischen Bank und Kreditnehmereinheit bestehen und welche Folgen sich für die Bonitätsprüfung ergeben, näher eingegangen. Im folgenden Kapitel wird die Principal-Agent-Theorie herangezogen, um dieser Frage nachzugehen.

3 Analyse der Informationsasymmetrie in der Beziehung zwischen der kreditgebenden Bank und der Kreditnehmereinheit mit Hilfe der Principal-Agent-Theorie

Durch das fortgeschrittene Stadium der Arbeitsteilung in der Industriegesellschaft werden die Informationen hinsichtlich der jeweiligen Fachgebiete immer umfangreicher.[519] Es ist daher nicht mehr möglich, daß allen Beteiligten dieselben Informationen in identischer Qualität zugänglich und verständlich sind. Folglich hat jeder Akteur auf seinem Gebiet häufig erhebliche Informationsvorteile. Im Rahmen der Arbeitsteilung übernehmen die kreditgebenden Banken die Funktion der Kapitalbereitstellung gegen Leistung von Zinszahlungen, während die Kreditnehmereinheiten unter Verwendung des zur Verfügung gestellten Kapitals z. B. produzieren und/oder Dienstleisungen erbringen. Um ein Zusammenwirken der arbeitsteiligen Leistungserstellung zu ermöglichen, sind sowohl die Bank als auch die Kreditnehmereinheit gezwungen, jeweils zu den Zielen des anderen beizutragen und miteinander zu kooperieren. Hinsichtlich der Informationen, die der Bank und der Kreditnehmereinheit zur Verfügung stehen, besteht Asymmetrie. Das Vorliegen derartiger Informationsasymmetrie führt zu dem Erklärungsansatz der Principal-Agent-Theorie.[520]

Die Principal-Agent-Theorie ist neben der Property-Rights-Theorie und der Transaktionskosten-Theorie ein Teil der neuen institutionellen Ökonomie, in deren Mittelpunkt die Nutzenmaximierung des Einzelnen steht.[521]

Im folgenden werden zunächst die Grundlagen der Principal-Agent-Theorie und die Ausprägungen asymmetrischer Informationsverteilung jeweils im Hinblick auf eine Kreditbeziehung dargestellt, um das grundsätzliche Verständnis für diese spezielle Beziehung zu erreichen. Anschließend wird, basierend auf den ausgeführten Grundlagen, die Beziehung zwischen der kreditgebenden Bank und der Kreditnehmereinheit

---

[519] Vgl. hierzu und zum folgenden Dietl, H. (Zeit, 1993), S. 131 f., Pratt, J. W./ Zeckhauser, R. J. (Agents, 1985), S. 2.

[520] Vgl. Pratt, J. W./ Zeckhauser, R. J. (Agents, 1985), S. 4 ff., Dietl, H. (Zeit, 1993), S. 134 ff., 148, Arrow, K. J. (Economics, 1985), S. 44.

[521] Vgl. Picot, A. (Führung, 1987), Sp. 1588, Hax, H. (Information, 1991), S. 56, Williamson, O. E. (Governance, 1984), S. 198 ff., zu den Ansätzen der neuen institutionellen Ökonomie vgl. Terberger, E. (Ansätze, 1993), S. 1 ff.

analysiert, um zu prüfen, ob und warum eine Bonitätsprüfung nicht nur bei einzelen Kreditnehmern sondern auch bei Kreditnehmereinheiten durchzuführen ist.

3.1 Grundlagen der Principal-Agent-Theorie im Hinblick auf die Beziehung zwischen der kreditgebenden Bank und einem Kreditnehmer

In der Principal-Agent-Theorie wird von der Konstellation ausgegangen, daß zwei Individuen[522] existieren, von denen das eine die Rolle des Principal und das andere die des Agent innehat.[523] Immer wenn ein Principal von der Handlung eines Agent abhängig ist, entsteht eine Principal-Agent-Beziehung. Die Besonderheit einer solchen Beziehung liegt in der Tatsache begründet, daß der Agent aus vielen Handlungsmöglichkeiten eine auswählen kann, wobei das Handlungsergebnis nicht nur sein eigenes Nutzenniveau beeinflußt, sondern auch das des Principal.

In einer Kreditbeziehung[524] durch einen Kreditvertrag[525] ist die Bank in der Rolle des Principal und der Kreditnehmer[526] in der des Agent.[527] Diese Rollenverteilung ergibt sich aus der Tatsache, daß der Principal (Bank) dem Agent (Kreditnehmer) einen Betrag zur Verfügung stellt, mit dem der Kreditnehmer eine Investition aus vielen möglichen Investitionen tätigt, die seinen Nutzen maximieren soll. Da der Agent jedoch die Überlassung des Betrages durch Zinszahlungen vergüten und den Betrag durch Til-

---

[522] Hier kann es sich auch um Gruppen von Individuen handeln.

[523] Vgl. hierzu und zum folgenden Pratt, J. W./ Zeckhauser, R. J. (Agents, 1985), S. 2. Es gibt neben der hier bevorzugten Definition von Principal-Agent-Beziehungen noch andere Definitionen, die an einem Auftragsverhältnis anknüpfen und dadurch den Anwendungskreis für die Principal-Agent-Theorie unnötig einschränken. Vgl. Ross, S. A. (Economic Theory, 1973), S. 134, Jensen, M. C./ Meckling, W. H. (Firm, 1976), S. 308, Picot, A. (Kommunikation, 1989), S. 370.

[524] Vgl. zu weiteren Beziehungen, die mit Hilfe der Principal-Agent-Theorie analysiert werden können, Pratt, J. W./ Zeckhauser, R. J. (Agents, 1985), S. 2, Oder, B. (Eigentümerkontrolle, 1989), S. 261 ff., Dietl, H. (Zeit, 1993), S. 133 f., Braverman, A./ Stiglitz, J. E. (Sharecropping, 1982), S. 695 ff., Rothschild, M./ Stiglitz, J. (Equilibrium, 1976), S. 629 ff., Mirrlees, J. A. (Structure, 1976), S. 105 ff., Holmström, B. (Moral Hazard, 1982), S. 324 ff., Ross, S. A. (Economic Theory, 1973), S. 134, Spremann, K. (Agent, 1987), S. 3.

[525] Vgl. Wagenhofer, A. (Haftungsbeschränkung, 1993), S. 247. Vgl. zur Abgrenzung eines Kreditvertrages zu einem Ergebnisbeteiligungsvertrag Hax, H. (Debt, 1990), S. 111 f.

[526] Beim Kreditnehmerbegriff wird angenommen, daß es zwischen Managern und Anteilseignern keine Agency-Probleme gibt.

[527] Vgl. hierzu und zum folgenden Hax, H. (Debt, 1990), S. 111.

gungsleistungen wieder zurückführen muß, ist auch das Nutzenniveau der Bank beeinflußt. Werden z. B. die Zinszahlungen nicht termingerecht geleistet, entsteht der Bank dadurch ein Schaden, da sie sich die entsprechenden Mittel für die Zeit der Verzögerung zu einem höheren Zins z. B. vom Geldmarkt beschaffen muß.[528]

Die Principal-Agent-Theorie geht von zwei Grundannahmen aus. Die erste Annahme lautet, daß zwischen Principal und Agent Informationsasymetrie herrscht, d. h. daß der Agent spezifische Informationen hat, die dem Principal nicht zur Verfügung stehen.[529] Zweitens wird dem Agent opportunistisches Verhalten unterstellt. Er maximiert mit Hilfe seines Informationsvorsprungs den eigenen Nutzen, auch wenn dies nur auf Kosten des Principal möglich ist. Dadurch nutzt der Agent die bestehenden Handlungsspielräume zu seinen Gunsten. Auch dem Principal wird Maximierung seines Nutzens unterstellt.[530]

Die Grundannahme, daß zwischen Principal und Agent Informationsasymmetrie herrscht, ist in einer Kreditbeziehung leicht zu erkennen.[531] Da die Kreditnehmer in der Art ihres geschäftlichen Engagements sehr heterogen sind,[532] kann die Bank nicht in jedem Geschäftsbereich den gleichen Informationsstand haben wie der einzelne Kreditnehmer. Diese Schlußfolgerung ergibt sich aus der fortgeschrittenen Form der Arbeitsteilung. Auch in einer Kreditbeziehung ist beiderseitige Nutzenmaximierung zu unterstellen.

Zwei weitere grundlegende Probleme in der Principal-Agent-Theorie sind die Risikoverteilung und das Anreizproblem.
Da es sich bei der Principal-Agent-Theorie aufgrund der Informationsasymmetrie und der Nutzenmaximierung aller Beteiligten um eine mit Unsicherheit behaftete Beziehung handelt, stellt sich unmittelbar die Frage nach der Verteilung des Risikos auf

---

[528] Vgl. Mühlhaupt, L. (Einführung, 1980), S. 189, 220.

[529] Vgl. hierzu und zum folgenden Pratt, J. W./ Zeckhauser, R. J. (Agents, 1985), S. 4 ff., Dietl, H. (Zeit, 1993), S. 134 ff., 148, Arrow, K. J. (Economics, 1985), S. 44, Williamson, O. E. (Governance, 1984), S. 198 ff.

[530] Vgl. Ross, S. A. (Economic Theory, 1973), S. 134, Arrow, K. J. (Economics, 1985), S. 44.

[531] Vgl. Uhlir, H./ Aussenegg, W. (Grundfragen, 1993), S. 163.

[532] So zählen zu den Kreditnehmern beispielsweise alle Arten von produzierenden Unternehmen sowie Dienstleistungsunternehmen.

Principal und Agent, welches durch exogene Einflüsse und durch die Handlungen des Agent entsteht.[533] Dabei spielt die Risikopräferenz von Principal und Agent eine Rolle, die auf deren jeweiliger Nutzenfunktion beruht.

Da sowohl Principal als auch Agent ex ante nicht wissen, wie sich die Investition entwickeln wird, liegt zum Kreditvergabezeitpunkt[534] Unsicherheit vor.[535] Das sich daraus ergebende Risiko hinsichtlich des Handlungsergebnisses soll verteilt werden. Dieses besteht für die Bank in einer Kreditbeziehung im Kreditausfallrisiko.[536] Im Falle der hier darzustellenden Kreditbeziehung, d. h. bei Zahlung eines festen Zinssatzes[537] sowie fester Tilgungsleistungen, trägt der Agent zunächst das volle Risiko.[538] Der Principal erhält seine feste Vergütung in Form von Zinsen und den vereinbarten Tilgungsleistungen. Dies gilt jedoch nur, solange die Möglichkeit der Zahlungsunfähigkeit des Agent ausgeschlossen wird. Obwohl diese Möglichkeit bei Beginn einer Kreditbeziehung als gering eingestuft wird, da diese sonst überhaupt nicht zustande kommen würde, muß sie dennoch in die Überlegungen mit einbezogen werden.[539] Bei völliger oder teilweiser Zahlungsunfähigkeit des Kreditnehmers, d. h. bei Eintritt des Kreditausfalles, stellt sich die Frage, ob die Bank die Möglichkeit hat, ihre Ansprüche auf Zins- und Tilgungsleistung trotz Zahlungsunfähigkeit in vollem Umfang zu realisieren.[540] Dies hätte zur Folge, daß sie vermögensmäßig so gestellt wird, als ob die Kreditbeziehung planmäßig beendet worden wäre. Dieser Fall liegt beispielsweise vor,

---

[533] Vgl. hierzu und zum folgenden Ross, S. A. (Economic Theory, 1973), S. 134, Petersen, T. (Delegationsproblem, 1989), S. 111, Neus, W. (Agency-Theorie, 1989), S. 15, Dietl, H. (Zeit, 1993), S. 135, Spremann, K. (Agent, 1987), S. 11 ff. Weiterführende Literatur zum Zusammenhang zwischen Nutzenfunktion und Risikopräferenz vgl. Petersen, T. (Delegationsproblem, 1989), S. 112 ff., Shavell, S. (Risk sharing, 1979), S. 55 ff.

[534] Das gleiche gilt für den Zeitpunkt der Kreditprolongation.

[535] Vgl. hierzu und zum folgenden Hax, H. (Debt, 1990), S. 111.

[536] Vgl. Uhlir, H./ Aussenegg, W. (Grundfragen, 1993), S. 164.

[537] Hier kann es sich auch um variable Zinssätze handeln, die an die Bewegungen des Kapitalmarkt gekoppelt sind. Wichtig ist nur die Tatsache, daß es sich nicht um irgendeine Art der Erfolgsbeteiligung handelt.

[538] Der Agent ist somit risikoneutral. Vgl. Wagenhofer, A. (Haftungsbeschränkung, 1993), S. 242.

[539] Vgl. Brakensiek, T. (Kreditausfallrisiken, 1991), S. 71 f., 78, o. V. (Pleiten, 1996), S. 27, o. V. (Nachkriegsrekord, 1997), S. 28, Creditreform Wirtschafts- und Konjunkturforschung (Hrsg.) (Insolvenzen 1996/97, 1997), S. 6 ff.

[540] Vgl. hierzu und zum folgenden Bitz, M./ Hemmerde, W./ Rausch, W. (Reformvorschläge, 1986), S. 8, Janschek, O. (Gläubigerschutz, 1993), S. 93.

wenn der Agent Sicherheiten gestellt hat, aus denen sich der Principal vollständig befriedigen kann.

Decken die Beträge, die im Falle der Zahlungsunfähigkeit aus der Verwertung der Sicherheiten zu erlangen sind, die Kreditsumme einschließlich aller Zinsen und Kosten ab, bleibt die oben beschriebene Risikoverteilung bestehen. Es besteht aber auch die Möglichkeit, daß die Bank die ihr zustehenden Ansprüche nur zu einem Bruchteil oder gar nicht mehr realisieren kann und daher Verluste erleidet.[541] Das ist z. B. der Fall, wenn keine Sicherheiten gestellt wurden bzw. diese nicht ausreichen, um die gesamte Kreditsumme abzudecken.[542] Aus den aufgeführten Gründen ergibt sich eine asymmetrische Risikoverteilung.[543] Die Bank erhält maximal die fest vereinbarten Zinszahlungen, muß jedoch im Falle von Zahlungsunfähigkeit des Kreditnehmers bei unzureichender Sicherheitenstellung einen oft erheblichen Teil des Kreditausfalles tragen.

Des weiteren muß der Principal Anreize bieten, die den Agent dazu motivieren, eine für den Principal optimale Anstrengung zu erbringen.[544]

Es wird angenommen, daß für den Principal nur das Ergebnis, nicht aber die Handlung selbst sichtbar ist. Dies hat zur Folge, daß nur second-best Lösungen existieren.[545] Unter second-best Lösungen versteht man Lösungen, die in Relation zur gegebenen Information am besten sind. Läge vollständige Information vor, wären es first-best Lösungen.

Angesichts der asymmetrischen Risikoverteilung kann es für den kreditnehmenden Agent nutzenmaximierend sein, besonders risikoreiche Investitionen einzugehen, die bei positivem Verlauf hohe Erträge erwarten lassen und bei negativem Verlauf zumin-

---

[541]   Vgl. Bitz, M./ Hemmerde, W./ Rausch, W. (Reformvorschläge, 1986), S. 8, Hartmann-Wendels, Th. (Kapitalmarkt, 1991), S. 142.

[542]   Eine gewisse Sicherheit bieten noch die gesetzlichen Konkursvorschriften, nach denen Fremdkapitalgeber, meist in Form einer Konkursquote, vor Eigenkapitalgebern befriedigt werden müssen. Vgl. Hax, H. (Debt, 1990), S. 111, Obermüller, M. (Konkurs, 1985), S. 30 ff., Rn. 42 e ff.

[543]   Vgl. hierzu und zum folgenden Stiglitz, J. E./ Weiss, A. (Credit Rationing, 1981), S. 401.

[544]   Vgl. Harris, M./ Raviv, A. (Incentive, 1979), S. 231 ff., Pratt, J. W./ Zeckhauser, R. J. (Agents, 1985), S. 2, Kah, A. (Profitcenter-Steuerung, 1994), S. 3, Barnea, A./ Haugen, R. A./ Senbet, L. W. (Problems, 1985), S. 27 f., Ross, S. A. (Economic Theory, 1973), S. 134 f.

[545]   Vgl. hierzu und zum folgenden Pratt, J. W./ Zeckhauser, R. J. (Agents, 1985), S. 3, Barnea, A./ Haugen, R. A./ Senbet, L. W. (Problems, 1985), S. 29.

dest einen Teil des Risikos auf die Bank übertragen.[546] Daher ist es für die Bank als Principal unabdinglich, Anreize für den Kreditnehmer als Agent zu finden, die diesen dazu bringen, im Sinne der Bank zu handeln und diese Anreize, wenn möglich, in den Kreditvertrag aufzunehmen.[547] Da die Bank nicht (oder nur verbunden mit hohen Kosten) die Handlungen des Kreditnehmers, sondern nur das Ergebnis beobachten oder beurteilen kann, existieren auch in einer Kreditbeziehung keine first-best Lösungen.

In einer Welt, in der Informationen jedem jederzeit kostenlos zur Verfügung stehen oder die Interessenlage der Individuen identisch ist, existiert kein Principal-Agent-Problem.[548] Kein Agent könnte oder wollte seine Informationsvorteile zu Lasten des Principal nutzen. Es würde ein pareto-optimaler,[549] d. h. first-best Zustand entstehen. Da dies in der Realität jedoch nicht der Fall ist, gibt es lediglich second-best Zustände. Der Unterschied zwischen first-best und second-best Zuständen ist mit Kosten verbunden, den sogenannten **Agency-Kosten**.[550] Die Agency-Kosten entstehen einerseits durch Überwachungs- und Kontrollkosten des Principal, andererseits durch Garantiekosten des Agent. Des weiteren existiert ein noch verbleibender Wohlfahrtsverlust, Residualverlust genannt, da auch durch Kostenoptimierung kein first-best Zustand erreicht werden kann.

Je größer die Informationsasymmetrie, desto wichtiger ist **Signaling** durch den Agent.[551] Signaling zeigt dem Principal, daß der Agent vertrauenswürdig ist und eine

---

[546] Vgl. hierzu und zum folgenden Hax, H. (Debt, 1990), S. 111, Wagenhofer, A. (Haftungsbeschränkung, 1993), S. 248, Hartmann-Wendels, Th. (Kapitalmarkt, 1991), S. 142, Shavell, S. (Risk sharing, 1979), S. 55, vgl. zu weiteren Handlungsmöglichkeiten, die das Risiko des Principal erhöhen Wagenhofer, A. (Haftungsbeschränkung, 1993), S. 248 f.

[547] Vgl. Hax, H. (Debt, 1990), S. 111, Holmström, B. (Observability, 1979), S. 74 ff.

[548] Vgl. hierzu und zum folgenden Ross, S. A. (Economic Theory, 1973), S. 138, Barnea, A./ Haugen, R. A./ Senbet, L. W. (Problems, 1985), S. 26.

[549] Ein Zustand ist dann pareto-optimal, wenn kein anderer Zustand den Nutzen der einen Partei erhöhen kann, ohne den der anderen Partei zu vermindern. Vgl. Böventer, von E./ Illing, G. (Mikroökonomie, 1995), S. 255 ff.

[550] Vgl. hierzu und zum folgenden Jensen, M. C./ Meckling, W. H. (Firm, 1976), S. 308 ff., Fama, E. F./ Jensen, M. C. (Residual Claims, 1983), S. 327 ff., Hartmann-Wendels, Th. (Kapitalmarkt, 1991), S. 140 ff., zu Signalisierungskosten vgl. Spence, A. M. (Job Market, 1973), S. 355 ff. Agency-Kosten können auch als Wert der perfekten Information definiert werden, d. h. wieviel würde der Principal für Informationen bezahlen, um alle Handlungen des Agent vollständig beobachten zu können. Daraus ergibt sich gleichzeitig die Obergrenze für die Überwachungskosten. Vgl. Spremann, K. (Agent, 1987), S. 8.

[551] Vgl. hierzu und zum folgenden Dietl, H. (Zeit, 1993), S. 136.

124

Austauschbeziehung aufgenommen werden kann. Unter Signaling ist z. B. die regelmäßige und zeitnahe Vorlage von Jahresabschlüssen sowie weiterer Unterlagen wie
Vermögensaufstellungen und Gehaltsbescheinigungen natürlicher Personen zu verstehen. Auch die Stellung von werthaltigen Sicherheiten über den Kreditbetrag hinaus[552] oder das Einbringen von Eigenkapital in eine von der Bank finanzierte Investition[553] signalisieren der Bank, daß sie Vertrauen in den geplanten Verwendungszweck
setzen kann.[554] Dieses Vorgehen für sich allein genommen genügt jedoch nicht, um die
Agency-Kosten wirksam zu verringern. Darüber hinaus ist die Bank bestrebt, durch
Überwachung und Kontrolle der Handlungen des Kreditnehmers, die Handlungsspielräume des Agent einzuschränken.

Der Vorgang der Überprüfung wird **Screening** genannt.[555] Darunter fällt die Auswertung der oben aufgeführten Unterlagen des Kreditnehmers, die Bewertung von vor-
handenem Grund- und Immobilieneigentum nach den Bewertungsmaßstäben der Bank
und auch die Einholung von Auskünften über den Kreditnehmer von anderen Banken
oder Auskunfteien. Diese Überwachungs- und Kontrollmaßnahmen können in einer
Kreditbeziehung unter den Begriff **Bonitätsprüfung** subsumiert werden.[556]

So entstehen für die Bank Kosten, um die Handlungen des Kreditnehmers zu überwachen und zu kontrollieren, sowie für den Kreditnehmer Kosten, um der Bank zu zeigen,
daß sie in sein Handeln Vertrauen setzen kann und er nicht gegen die Interessen der
Bank handeln wird.[557] Da die Informationsasymmetrie in einer Kreditbeziehung, re-
sultierend aus der Heterogenität der Kreditnehmer, häufig besonders ausgeprägt ist, ist
umfangreiches Signaling sowie Screening unabdingbar.[558]

---

[552] Vgl. Barnea, A./ Haugen, R. A./ Senbet, L. W. (Problems, 1985), S. 38.

[553] Vgl. Wagenhofer, A. (Haftungsbeschränkung, 1993), S. 249 m. w. N.

[554] Vgl. Hax, H. (Debt, 1990), S. 111.

[555] Die Überwachung der Handlungen des Agent durch den Principal werden auch 'Monitoring'
genannt. Vgl. z. B. Arrow, K. J. (Economics, 1985), S. 45.

[556] Vgl. Janschek, O. (Gläubigerschutz, 1993), S. 93 f.

[557] Vgl. Terberger, E. (Anreizprobleme, 1987), S. 3.

[558] Vgl. hierzu und zum folgenden Janschek, O. (Gläubigerschutz, 1993), S. 93 f., Bitz, M./
Hemmerde, W./ Rausch, W. (Reformvorschläge, 1986), S. 50 ff., Wagenhofer, A.
(Haftungsbeschränkung, 1993), S. 251 ff., Spremann, K. (Investition, 1996), S. 721 ff.

Das Ergebnis der aus Signaling und Screening resultierenden Verringerung der Agency-Kosten kann nunmehr zwischen der Bank und dem Kreditnehmer aufgeteilt werden. So können z. B. die Zinsmarge und/oder die Bearbeitungskosten gesenkt werden, oder der Kreditnehmer muß weniger Sicherheiten stellen.

Selbst das Zusammenwirken von Signaling durch den Agent und Screening durch den Principal führt nicht dazu, daß der Informationsvorsprung des Agent vollständig ausgeglichen wird. Es verbleibt immer noch ein Wohlfahrtsverlust im Vergleich zum Idealzustand.

Zwischen den drei Bestandteilen der Agency-Kosten, Signaling, Screening und verbleibender Wohlfahrtsverlust besteht eine Trade-off-Beziehung, d. h. daß z. B. eine Erhöhung der Kosten für Signaling zu einer Herabsetzung der Kosten für Screening führt.[559]

---

[559] Vgl. Picot, A. (Theorien, 1991), S. 150 f.

3.2   Ausprägungen asymmetrischer Informationsverteilung in der Principal-Agent-Theorie im Hinblick auf die Beziehung zwischen der kreditgebenden Bank und einem Kreditnehmer

In der Principal-Agent-Theorie gibt es drei Ausprägungen asymmetrischer Informationsverteilung: Hidden Action, Hidden Intention und Hidden Characteristics.[560] Die drei Ausprägungen sind jeweils mit einem spezifischen Informationsvorteil des Agent und einer bestimmten Form der Verhaltensunsicherheit verbunden. Um den verschiedenen Formen der Verhaltensunsicherheit zu begegnen, werden durch die Principal-Agent-Theorie Gestaltungsempfehlungen gegeben, auf die in den folgenden Ausführungen einzugehen ist.[561]

	Informationsvorteil des Agent	Verhaltensunsicherheit	Einflußgrößen und Problemursachen	Verhaltensspielraum des Agent
Hidden Action	Handlungen des Agent sind ex post vom Principal nicht beobachtbar/ beurteilbar	Moral Hazard	Ressourcenplastizität, Überwachungskosten und - möglichkeiten	ex post
Hidden Intention	Verhaltensabsichten des Agent sind dem Principal ex ante nicht bekannt	Hold Up	Ressourcen- abhängigkeit, - einmaligkeit, - entziehbarkeit	ex post
Hidden Characteristics	Qualitätseigenschaften des Agent sind dem Principal ex ante nicht bekannt	Adverse Selection	Verborgenheit der Qualitätseigenschaften	ex ante

Abb. 20:   Ausprägungen asymmetrischer Informationsverteilung in der Principal-Agent-Theorie[562]

---

[560]   Vgl. hierzu und zum folgenden Spremann, K. (Information, 1990), S. 566, Abb. 20, S. 126. Die drei Ausprägungen werden teilweise auch anders genannt, so z. B. Hidden Action, Hidden Information und Hidden Characteristics, wobei auch die Inhalte teilweise unterschiedlich abgegrenzt werden. Vgl. Picot, A. (Theorien, 1991), S. 151 f.

[561]   Vgl. Abb. 21, S. 127.

[562]   Vgl. Dietl, H. (Zeit, 1993), S. 144.

127

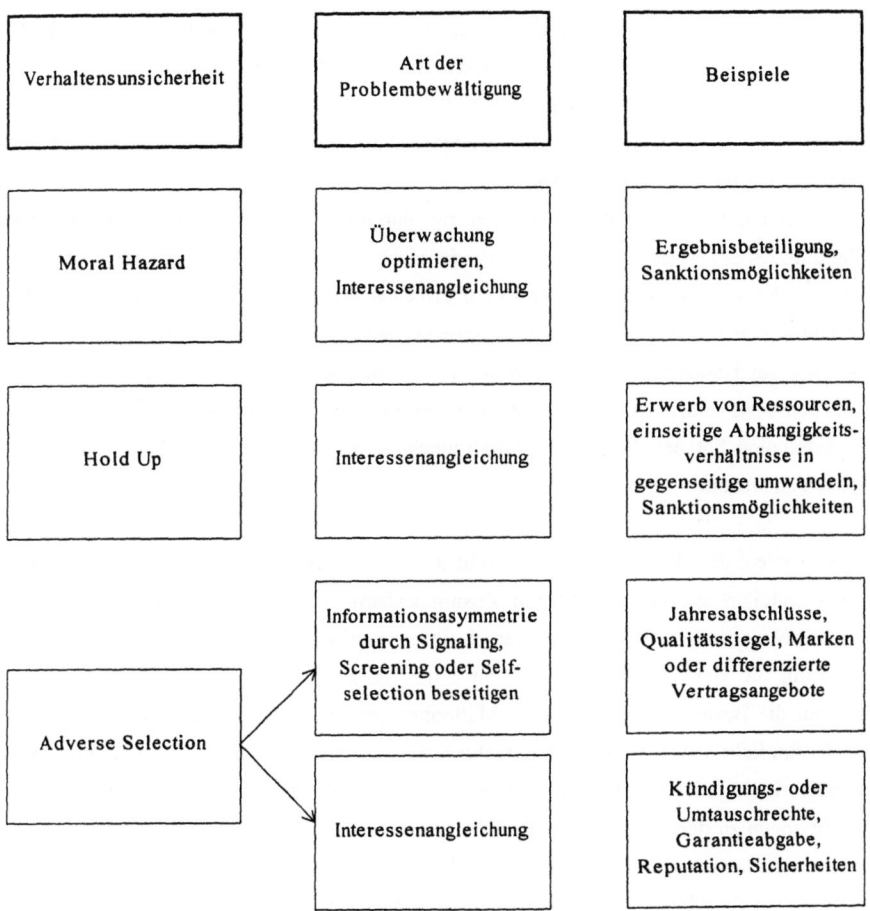

Abb. 21: Gestaltungsempfehlungen der Principal-Agent-Theorie[563]

Hidden Action

Die Handlungsergebnisse des Agent beeinflussen dessen eigenes Nutzenniveau und das des Principal.[564] Diese Ergebnisse werden jedoch nicht ausschließlich durch die Leistung des Agent bestimmt, sondern auch durch die Leistung anderer oder durch zu-

---

[563] Vgl. Dietl, H. (Zeit, 1993), S. 153.

fällige Entwicklungen, die auch dem Agent ex ante nicht bekannt sein müssen. So kann der Principal z. B. geringe Anstrengung des Agent nicht von 'Pech' unterscheiden. Umso wichtiger muß es für den Principal sein, die Handlungen des Agent zu beobachten bzw. zu beurteilen, um den Zusammenhang zwischen dessen Anstrengungen und den Ergebnissen herzustellen.

Das Problem der Hidden Action entsteht nun durch die Tatsache, daß der Principal die Handlungen des Agent überhaupt nicht oder nicht kostenlos beobachten oder beurteilen kann.[565] Ersteres ist der Fall, wenn dem Principal die praktische Möglichkeit zur Beobachtung fehlt, letzteres wenn das entsprechende Fachwissen zur Beurteilung fehlt. So ist zwar das Handlungsergebnis sowohl vom Principal als auch vom Agent beobachtbar, den Grad seiner Anstrengungen kennt jedoch nur der Agent allein.[566] Durch diese Konstellation hat der Agent die Möglichkeit, seine Handlungsspielräume opportunistisch zu nutzen.

Das Problem der Hidden Action entsteht in einer Kreditbeziehung, wenn es der Bank nicht möglich ist, einen direkten Zusammenhang zwischen den Handlungen des Kreditnehmers und dem Handlungsergebnis herzustellen.
So kann die Bank z. B. den Gewinn einer Bauträgermaßnahme[567] beobachten, da sowohl die Bezahlung aller mit der Maßnahme zusammenhängenden Rechnungen als auch sämtliche eingehenden Käuferzahlungen über Konten bei der Bank abgewickelt werden. Es ist jedoch z. B. nicht vollkommen klar, welches der Grund dafür ist, daß die Wohnungen zu dem geforderten Preis zu verkaufen sind. Liegt es daran, daß der Bauträger erstklassige Qualität liefert oder daß eine zur Zeit geltende steuerliche Förderung, die in absehbarer Zeit abläuft,[568] zum zügigen Abverkauf ihren Beitrag leistet und daher auch minderwertige Qualität abgesetzt werden kann. Um das Kreditausfallrisiko

---

[564] Vgl. hierzu und zum folgenden Arrow, K. J. (Economics, 1985), S. 37, Ross, S. A. (Economic Theory, 1973), S. 134, Petersen, T. (Delegationsproblem, 1989), S. 111, Spremann, K. (Agent, 1987), S. 10.

[565] Vgl. Pratt, J. W./ Zeckhauser, R. J. (Agents, 1985), S. 2 f., Dietl, H. (Zeit, 1993), S. 138, Arrow, K. J. (Economics, 1985), S. 38, 43 ff., Holmström, B. (Observability, 1979), S. 74.

[566] Vgl. Barnea, A./ Haugen, R. A./ Senbet, L. W. (Problems, 1985), S. 27.

[567] Unter den Begriff Bauträgermaßnahme fällt z. B. die Erstellung einer Wohnanlage.

[568] Als Beispiel dient die deutliche Senkung des Abschreibungssatzes von 50 % auf 25 % während einer Laufzeit von 5 Jahren ab 1997 bei der steuerlichen Förderung des Mietwohnungsbaus in den neuen Bundesländern durch das Jahressteuergesetz 1996. Vgl. Kaligin, T. (Fördergebietsgesetz, 1996), S. 426.

auf Basis der obigen Ausführungen einzuschätzen, ist es für die Bank wichtig, die Leistung des Kreditnehmers zu beobachten und, wenn möglich, auch zu beurteilen. Dies hat vor allem Bedeutung für wiederkehrende Kreditbeziehungen, da dann besondere, förderliche Umwelteinflüsse nicht mehr bestehen bzw. sich in negative Einflüsse umkehren können und der Erfolg nunmehr verstärkt von der Leistung des Kreditnehmers abhängt.

Diese Art der Verhaltensunsicherheit wird Moral Hazard genannt.[569] Das Ausmaß des Moral Hazard hängt von zwei Komponenten ab. Die eine ist die Plastizität der Ressourcen, d. h. es gibt mehrere Möglichkeiten für den Agent, die Ressourcen zu nutzen und dies nicht unbedingt zu Gunsten des Principal. Die zweite Komponente sind die Kosten der Überwachung des Agent durch den Principal, die erheblich sein können, wobei Überwachungsmöglichkeiten grundsätzlich gegeben sein müssen.[570] Der bestehende Verhaltensspielraum des Agent ergibt sich jedoch erst nach Vertragsabschluß.[571]

Da der Bank die Beobachtung der Leistung häufig überhaupt nicht möglich oder mit erheblichen Kosten verbunden ist, entsteht auch in einer Kreditbeziehung die Verhaltensunsicherheit des Moral Hazard. Für die Bank sind alle Vereinbarungen, Einrichtungen und Vorkehrungen von Bedeutung, die eine Risikoeinschätzung hinsichtlich drohender Zins- und Kapitalverluste ermöglichen bzw. geeignet sind die Eintrittswahrscheinlichkeit möglicher Verluste zu senken oder deren Ausmaß zu beschränken.[572] Demgegenüber verfolgt der Agent das Ziel, seinen Aktionsradius möglichst wenig einschränken zu lassen und den Principal in möglichst großem Umfang an den Risiken zu beteiligen, die aus einer Verschlechterung seiner Vermögenssituation erwachsen. Da die Ressource 'Geld' von überragender Plastizität ist, kann der Kreditnehmer das zur Verfügung gestellte Kapital für vielerlei Zwecke verwenden. Dies bedeutet, daß er das

---

[569]   Vgl. hierzu und zum folgenden Alchian, A. A./ Woodward, S. (Reflections, 1987), S. 115 ff., Alchian, A. A./ Woodward, S. (Firm, 1988), S. 68 f., Spremann, K. (Investition, 1996), S. 702 ff.

[570]   Vgl. Pratt, J. W./ Zeckhauser, R. J. (Agents, 1985), S. 5. Bei der Überwachung entsteht ein Meß-Problem hinsichtlich der eingesetzten Anstrengung des Agent und des Ergebnisses. Vgl. Alchian, A. A./ Demsetz, H. (Information Costs, 1972), S. 778 f.

[571]   Vgl. Dietl, H. (Zeit, 1993), S. 138.

[572]   Vgl. hierzu und zum folgenden Bitz, M./ Hemmerde, W./ Rausch, W. (Reformvorschläge, 1986), S. 1, Terberger, E. (Anreizprobleme, 1987), S. 1 ff., Geiger, A. (Konzernhaftungsrecht, 1993), S. 50.

Kapital nicht für den Verwendungszweck einsetzt, für den es die Bank ausgereicht hat, sondern für einen anderen, der möglicherweise mit höherem Risiko behaftet ist und damit das Kreditausfallrisiko der Bank erhöht. In dem oben genannten Beispiel wäre das der Fall, wenn der Kredit für eine bestimmte Bauträgermaßnahme gewährt wurde, vom Kreditnehmer aber für eine andere Maßnahme eingesetzt wird, die aufgrund ihrer ungünstigen Lage neben einer Autobahn schwierig zu vermarkten ist. Das bedeutet für die Bank, daß die Baufertigstellung der dem Kreditvertrag zugrundeliegenden Bauträgermaßnahme gefährdet ist, da der kalkulierte Kreditrahmen, der sich an den Herstellungskosten orientiert, nicht mehr ausreicht. Kommen noch zusätzlich Verzögerungen hinzu, wird der kalkulierte Bauträgergewinn durch Verwendung der Kreditvaluta für zweckfremde Maßnahmen und Zinszahlungen immer weiter geschmälert, bis die gesamte Maßnahme in den Verlustbereich gerät.

Es stellt sich nunmehr die Frage, wie das Ausmaß an Moral Hazard eingegrenzt werden kann.[573] Eine Möglichkeit besteht darin, bei Existenz von Überwachungskosten und bei der Verfolgung nicht-identischer Ziele durch den Principal und den Agent, die Überwachungskosten unter Berücksichtigung des Wohlfahrtsverlustes zu optimieren. Je größer der Umfang der Überwachung ist, desto höher werden die Kontrollkosten und desto niedriger wird der verbleibende Wohlfahrtsverlust.

Die Überwachungskosten, die bei der Bank anfallen, um den Kreditnehmer zu vertragskonformem Verhalten anzuhalten, können erheblich sein. Die Überwachung kann darin bestehen, daß in dem hier verwendeten Beispiel die Maßgabe erteilt wird, über die Kreditsumme nur mittels Überweisungsträger zu verfügen, dem jeweils eine vom bauleitenden Architekten gegengezeichnete Rechnungskopie beiliegen muß. Die Verfügungen werden mit der Kostenkalkulation verglichen. Zudem werden regelmäßige Besichtigungen der Baustelle von seitens der Bank beauftragten Spezialisten durchgeführt, die den Bautenstand mit den genehmigten Plänen und den bereits bezahlten Rechnungen vergleichen. Angesichts der aufgeführten Beispiele ist ersichtlich, wie kostenintensiv in bestimmten Sparten der Kreditvergabe die Überwachung und Kontrolle des Kreditnehmers sein kann.

---

[573] Vgl. hierzu und zum folgenden Dietl, H. (Zeit, 1993), S. 148 ff.

Neben der Kontrolle gibt es noch die Möglichkeit, für eine Angleichung der Interessenslagen von Principal und Agent zu sorgen.[574] Diese Vorgehensweise erscheint besonders dann sinnvoll, wenn eine Überwachung des Agent nur besonders aufwendig, d. h. mit prohibitiv hohen Kosten verbunden, zu erreichen ist. Dies ist z. B. bei sehr breiten Handlungsspielräumen durch hohe Ressourcenplastizität der Fall. Ist eine Kontrolle völlig ausgeschlossen, bleibt nur das Instrument der Interessensangleichung. Diese kann erzielt werden, wenn der Principal den Agent am Handlungsergebnis beteiligt.

Da die Bank am Investitionsergebnis immer im gleichen Ausmaß, nämlich der Zinszahlung, beteiligt ist und dem Agent der gesamte überschüssige Teil des Handlungsergebnisses verbleibt, sind die Interessen von Bank und Kreditnehmer in der Kreditbeziehung grundsätzlich gleichgerichtet.[575] Ausschließlich dem Kreditnehmer steht jede Verbesserung des Ergebnisses zu. Im Gegenzug muß der Agent auch jede Verschlechterung des Ergebnisses tragen, da bei ihm aufgrund der festen Zinszahlungen, die in jedem Fall zu entrichten sind, das gesamte Risiko verbleibt. Sollten während der Kreditlaufzeit beim Agent finanzielle Schwierigkeiten auftreten, ist dennoch mit Handlungen gegen das Interesse der Bank zu rechnen.

Hidden Intention

Hidden Intention bedeutet, daß die Verhaltensabsichten des Agent für den Principal nach Vertragsabschluß nicht oder nicht vollständig bekannt sind.[576] Hier sind im Gegensatz zu Hidden Action die Handlungen des Agent dem Principal bekannt. Das Problem der Hidden Intention tritt dann auf, wenn der Principal mit dem Agent eine Beziehung eingegangen ist, die sich nicht ohne Schwierigkeiten und Kosten wieder auflösen läßt. Ist dies dem Agent bekannt, kann er wiederum in opportunistischer Weise seine Handlungsspielräume nutzen. Der Principal hat keine Möglichkeit mehr, beim Agent ein Verhalten zu erreichen, das mit den Interessen des Principal übereinstimmt.

---

[574]   Vgl. hierzu und zum folgenden Pratt, J. W./ Zeckhauser, R. J. (Agents, 1985), S. 14 f.

[575]   Vgl. hierzu und zum folgenden Wagenhofer, A. (Haftungsbeschränkung, 1993), S. 248.

[576]   Vgl. hierzu und zum folgenden Dietl, H. (Zeit, 1993), S. 141.

Der Principal geht mit dem Agent eine Beziehung in Form eines Kreditvertrages ein, die sich häufig von der Bank nicht ohne Schwierigkeiten und Kosten wieder auflösen läßt.[577] So kann die Bank z. B. eine ordentliche Kündigung nur mit angemessener Fristsetzung, Rücksichtnahme auf das Kundeninteresse sowie bei Entwertung von Sicherheiten aussprechen. Soll außerordentlich gekündigt werden, muß ein wichtiger Grund vorliegen. Dies ist beispielsweise dann der Fall, wenn der Kunde unrichtige Angaben über seine Vermögensverhältnisse gemacht hat oder der Aufforderung der Bank zur Bestellung bzw. Verstärkung von Sicherheiten nicht nachkommt. Dabei gelten dieselben Einschränkungen wie bereits bei der ordentlichen Kündigung. Die wichtigen Kündigungsgründe, wie z. B. eine wesentliche Verschlechterung der Vermögenslage, dürfen der Bank bei Kreditausreichung nicht bekannt gewesen sein. Diese Einschränkungen der Kündigungsmöglichkeiten sind dem Kreditnehmer bekannt, da sie im Kreditvertrag, in den allgemeinen/besonderen Geschäftsbedingungen der Bank oder im Gesetz[578] geregelt sind. Die dem Agent noch verbleibenden Handlungsspielräume werden von diesem opportunistisch genutzt. Der Bank bleiben nun nach Vertragsabschluß, neben den genannten Kündigungsgründen, keine Möglichkeiten mehr, den Kreditnehmer interessenkonformes Verhalten zu erzwingen.

Die mit dem Verhalten des Agent verbundene Unsicherheit wird Hold Up genannt.[579] Die Abhängigkeit des Principal vom Agent ist umso größer, je stärker ausgeprägt die Ressourcenabhängigkeit, -einmaligkeit oder -entziehbarkeit ist. Der Begriff Ressourcenabhängigkeit bedeutet, daß eine Ressource, wenn sie die Verbindung zu einer anderen Ressource verliert, im Wert fällt. Dagegen liegt bei Ressourceneinmaligkeit der umgekehrte Fall vor, daß andere Ressourcen von der einmaligen Ressource abhängig sind. Es kann dann ein einseitiges Abhängigkeitsverhältnis vorliegen, wie beispielsweise zwischen einem Unternehmen und einem Mitarbeiter mit speziellem Know-how. Hier ist der Mitarbeiter einmalig, während es mehrere Unternehmen gibt, die abhängig sind. Ressourcenabhängigkeit und -einmaligkeit schließen sich nicht aus und können auch gleichzeitig auftreten; dann liegt ein gegenseitiges Abhängigkeitsverhältnis vor.

---

[577] Vgl. hierzu und zum folgenden zusammenfassend Obermüller, M. (Konkurs, 1985), S. 235 ff., Rn. 612 ff. m. w. N., Hax, H. (Debt, 1990), S. 111.

[578] Vgl. §§ 609 ff. BGB

[579] Vgl. hierzu und zum folgenden Dietl, H. (Zeit, 1993), S. 141 f., Alchian, A. A./ Woodward, S. (Reflections, 1987), S. 113 ff., Alchian, A. A./ Woodward, S. (Firm, 1988), S. 67 f, Spremann, K. (Investition, 1996), S. 700 ff., Goldberg, V. P. (Regulation, 1976), S. 439 ff.

Dies ist beispielsweise bei einer Spezialmaschine der Fall, für die eine eigene Software entwickelt wurde oder bei einer Pipeline, die mit einer Erdölraffinerie verbunden ist.

Bei einem gegenseitigen Abhängigkeitsverhältnis ist das Problem des Hold Up ungleich geringer als bei einseitigen Abhängigkeitsverhältnissen, da der Opportunismus des Agent durch die Situation wirksam eingeschränkt wird. Es entsteht eine wechselseitige Principal-Agent-Beziehung.

Besonders problematisch ist der Hold Up, wenn die einmaligen Ressourcen des Agent ohne Kosten und ohne größere zeitliche Verzögerungen dem Principal entzogen werden können.

Bei der Ressource 'Geld' liegt weder Einmaligkeit noch Abhängigkeit vor, jedoch ist sie durch den Kreditnehmer häufig leicht entziehbar. Das bedeutet in einer Kreditbeziehung, daß die Valuta jederzeit zurückgeführt werden kann. Dabei hängt die Entziehbarkeit von den vertraglich vereinbarten Rückzahlungsbedingungen ab. Bei Krediten wie z. B. dem Kontokorrent-Kredit ist häufig eine Laufzeit 'bis auf weiteres' bestimmt, die dem Kreditnehmer die Möglichkeit gibt, den Kredit jederzeit zurückzuzahlen. Aus diesem Grund ist der Hold Up für eine Bank als Principal weniger problematisch, da sie das Geld meist ohne besondere Verzögerungen an andere Kreditnehmer ausreichen kann. Bei dieser Folgerung ist zu beachten, daß die alternative Kreditvergabe an Kreditnehmer mit gleichen Rahmenbedingungen, wie z. B. Risikolage, erfolgen muß, um Probleme aus dem Hold Up für die Bank vollständig auszuschließen.

Bei Krediten, wie z. B. für eine langfristige Baufinanzierung, bei denen eine feste Laufzeit vereinbart wurde, ist die Rückzahlung durch den Agent zwar möglich, aber für diesen mit erheblichen Kosten wie Refinanzierungsschaden und entgangenem Gewinn der Bank verbunden. Der Kreditnehmer wird eine derartige Vertragsbeendigung aufgrund der erheblichen Kosten vermeiden.

Aus den genannten Gründen ist die Verhaltensunsicherheit des Hold Up in einer Kreditbeziehung von geringerer Bedeutung und wird daher in Kapitel 3.3 nicht mehr betrachtet.

Hidden Characteristics

Das Risiko von Hidden Characteristics besteht dadurch, daß die Qualitätseigenschaften des Agent oder die dessen Angebotes an Gütern oder Dienstleistungen dem Principal vor Vertragsabschluß nicht oder nur teilweise bekannt sind.[580] Der Kreditnehmer als Agent kann demnach seine Qualitätseigenschaften ex ante vor der Bank als Principal verbergen, so daß sie der Principal erst nach Vertragsabschluß erkennt.

Offenkundig ist die Bank daran interessiert, das für den Kreditnehmer spezifische Kreditausfallrisiko bereits vor Kreditvergabe aufzudecken.[581] Kreditnehmer, die von sich selbst wissen, daß sie ein hohes Ausfallrisiko haben, sind jedoch an einer Aufdeckung nicht interessiert. Daraus entsteht die Gefahr der Adverse Selection, d. h. daß die Bank einen Kreditnehmer auswählt, der während der Laufzeit des Kreditvertrags die Zins- und Tilgungsleistungen nicht voll, nicht termingerecht oder überhaupt nicht erbringen kann.[582]

Es stellt sich auch bei der Verhaltensunsicherheit der Adverse Selection die Frage, welche Handlungsmöglichkeiten sich eröffnen, um diese wirksam einzuschränken. Die Lösung, aus Unsicherheit schlicht überhaupt keine Beziehung einzugehen, ist unbrauchbar, da in diesem Fall auch keine effizienten, d. h. annähernd pareto-optimalen Austauschverhältnisse zustande kommen könnten.[583]

Um der Verhaltensunsicherheit der Adverse Selection entgegenzuwirken, kann der Agent Signaling betreiben und der Principal durch Screening eine **Bonitätsprüfung**

---

[580] Vgl. hierzu und zum folgenden Dietl, H. (Zeit, 1993), S. 137 f., Spremann, K. (Agent, 1987), S. 11, Spremann, K. (Investition, 1996), S. 698 f., Stiglitz, J. E./ Weiss, A. (Credit Rationing, 1981), S. 393, Schmidt, R. H. (Gläubigerverfügungsrechte, 1984), S. 717.

[581] Vgl. hierzu und zum folgenden Uhlir, H./ Aussenegg, W. (Grundfragen, 1993), S. 164, Spremann, K. (Investition, 1991), S. 646.

[582] Vgl. hierzu und zum folgenden Bitz, M./ Hemmerde, W./ Rausch, W. (Reformvorschläge, 1986), S. 9 ff. Dort wird das Risiko Informationsrisiko genannt. Inhaltlich deckt sich dieser Begriff jedoch mit dem in dieser Arbeit verwendeten Begriff der Hidden Characteristics.

[583] Vgl. Ross, S. A. (Economic Theory, 1973), S. 134 ff.

durchführen und auf dieser Basis risikoreiche Kreditnehmer herausfiltern.[584] Dabei versucht die Bank die Kosten für Screening möglichst zu minimieren.[585] Durch Signaling und Screening wird das Problem an seiner Ursache, der Informationsasymmetrie, ergriffen und einer Lösung zugeführt.

Da Signaling und Screening nur dann wirksame Instrumente zur Verhinderung von Adverse Selection sind, wenn die Qualitätseigenschaften des Kreditnehmers ex ante erkannt werden können, sind in den Fällen, in denen dies nicht oder nicht umfassend genug möglich ist, durch diesen Garantien abzugeben. Die gebräuchlichste Garantie in einer Kreditbeziehung ist die Stellung von Sicherheiten.[586]

Sind vom Kreditnehmer keine Sicherheiten zu erhalten, bleibt noch die Möglichkeit die Adverse Selection durch eine Koppelung an die Reputation des Agent einzuschränken.[587] Die Reputation des Agent dient dem Principal sowohl als Zeichen, wie das Verhalten des Agent in der Vergangenheit war, als auch als Unterpfand für die künftige Beziehung. Der Principal erhält durch die Möglichkeit, die Reputation des Agent bei dessen Fehlverhalten durch Publizierung (z. B. Meldung des Fehlverhaltens an eine Kreditauskunftei) zu verschlechtern, ein wirksames Sanktionsmittel.

Ein weiteres Mittel, Adverse Selection einzuschränken, ist die aus der Versicherungsbranche stammende Self-selection.[588] Durch mehrere Angebote der Versicherungsgesellschaft, die mit der Risikosituation des Versicherungsnehmers variieren, sollen die

---

[584] Vgl. Dietl, H. (Zeit, 1993), S. 146, Uhlir, H./ Aussenegg, W. (Grundfragen, 1993), S. 163, vgl. Bitz, M./ Hemmerde, W./ Rausch, W. (Reformvorschläge, 1986), S. 50 ff. m. w. N., vgl. zu Signaling Spremann, K. (Investition, 1996), S. 717 ff. Es gibt auch institutionelle Einrichtungen wie Testzeitschriften, Verbraucherverbände und den Groß- und Einzelhandel, die spezifische Informationen zur Verfügung stellen und damit zum Ausgleich der Informationsasymmetrie beitragen. Vgl. Kunz, H. (Marktsystem, 1985), S. 104 f., Jung, M./ Spremann, K. (Transaktionsrisiken, 1989), S. 96 f., Kaas, K. P. (Screening und Signaling, 1991), S. 366 f.

[585] Vgl. Uhlir, H./ Aussenegg, W. (Grundfragen, 1993), S. 164.

[586] Vgl. zu Sicherheiten in einer Kreditbeziehung Pottschmidt, G./ Rohr, U. (Kreditsicherungsrecht, 1992), S. 1 ff., Swoboda, P. (Unternehmensfinanzierung, 1987), S. 58. Vgl. zur Wirkung von Garantien Kunz, H. (Marktsystem, 1985), S. 89 ff., Spremann, K. (Investition, 1996), S. 710, Spremann, K. (Reputation, 1988), S. 620 f.

[587] Vgl. hierzu und zum folgenden Spremann, K. (Investition, 1996), S. 709 f., Spremann, K. (Reputation, 1988), S. 618 ff., Klein, B. (Contracts, 1985), S. 595 f., Barzel, Y. (Measurement Cost, 1982), S. 35 ff., Pratt, J. W./ Zeckhauser, R. J. (Agents, 1985), S. 6, 12 ff.

[588] Vgl. hierzu und zum folgenden Arrow, K. J. (Economics, 1985), S. 42.

Versicherungsnehmer dazu gebracht werden, das ihrer Situation entsprechende Angebot zu wählen. So wird z. B. ein Hundehalter, der einen großen, gefährlichen Hund hält, eine Versicherung wählen, die eine höhere Haftpflichtsumme aufweist als der Halter eines kleinen Hundes. Der jeweilige Versicherungsschutz ist dann mit einer höheren Versicherungssumme und davon abhängigen höheren Prämien gekoppelt, die es der Versicherung ermöglichen, die anfallenden Schäden zu decken. Hier wird der Vorteil genutzt, daß der Agent im Gegensatz zu Principal über sein Risiko eine genaue Kenntnis hat und dieses Wissen dem Principal durch Self-selection weitervermittelt.

Die Verringerung der Adverse Selection durch Self Selection ist einer Theorie zu Folge auch bei einer Kreditbeziehung möglich.[589] Dabei könnte die Vorgehensweise wie folgt gestaltet werden: Zuerst werden Kreditverträge mit einer klaren, fixen Konditionenstruktur, sogenannte Trennkontrakte erstellt. Diese müssen die Bonität des Kreditnehmers eindeutig widerspiegeln. Die Kreditnehmer wählen dann den Vertrag aus, der ihrer Bonität entspricht. Gleichzeitig muß ein bestimmter Betrag als sogenannte Kaution hinterlegt werden. Die Kreditnehmer, die sich als 'gute' Bonität einstufen, werden immer einer Bonitätsprüfung unterzogen. Stellt sich nun heraus, daß die Bonitätseinstufung unberechtigt war, wird die Kaution als Kostenersatz für die Prüfungsarbeiten von der Bank vereinnahmt. Eine Differenzierung hinsichtlich des Umfangs der Abweichung/Fehleinschätzung ist möglich. Die Kreditnehmer, die sich von Anfang an als 'schlechte' Bonität eingestuft haben, werden nicht überprüft und erhalten einen Standardvertrag. Die, die sich rechtmäßig als 'gute' Bonität eingestuft haben können mit besseren Konditionen als beim Standardvertrag rechnen und erhalten den Kautionsbetrag verzinst zurück. Bei dieser Art der Self-Selection handelt es sich jedoch um eine theoretische Vorgehensweise, die in der Praxis so noch nicht erprobt wurde.

Es ist zu beachten, daß die drei Verhaltensunsicherheiten Moral Hazard, Hold Up und Adverse Selection auch kumuliert auftreten können und damit ein höheres Risikopotential beinhalten.[590]

---

[589] Vgl. hierzu und zum folgenden sowie zur detaillierten Diskussion zur Self Selection bei der Kreditvergabe Uhlir, H./ Aussenegg, W. (Grundfragen, 1993), S. 165 f., Bratschitsch, R./ Dönz, H. (Selbstselektion, 1993), S. 2 ff.

[590] Vgl. z. B. Neus, W. (Agency-Theorie, 1989), S. 18.

Wie aus den obigen Ausführungen ersichtlich ist, sind vor allem Hidden Action und Hidden Characteristics die zentralen Probleme in einer Kreditbeziehung. Deren Verhaltensunsicherheiten Moral Hazard und Adverse Selection können durch die genannten Maßnahmen eingeschränkt werden. Dennoch verbleibt trotz aller Anstrengungen häufig ein Restrisiko.

3.3 Die Analyse der Beziehung zwischen der kreditgebenden Bank und der Kreditnehmereinheit mit Hilfe der Principal-Agent-Theorie

In den vorigen Kapiteln wurde detailliert die Kreditbeziehung mit einem einzelnen Kreditnehmer analysiert. Die daraus gewonnenen Erkenntnisse sind auch in der Kreditbeziehung mit einer Kreditnehmereinheit relevant, da sie auch hier für die unmittelbare Beziehung zwischen Bank und kreditnehmendem Teil der Kreditnehmereinheit ihre Gültigkeit besitzt. Jedoch kommt bei einer Kreditnehmereinheit eine erweiterter Problemkreis hinzu. Dem Principal stehen mehrere Agents gegenüber, die jedoch voneinander nicht unabhängig sind.[591] Dies kann in der Form vorliegen, daß mit allen Beteiligten einer Kreditnehmereinheit eine unmittelbare Kreditbeziehung besteht, d. h. jeder einzelne Teil einen Kreditvertrag mit der Bank hat. Die zweite Möglichkeit ist dann gegeben, wenn zwar nur zu einem Teil oder zu mehreren Teilen einer Kreditnehmereinheit eine unmittelbare Kreditbeziehung durch Kreditvertrag besteht, aber durch die Verbundenheit der Teile einer Kreditnehmereinheit miteinander ein mittelbarer negativer Einfluß auf das Nutzenniveau des Principal entsteht.

Folgendes Beispiel soll diesen Sonderfall verdeutlichen.

Die Bank vergibt einen Kredit an eine AG. Diese AG hat als herrschendes Unternehmen Beherrschungsverträge mit mehreren anderen Aktiengesellschaften abgeschlossen. Ein Beherrschungsvertrag schließt unter anderem die Pflicht der Ergebnisübernahme ein.[592] Sollten nunmehr alle beherrschten Unternehmen Verluste erwirtschaften, ist die herrschende AG verpflichtet, diese zu übernehmen. So kann die vormals als bonitätsmäßig gut eingestufte herrschende AG in Zahlungsschwierigkeiten geraten, die lediglich darauf basieren, daß sie mit den anderen Aktiengesellschaften verbunden ist.

---

[591]   Auch zwischen den Beteiligten an einer Kreditnehmereinheit bestehen multiple Principal-Agent-Beziehungen. Aus dem Blickwinkel der Bank (Principal) handelt es sich jedoch um mehrere Agents.

[592]   Vgl. § 302 AktG und Kapitel 2.3.3.1.2, S. 47 ff.

Sollte dies die Zins- und Tilgungsleistungen der herrschenden AG an die Bank beeinträchtigen, liegt ein erheblicher mittelbarer Einfluß der beherrschten Aktiengesellschaften auf das Nutzenniveau der Bank als Principal vor.

Hidden Action und Hidden Characteristics

Die mit Hidden Action und Hidden Characteristics verbundenen Verhaltensunsicherheiten Moral Hazard und Adverse Selection sind wie beschrieben in einer Kreditbeziehung besonders relevant.

Dabei bildet das Problem der Hidden Characteristics einen besonderen Schwerpunkt, da hier in der Bank noch vor dem Zustandekommen einer Vertragsbeziehung beziehungsweise vor einer Prolongationsentscheidung bei der Auswahl der Kreditnehmereinheiten ein erhebliches Potential zur Verminderung der aus der Kreditvergabe resultierenden Risiken zur Verfügung steht. Daher ist im folgenden ein besonderer Augenmerk auf die Verhaltensunsicherheit der Hidden Characterisics zu werfen. Dabei sind der Bank die Qualitätseigenschaften der Kreditnehmereinheit vor dem Abschluß des Kreditvertrages bzw. vor der Kreditprolongationsentscheidung nicht hinreichend bekannt. Die daraus entstehende Adverse Selection bedeutet, daß die Bank einen Kreditnehmer, der Teil einer Kreditnehmereinheit ist, auswählt, der die Zins- und Tilgungsleistung möglicherweise nicht vollständig, nicht termingerecht oder überhaupt nicht erbringen kann. Die Leistung von Zins- und Tilgungszahlungen wird aber nicht nur von dem jeweiligen Kreditnehmer beeinflußt, sondern es kann durch dessen Zugehörigkeit zu einer Kreditnehmereinheit, wie bereits beschrieben, ein mittelbarer Einfluß durch andere Teile der Kreditnehmereinheit bestehen. Dies hat zur Folge, daß die Bemühungen, durch Signaling und Screening der Adverse Selection entgegenzuwirken, auch auf die anderen Teile der Kreditnehmereinheit, die selbst nicht Kreditnehmer sind, ausgedehnt werden müssen, wenn diese Einfluß auf die Erbringung des Kapitaldienstes haben könnten. Da Screening in einer Kreditbeziehung mit dem Begriff Bonitätsprüfung gleichgesetzt werden kann, muß zur Verhinderung von Adverse Selection eine Bonitätsprüfung bei allen Beteiligten einer Kreditnehmereinheit durchgeführt werden. Daß für die Bonitätsprüfung bei einer Kreditnehmereinheit diese der Bank bekannt sein muß, ist offensichtlich.

Die Analyse der Kreditbeziehung zwischen Bank und Kreditnehmereinheit ergibt, daß es für die Bank besonders zum Zeitpunkt der Kreditvergabeentscheidung und der

Kreditprolongationsentscheidung wichtig ist, Kreditnehmereinheiten zu überprüfen, die das Kreditausfallrisiko der Bank erhöhen können. Dabei ist aufgrund der Einflußmöglichkeiten innerhalb der Kreditnehmereinheiten ein mittelbarer Einfluß auf die Bank als Principal festzustellen. Um das Risiko der Adverse Selection bei Kreditnehmereinheiten als Agents zu begrenzen, ist die Bonitätsprüfung von dem Teil der Kreditnehmereinheit, der unmittelbar Kredit aufnimmt auf den Teil, der durch Zugehörigkeit zur Kreditnehmereinheit mittelbaren Einfluß auf die Bank ausübt, auszudehnen.

Im folgenden Kapitel wird auf Basis der Einflußmöglichkeiten innerhalb der Kreditnehmereinheiten untersucht, welche Auswirkungen diese Einflußmöglichkeiten auf die Bonitätsprüfung haben. Dabei wird auf die einzelnen Kreditnehmereinheiten gemäß § 19 Abs. 2 KWG detailliert eingegangen.

4 Die Auswirkung der Einflußmöglichkeiten innerhalb von Kreditnehmereinheiten auf die Bonitätsprüfung

Die Bonitätsprüfung ist das wichtigste Mittel die Verhaltensunsicherheit der Adverse Selection aus der Principal-Agent-Theorie in einer Kreditbeziehung zu reduzieren. Eine Ausweitung der Bonitätsprüfung ist somit auch bei den Beteiligten einer Kreditnehmereinheit vorzunehmen, die nicht unmittelbar Vertragspartner sind, sondern durch ihre Zugehörigkeit zur Kreditnehmereinheit einen mittelbaren negativen Einfluß auf das Nutzenniveau der Bank haben. Dies erfolgt durch die Beeinflußung der Bonität des kreditnehmenden Teiles der Kreditnehmereinheit, die eine (erhebliche) Erhöhung des Kreditausfallrisikos nach sich ziehen kann.

Der zweite wichtige Grund für die Bonitätsprüfung bei Kreditnehmereinheiten liegt in den gesetzlichen Anforderungen. So sieht der Gesetzgeber die Notwendigkeit, eine Reduzierung des Kreditausfallrisikos bei Kreditnehmereinheiten mit Hilfe des Instruments der Bonitätsprüfung zu erwirken. Gemäß § 18 KWG,[593] der auf dem Kreditnehmerbegriff gemäß § 19 Abs. 2 KWG basiert,[594] ist eine vom einzelnen Kreditnehmer auf die Kreditnehmereinheit ausgedehnte Bonitätsprüfung gesetzlich vorgeschrieben.

In diesem Kapitel wird ein Konzept zur Bonitätsprüfung bei Kreditnehmereinheiten entwickelt, das auf den in Kapitels 2.3 ff., S. 14 ff. aufgezeigten Einflußmöglichkeiten innerhalb von Kreditnehmereinheiten basiert. Ziel ist es, die Auswirkungen der Einflußmöglichkeiten innerhalb von Kreditnehmereinheiten auf die Bonitätsprüfung zu untersuchen.

Dabei erscheint eine Differenzierung zwischen dem Teil einer Kreditnehmereinheit, der Kredit in Anspruch nimmt (Kreditnehmer) und dem, der bei der betrachteten Bank keinen Kredit in Anspruch nimmt, angeraten, da sich die Problematik einer erweiterten Bonitätsprüfung besonders dann stellt, wenn Teile einer Kreditnehmereinheit, die kei-

---

[593]   Gemäß § 18 KWG muß sich die Bank bei Krediten über insgesamt mehr als DM 250.000,00 die wirtschaftlichen Verhältnisse des Kreditnehmers offenlegen lassen. Von dieser Regelung kann abgesehen werden, wenn das Verlangen nach Offenlegung im Hinblick auf die gestellten Sicherheiten oder auf die wirtschaftlichen Verhältnisse eines Mitverpflichteten offensichtlich unbegründet wäre. Vgl. zu weiteren Einzelheiten bzgl. § 18 KWG z. B. Reischauer, F./ Kleinhans, J. (Kreditwesengesetz, 1963,1996), zu § 18, S. 1 ff, Rn. 1 ff., BAK, Schreiben vom 08.08.1995 - I 3 - 237 - 2/94, S. 1 ff.

[594]   Vgl. § 19 Abs. 2 KWG.

nen Kredit in Anspruch nehmen, auf die Bonität des direkten Keditnehmers einen negativen Einfluß ausüben können. Sind alle Teile einer Kreditnehmereinheit auch gleichzeitig unmittelbare Kreditnehmer, wird die Bonitätsprüfung im Rahmen der jeweiligen direkten Kreditvergabe durchgeführt. Jedoch sind auch in diesem Fall die speziellen Aspekte, die das Kreditausfallrisiko der Bank erhöhen können und auf der Zugehörigkeit zu einer Kreditnehmereinheit basieren, relevant und daher mit einzubeziehen.

Das Ziel diese Kapitels ist somit aufzuzeigen, welcher Einfluß eines Nicht-Kreditnehmers einer Kreditnehmereinheit auf den Kreditnehmer für die Bank das Kreditausfallrisiko erhöhen kann und dadurch einen Bedarf zur Bonitätsprüfung generiert.[595] Aus dieser Formulierung ist zu ersehen, daß ausschließlich negative Einflußmöglichkeiten in diesem Zusammenhang relevant sein können.

Eine Erhöhung des Kreditausfallrisikos, das auf anderen Einwirkungen, die einen nicht zu einer Einheit gehörenden Kreditnehmer betreffen können, basieren, bleiben in dieser Arbeit unberücksichtigt, da diese bei der Bonitätsprüfung für den jeweiligen Einzel-Kreditnehmer erfaßt werden. Auch auf die Frage, mit welchen Instrumenten die Bonitätsprüfung bei den einzelnen Beteiligten einer Kreditnehmereinheit vorgenommen werden kann, wird in dieser Arbeit nicht näher eingegangen. Dazu sei auf die umfangreiche Literatur verwiesen.[596]

Um die Zusammenhänge systematisch zu überprüfen und den Überblick zu erleichtern, werden die Kreditnehmereinheiten in einem ersten Schritt auf bilaterale Beziehungen reduziert. Diese bestimmen, wie bereits in Kapitel 2, S. 5 ff. beschrieben, den Aufbau jeder Kreditnehmereinheit. In Kapitel 4.3 wird der Bogen wieder weiter gespannt, in-

---

[595] Bei der Bonitätsprüfung handelt es sich, wie bereits festgestellt, um ein ursachenbezogenes Instrument der Reduzierung des Kreditausfallrisikos. Vgl. Kapitel 1.1, S. 1 ff.

[596] Vgl. zur Zusammenfassung möglicher Bonitätsprüfungsmöglichkeiten wie klassische Bilanzanalyse, Statistische Verfahren und Neuronale Netze Uhlir, H./ Aussenegg, W. (Grundfragen, 1993), S. 167 ff. m. w. N., vgl. zur Bonitätsprüfung allgemein z. B. Bagus, Th. (Bonitätsanalyse, 1992), S. 1 ff., Dopler, R. (Frühwarnsysteme, 1987), S. 1 ff., Fritz, G. M. (Bonitätsbeurteilung, 1991), S. 1 ff., Glasen, F. (Kreditwürdigkeitsprüfung, 1993), S. 1 ff., Hehli, J. (Qualitative Bonitätsprüfung, 1993), S. 1 ff., Kreim, E. (Kreditentscheidung, 1988), S. 1 ff., Ladiges, B.(Mehrstufige Bonitätsdiagnose, 1992), S. 1 ff., Reventlow, Graf v. I. (Neue Wege, 1992), S. 1 ff., Weisensee, G. J. (Expertensysteme, 1990), S. 1 ff., Zellweger, B. (Kreditwürdigkeitsprüfung, 1987), S. 1 ff., Thiermeier, M. (Risiko, 1989), S. 126 ff., Küting, K./ Weber, C.-P. (Konzernabschluß, 1991), S. 1 ff.

dem die Auswirkungen auf die Bonitätsprüfung für umfassende Kreditnehmereinheiten betrachtet werden.

Im folgenden werden die bilateralen Zusammenhänge von Kreditnehmereinheiten gemäß § 19 Abs. 2 KWG hinsichtlich der kreditausfallerhöhenden Einflußmöglichkeiten innerhalb einer Kreditnehmereinheit analog zur Gesetzesgliederung des KWG nach Abhängigkeitsverhältnissen durch beherrschenden Einfluß und anderen Abhängigkeitsverhältnissen getrennt untersucht.

Aus dieser Gliederung ist zu ersehen, daß die in Kapitel 2 genutzte Gliederung in diesem Kapitel nicht fortgeführt wird. Diese Vorgehensweise liegt darin begründet, daß das hier zu entwickelnde Konzept für die Bonitätsprüfung bei Kreditnehmereinheiten auf den Einflußmöglichkeiten innerhalb von Kreditnehmereinheiten basiert. Deshalb ist eine Gliederung, die sich an den Einflußmöglichkeiten und den daran anknüpfenden Rechtsfolgen sowie faktischen Folgen orientiert, sinnvoll.

4.1 Die Auswirkung der auf Abhängigkeit durch Beherrschung basierenden Einflußmöglichkeiten innerhalb einer Kreditnehmereinheit auf die Bonitätsprüfung

Unter einer Kreditnehmereinheit, die auf Abhängigkeit basiert, subsumiert das KWG zwei oder mehrere natürliche oder juristische Personen oder Personenhandelsgesellschaften, die eine Einheit bilden. Diese ist dadurch gekennzeichnet, daß einer der genannten Teile einen unmittelbar oder mittelbar beherrschenden Einfluß auf den oder die anderen Teile ausüben *kann*.[597]

Es ist nun zu prüfen, wie sich durch Abhängigkeit begründete negative Einflußmöglichkeiten auf das Kreditausfallrisiko der Bank und damit auf die Bonitätsprüfung auswirken.

---

[597] Vgl. hierzu und zum folgenden § 19 Abs. 2 Satz 1 1. Alternative KWG.

4.1.1 Die Auswirkung der auf Abhängigkeit zwischen verbundenen Unternehmen basierenden Einflußmöglichkeiten innerhalb einer Kreditnehmereinheit auf die Bonitätsprüfung

Im folgenden werden die Auswirkungen der Einflußmöglichkeiten innerhalb einer Kreditnehmereinheit auf die Bonitätsprüfung untersucht. Die Einflußmöglichkeiten basieren

- auf Abhängigkeit oder Zugehörigkeit zu einem einfachen faktischen Konzern,
- auf Zugehörigkeit zu einem Vertragskonzern, Beteiligung an einem Gewinnabführungsvertrag oder Zugehörigkeit zu einem qualifizierten faktischen Konzern sowie
- auf Zugehörigkeit zu einem Eingliederungskonzern.[598]

4.1.1.1 Die Auswirkung der auf Abhängigkeit oder Zugehörigkeit zu einem einfachen faktischen Konzern basierenden Einflußmöglichkeiten innerhalb einer Kreditnehmereinheit auf die Bonitätsprüfung

Die Kreditnehmereinheit, die auf Abhängigkeit bzw. einfachem faktischen Konzern beruht, besteht aus dem herrschenden und dem abhängigen Unternehmen.[599]

Die Tatbestände der Abhängigkeit gemäß § 17 Abs. 1 AktG und des einfachen faktischen Konzerns gemäß § 18 Abs. 1 Satz 1 AktG werden hier zusammengefaßt behandelt, da bei beiden dieselben Einflußmöglichkeiten bestehen und damit an beide die Rechtsfolgen der §§ 311 bis 318 AktG (Verantwortlichkeit bei Fehlen eines Beherrschungsvertrages) anknüpfen.[600]

---

[598] Vgl. Kapitel 2.3.2, S. 24 ff., Kapitel 2.3.3.1.3, S. 54 ff., Kapitel 2.3.3.1.2, S. 47 ff., Kapitel 2.3.4, S. 74 ff., Kapitel 2.3.3.1.1, S. 44 ff. Diese Zusammenfassung beruht auf den in diesen Kapiteln aufgezeigten Einflußmöglichkeiten und den daran anknüpfenden Rechtsfolgen sowie faktischen Folgen.

[599] Vgl. Kapitel 2.3.2, S. 24 ff., Kapitel 2.3.3.1.3, S. 54 ff.

[600] Vgl. Kropff, B. (Aktiengesetz, 1965), Begründung RegE zu § 311, S. 407, Würdinger, H. (Konzernrecht, 1973), S. 297.

144

Wie bereits festgestellt, ist eine Unterscheidung der abhängigen Unternehmen in AG und GmbH notwendig.[601]

Ist die **abhängige AG Kreditnehmer**, das herrschende Unternehmen jedoch nicht, ist angesichts der erläuterten erheblichen Einschränkungen der gläubigerschützenden Wirkung der §§ 311 ff. AktG davon auszugehen, daß das herrschenden Unternehmen eine Schädigung der abhängigen Gesellschaft durch die Veranlassung zu nachteiligen Rechtsgeschäften und Maßnahmen, und damit eine Erhöhung des Kreditausfallrisikos, erwirken kann und ein wirkungsvolles Haftungskorrelat fehlt. Es ist weiter anzunehmen, daß diese Schädigungen häufiger und umfangreicher vorkommen werden, wenn sich das herrschende Unternehmen in finanziellen Schwierigkeiten befindet.[602] Aus diesen Gründen ist die Bonitätsprüfung auf das herrschende Unternehmen auszudehnen.

Da schädigende Einflüsse auch bei 'guter' Bonität des herrschenden Unternehmens ohne angemessenes Haftungskorrelat befürchtet werden müssen, ist bei Abhängigkeit und beim einfachen faktischen Aktienkonzern darauf zu achten, das herrschende Unternehmen über zusätzliche Sicherheiten, wie z. B. eine Bürgschaft,[603] in die Haftung für die Kredite mit einzubeziehen.

Ist die **abhängige GmbH Kreditnehmer**, besteht aufgrund der Treuepflicht des herrschenden Unternehmens verbunden mit dessen Leistungsverpflichtung auf Schadensersatz eine strengere Haftung für schädigende Weisungen, da ein rechtfertigender Nachteilsausgleich nicht vorgesehen ist. Fehlt nun die Fähigkeit beim herrschenden Unternehmen, die Schadensersatzleistungen zu erbringen oder werden diese absichtlich verzögert, könnte die abhängige GmbH in daraus resultierende finanzielle Schwierigkeiten geraten, die wiederum das Kreditausfallrisiko erhöhen. Die Möglichkeit der Leistungsunfähigkeit aufgrund finanzieller Schwierigkeiten des herrschenden Unternehmens, kann durch eine Ausdehnung der Bonitätsprüfung auf das herrschende Unternehmen offengelegt werden. Liegt eine willkürliche Verzögerung von Leistungen vor, wird die Bereitschaft dazu tendenziell höher sein, wenn das herrschende Unternehmen eine 'schlechte' Bonität aufweist. Daher ist auch in diesem Fall eine zusätzliche Prüfung des herrschenden Unternehmens hilfreich, um entsprechende Schädigungspotentiale zu erkennen zu können.

---

[601]   Vgl. hierzu und zum folgenden Kapitel 2.3.2, S. 24 ff.

[602]   Vgl. auch Thiermeier, M. (Risiko, 1989), S. 124.

[603]   Vgl. zur Bürgschaft als Sicherheit in einer Kreditbeziehung Pottschmidt, G./ Rohr, U. (Kreditsicherungsrecht, 1992), S. 1 ff.

Nunmehr stellt sich die Frage, wie sich die Risikolage darstellt, wenn das **herrschende Unternehmen Kreditnehmer** ist und daraufhin untersucht wird, welche negativen Einflußmöglichkeiten durch die **abhängige AG** (kein Kreditnehmer) bestehen. Da aufgrund der Abhängigkeit kein Einfluß durch schädigende Weisungen ausgeübt werden kann, ist zu untersuchen, ob z. B. aus der Pflicht zum Nachteilsausgleich eine Erhöhung des Kreditausfallrisikos erwachsen kann. Dies wäre dann möglich, wenn es sich um Verpflichtungen zum Nachteilsausgleich oder Schadensersatz mit maßgeblichem Ausmaß handelt, d. h. sich daraus finanzielle Schwierigkeiten ergeben. Die genannten Pflichten zum Nachteilsausgleich bzw. Schadensersatz sind durch das herrschende Unternehmen dahingehend zu steuern, daß es nachteilige Einflußnahmen vermeidet. Auch hier treten die bereits geschilderten Schwächen hinsichtlich des Nachteilsausgleichs auf. So wird das herrschende Unternehmen, das zum Nachteilsausgleich verpflichtet ist, im Rahmen der gesetzlichen und faktischen Möglichkeiten versuchen, diesen entweder ganz zu unterlassen bzw. auf ein Minimum am Rande der Zulässigkeit zu begrenzen oder zumindest die Leistung zu verzögern.

Da die Haftung für das herrschende Unternehmen grundsätzlich auf die Veranlassung zu nachteiligen Rechtsgeschäften und Maßnahmen begrenzt ist, können sich allgemeine finanzielle Schwierigkeiten der abhängigen Gesellschaft auf diesem Wege nicht auf das herrschende Unternehmen übertragen.

Auch bei finanziellen Schwierigkeiten der **abhängigen GmbH** wird das herrschende Unternehmen über Haftungsmechanismen nicht in Mitleidenschaft gezogen, da auch hier die Schadensersatzpflicht nur für schädigende Einflußnahmen gilt, nicht aber für allgemeine finanzielle Probleme der abhängigen GmbH.

Dennoch ist eine auf **wirtschaftliche Zusammenhänge** basierende Beeinflussung des herrschenden Unternehmens durch die abhängige Gesellschaft denkbar, wenn z. B. Einnahmen aus der Beteiligung einen maßgeblichen Bestandteil der Einnahmen des herrschenden Unternehmens darstellen, deren Reduzierung oder Wegfall zu Zahlungsschwierigkeiten führen können. Auch bei Übertragung einzelner Aufgaben ausschließlich auf die abhängige Gesellschaft können bei deren finanziellen Schwierigkeiten zu Problemen bei dem herrschenden Unternehmen führen.

Da solche Konstellationen in vielschichtiger Art in der Praxis vorkommen können und aufgrund der Uneinsehbarkeit der Unternehmensinterna von Außenstehenden nicht zu erkennen sind, ist eine Ausdehnung der Bonitätsprüfung auf den nicht-kreditnehmenden Teil der Kreditnehmereinheit anzuraten.

4.1.1.2 Die Auswirkung der auf Zugehörigkeit zu einem Vertragskonzern sowie auf Beteiligung an einem Gewinnabführungsvertrag oder auf Zugehörigkeit zu einem qualifizierten faktischen Konzern basierenden Einflußmöglichkeiten innerhalb einer Kreditnehmereinheit auf die Bonitätsprüfung

Der Vertragskonzern, der Gewinnabführungsvertrag und der qualifizierte faktische Konzern werden in diesem Kapitel zusammengefaßt behandelt, da für diese dieselben Einflußmöglichkeiten existieren und auch dieselben Rechtsfolgen gelten.[604]

Vertragskonzern und Gewinnabführungsvertrag

Die Beteiligten einer Kreditnehmereinheit, die aufgrund eines Beherrschungs- bzw. eines Gewinnabführungsvertrages[605] miteinander verbundene Unternehmen sind, sind das herrschende und das beherrschte Unternehmen bzw. das gewinnabführende und das gewinnerhaltende Unternehmen.[606]

Zuerst sei angenommen, daß die **abhängige Gesellschaft Kreditnehmer** ist, das herrschende Unternehmen jedoch nicht. Die schädigenden Weisungen der herrschenden Gesellschaft werden durch die Verlustübernahmepflicht weitgehend neutralisiert. Jedoch ist die Möglichkeit des Transfers von stillen Reserven an das herrschende Unternehmen von Nachteil, da die Substanz des Unternehmens geschmälert wird. Ist die

---

[604] Vgl. hierzu und zum folgenden Kapitel 2.3.3.1.2, S. 47 ff., Kapitel 2.3.4, S. 74 ff., Kapitel 2.3.3.1.3, S. 54 ff.

[605] Ein Beherrschungsvertrag bildet die Grundlage eines Vertragskonzerns. Vgl. § 18 Abs. 1 Satz 2 AktG. Da der Gewinnabführungsvertrag gleichlautende Rechtsfolgen hat und in vielen Fällen gleichzeitig mit einem Beherrschungsvertrag abgeschlossen wird, wird er an dieser Stelle mitbehandelt. Vgl. Knepper, K. H. (Unternehmensverträge, 1982), S. 2061, Sonnenschein, J. (Organschaft, 1976), S. 380.

[606] Vgl. hierzu und zum folgenden Kapitel 2.3.3.1.2, S. 47 ff., Kapitel 2.3.4, S. 74 ff.

herrschende Gesellschaft nicht in der Lage, den Verlust zu übernehmen, erhöht sich offensichtlich das Kreditausfallrisiko.[607] Auch ist die finanzielle Situation der abhängigen Gesellschaft allein ohne Aussagekraft, da diese durch die umfassende Leitungsmacht des herrschenden Unternehmens jederzeit geändert werden kann.[608] Daher ist eine auf das herrschende Unternehmen ausgedehnte Bonitätsprüfung unabdinglich.

Ist das **herrschende Unternehmen Kreditnehmer**, die abhängige Gesellschaft jedoch nicht, ergeben sich risikoerhöhende Momente aus der Tatsache, daß das herrschende Unternehmen die Verluste der abhängigen Gesellschaft übernehmen bzw. bei Vertragsbeendigung Sicherheit leisten oder sich verbürgen muß. Diese Pflichten sind explizit nicht an schädigende Weisungen des herrschenden Unternehmens gekoppelt. Daher ist auch bei dieser Konstellation die Bonitätsprüfung auf den anderen Vertragsteil auszudehnen.

Qualifizierter faktischer Konzern

Eine Kreditnehmereinheit, die auf einem qualifizierten faktischen Konzern basiert, besteht aus dem herrschenden und dem abhängigen Unternehmen.[609]

Obwohl die Haftung, die an eine umfassende schädigende Einflußnahme der abhängigen Gesellschaft gekoppelt ist, weder beim Aktienkonzern noch beim GmbH-Konzern zweifelsfrei geregelt ist, wird dennoch von der herrschenden Meinung eine analoge Anwendung der Rechtsfolgen gemäß den §§ 302, 303 AktG favorisiert. Da jedoch eine Regelung de lege lata für den qualifizierten faktischen Konzern fehlt und die Durchsetzung wie auch immer gearteter Haftungsansprüche hier besonders von der Rechtsprechung abhängen, sollte die Bonitätsprüfung vor allem als Grundlage für die Anforderung weiterer Kreditsicherungsinstrumente, wie z. B. Bürgschaften des herrschenden Unternehmens, durchgeführt werden.

---

[607] Liegt Insolvenz beim herrschenden Unternehmen vor, endet der Beherrschungsvertrag automatisch, der Verlust, der bis zur Eröffnung des Verfahrens entstanden ist, muß ausgeglichen werden. Dabei handelt es sich jedoch lediglich um eine Konkursforderung, die der allgemeinen Konkursquote unterliegt. Vgl. Schatz, S. (Gläubigerinteressen, 1980), S. 192.

[608] Vgl. z. B. für den GmbH-Vertragskonzern Emmerich, V. (Bestandsschutz, 1986), S. 68 ff.

[609] Vgl. hierzu und zum folgenden Kapitel 2.3.3.1.3, S. 54 ff.

Die Bonitätsprüfung ist, wie auch beim Vertragskonzern, jeweils beim herrschenden und beim abhängigen Unternehmen vorzunehmen.

4.1.1.3 Die Auswirkung der auf Zugehörigkeit zu einem Eingliederungskonzern basierenden Einflußmöglichkeiten innerhalb einer Kreditnehmereinheit auf die Bonitätsprüfung

Wenn eine Kreditnehmereinheit auf dem Tatbestand der Eingliederung beruht, sind ihre Beteiligten die eingliedernde Hauptgesellschaft und die eingegliederte Gesellschaft, die beide die Rechtsform einer AG und den Sitz im Inland haben müssen.[610]

Ist die **eingegliederte AG Kreditnehmer**, stellt sich das Problem, daß die Hauptgesellschaft Vorteile zu erlangen sucht, indem sie der eingegliederten AG schädigende Weisungen erteilt. Diese negativen Weisungen können bei der abhängigen Gesellschaft zu finanziellen Schwierigkeiten führen. Da die Hauptgesellschaft für die Verbindlichkeiten der eingegliederten Gesellschaft mithaftet, entsteht eine Erhöhung des Kreditausfallrisikos dann, wenn sich auch die Hauptgesellschaft in finanziellen Schwierigkeiten befindet und der Haftungsverpflichtung nicht mehr gerecht werden kann. Ist gar der Bestand der Hauptgesellschaft gefährdet, wird dies auch zu einer Erhöhung des Kreditausfallrisikos bei der eingegliederten AG führen, vor allem dann, wenn diese aufgrund der starken Abhängigkeit nicht mehr isoliert lebensfähig ist. Dies ist beispielweise dann der Fall, wenn die abhängige AG aufgrund der Eingliederung keine eigene Vertriebsorganisation oder Forschungs- und Entwicklungsabteilung mehr hat. Aufgrund dieser Zusammenhänge ist die Bonitätsprüfung auch bei der Hauptgesellschaft durchzuführen.

Im umgekehrten Fall, wenn die **Hauptgesellschaft Kreditnehmer** ist, die eingegliederte AG nicht, ergibt sich ein negativer Einfluß auf die Hauptgesellschaft vor allem aufgrund der gesamtschuldnerischen Haftung für alle Verbindlichkeiten der abhängigen AG, die unabhängig von schädigenden Einflußnahmen besteht. Somit können sich finanzielle Schwierigkeiten von der abhängigen auf die herrschende AG übertragen, was wiederum eine Ausdehnung der Bonitätsprüfung unentbehrlich macht.

---

[610] Vgl. hierzu und zum folgenden Kapitel 2.3.3.1.1, S. 44 ff.

4.1.2 Die Auswirkung der auf Abhängigkeit unter Beteiligung von Personen basierenden Einflußmöglichkeiten innerhalb einer Kreditnehmereinheit auf die Bonitätsprüfung

§ 19 Abs. 2 Satz 1 KWG postuliert das Beherrschungsverhältnis zwischen natürlichen oder juristischen Personen und Personenhandelsgesellschaften als Basis für eine Kreditnehmereinheit. In dieser Arbeit wurde die Unterscheidung zwischen Unternehmen und Personen beibehalten.[611] Die Problematik bei der Bonitätsprüfung im Zusammenhang mit einem Unternehmen als herrschenden Teil wurde in Kapitel 4.1.1, S. 142 ff. behandelt, so daß nunmehr der Fokus auf die Abhängigkeit unter Beteiligung einer Person als herrschenden Teil gerichtet wird.

In einem ersten Schritt soll der Fall untersucht werden, daß das **abhängige Unternehmen Kreditnehmer** ist.[612] Ein Einfluß aufgrund schädigender Weisungen durch die beherrschende Person ist nicht auszuschließen, da auch den Gesellschaftsinteressen entgegengerichtete Interessen bestehen können. Derartige Weisungen werden tendenziell zunehmen, wenn sich die herrschende Person in finanziellen Schwierigkeiten befindet.

Aufgrund der möglichen negativen Einflußmöglichkeiten ist die Bonitätsprüfung bei beiden Beteiligten der Kreditnehmereinheit durchzuführen.

Es wird nunmehr angenommen, daß die **herrschende Person Kreditnehmer** ist, das beherrschte Unternehmen jedoch nicht. Hier erscheint eine Erhöhung des Kreditausfallrisikos bei der herrschenden Person aufgrund fehlender Haftungsverpflichtungen vor allem dann relevant, wenn die Einnahmen aus der Beteiligung am beherrschten Unternehmen einen maßgeblichen Anteil der Gesamteinnahmen bei der herrschenden Person ausmachen. Ist nunmehr das beherrschte Unternehmen nicht mehr in der Lage, Einnahmen in der erwarteten und benötigten Höhe bereitzustellen, kann sich das Kreditausfallrisiko bei der herrschenden Person erhöhen.

---

[611] Vgl. Kapitel 2.3.2, S. 24 ff.

[612] Vgl. Kapitel 2.4, S. 77 ff.

Eine Bonitätsprüfung bei dem abhängigen Unternehmen kann somit auf den Einzelfall beschränkt werden.

4.2 Die Auswirkung der auf anderen Abhängigkeiten basierenden Einfluß-möglichkeiten innerhalb einer Kreditnehmereinheit auf die Bonitätsprüfung

Unter 'anderen Abhängigkeiten' sind solche zu verstehen, die gerade nicht auf beherrschendem Einfluß basieren. Hierzu zählt die persönliche Haftung der Gesellschafter einer GbR, einer OHG, einer KG und der Beteiligten an einer Erbengemeinschaft oder die Einflußmöglichkeiten die die Beteiligung an einer Ehegemeinschaft eröffnet. Des weiteren sind die Beteiligung an einem Gleichordnungskonzern, das 'Strohmann-Kreditverhältnis' und die einfache Mehrheitsbeteiligung, die keine Abhängigkeit begründet, unter 'andere Abhängigkeiten' zu subsumieren.

4.2.1 Die Auswirkung der auf Übernahme der persönlichen Haftung basierenden Einflußmöglichkeiten innerhalb einer Kreditnehmereinheit auf die Bonitätsprüfung

Sowohl die persönlich haftenden Gesellschafter einer Personenhandelsgesellschaft sind mit der Personenhandelsgesellschaft zu je einer Kreditnehmereinheit zusammenzufassen, als auch die Gesellschafter einer GbR mit der GbR und die Beteiligten an einer Erbengemeinschaft mit der Nachlaßverbindlichkeit.[613]

Gerät nun die OHG oder KG (Nicht-Kreditnehmer) in finanzielle Schwierigkeiten, erscheint ein negativer Einfluß auf die Bonität des **persönlich haftenden OHG- oder KG-Gesellschafters (Kreditnehmer)** durch die persönliche gesamtschuldnerische Haftung, vor allem bei geringem Vermögensrückhalt der Gesellschaft, als sehr wahrscheinlich. Dieser Zusammenhang gilt bei einer GbR und einer Erbengemeinschaft verstärkt, da die Bank aufgrund deren fehlender rechtlicher Eigenständigkeit unmittelbar auf die einzelnen Beteiligten zugreifen kann und wird.

---

[613]   Vgl. hierzu und zum folgenden Kapitel 2.5, S. 79 ff.

Ist nun die **Gesellschaft Kreditnehmer**, sind es die Gesellschafter jedoch nicht, wird die Bank aufgrund der persönlichen Haftung der Gesellschafter für die Verbindlichkeiten der Gesellschaft immer eine Bonitätsprüfung auch bei den persönlich haftenden OHG- oder KG-Gesellschaftern vornehmen. Eine Berücksichtigung der finanziellen Leistungsfähigkeit der einzelnen Gesellschafter erscheint sinnvoll.

Auch hier gilt dieser Zusammenhang für die Gesellschafter einer GbR und die Beteiligten an einer Erbengemeinschaft aufgrund deren fehlender rechtlicher Eigenständigkeit in verstärktem Maße.

Daher erfolgt eine Bonitätsprüfung grundsätzlich direkt bei den GbR-Gesellschaftern und den Erben. Auch hier ist möglicherweise eine Auswahl nach Leistungsfähigkeit bzw. nach Quote bei einer Quoten-GbR der einzelnen Beteiligten sinnvoll.

4.2.2 Die Auswirkung der auf Zugehörigkeit zu einem Gleichordnungskonzern basierenden Einflußmöglichkeiten innerhalb einer Kreditnehmereinheit auf die Bonitätsprüfung

Unternehmen, die zu einem Gleichordnungskonzern gehören, bilden eine Kreditnehmereinheit.[614] Auf dieser Basis sollen nunmehr die Auswirkung der Einflußmöglichkeiten innerhalb dieser Unternehmensgruppe auf die Bonitätsprüfung untersucht werden.

Da schädigende Einflußnahmen aufgrund der fehlenden Abhängigkeit im Konzernrecht ausgeschlossen sind, sind auch keine Haftungsfolgen vorgesehen. Dennoch können schädigende Einflußnahmen in der Praxis vorkommen, da vorteilhafte Weisungen für den gesamten Gleichordnungskonzern dennoch zu Nachteilen für das einzelne Mitgliedsunternehmen führen können. Bei Gleichordnungskonzernen mit einer GbR als Leitungsgesellschaft können Regelungen des BGB zur gegenseitigen Rücksichtnahme herangezogen werden, die bei Nichtbeachtung eine Schadensersatzpflicht nach sich ziehen.

Zudem sind im Gleichordnungskonzern auch faktische Zusammenhänge möglich, die zu negativem Einfluß auf die Mitgliedsunternehmen führen können. So kann aufgrund

---

[614] Vgl. hierzu und zum folgenden Kapitel 2.3.3.2, S. 64 ff.

z. B. eines gemeinsamen Einkaufs ein Mitgliedsunternehmen durch ein anderes beein-flusst werden, wenn das eine die georderten Mengen aus finanziellen Gründen nicht abnehmen kann und das andere Unternehmen in die Verpflichtung eintreten muß.

Da sowohl die Vorschriften des BGB zur gegenseitigen Rücksichtnahme bestehen als auch Zusammenhänge der faktischen Art, die häufig von Außenstehenden nicht zu er-kennen sind, weit verbreitet sein dürften, ist eine Ausdehnung der **Bonitätsprüfung auf die jeweils nicht kreditnehmenden Mitgliedsunternehmen** eines Gleichord-nungskonzerns vorzunehmen, um das Kreditausfallrisiko zu reduzieren.

4.2.3 Die Auswirkung der auf Beteiligung an 'Strohmann-Kreditverhältnissen' basierenden Einflußmöglichkeiten innerhalb einer Kreditnehmereinheit auf die Bonitätsprüfung

Beim Vorliegen eines 'Strohmann-Kreditverhältnisses' gilt gemäß KWG die Besonder-heit, daß lediglich der besagte Kredit sowohl dem 'Strohmann' als auch dem 'Hintermann' zugeordnet wird und daher **keine** den 'Strohmann' und den 'Hintermann' umfassende Kreditnehmereinheit entsteht.[615]

Da der rechtliche Kreditnehmer und derjenige, der Zins und Tilgung leistet, verschie-dene Rechtssubjekte sind, ergeben sich für die Bank zwei Risikosituationen.
Einerseits kann der **tatsächliche Kreditnehmer** in finanzielle Schwierigkeiten kom-men. Da er jedoch nicht für Zins und Tilgung aufkommt, ist diese Situation rein wirt-schaftlich für die Bank selten von Bedeutung.
Andererseits kann der **'Hintermann'** in finanzielle Schwierigkeiten geraten und damit z. B. die für Zins- und Tilgung benötigten Beträge nicht mehr erbringen, so daß der 'Strohmann' durch den Kreditvertrag auch wirtschaftlich die Verpflichtung zu Zins-und Tilgungszahlungen übernehmen muß. Dazu muß er jedoch in der Lage sein.

Es ist offensichtlich, daß die Situation, daß der Kapitaldienst nicht oder nicht termin-gerecht oder vollständig durch den 'Hintermann' erbracht wird, zu einer Erhöhung des Kreditausfallrisiko führen kann. Daher ist es für die Bank unabdinglich, eine Boni-

---

[615] Vgl. hierzu und zum folgenden Kapitel 2.6, S. 93 ff.

tätsprüfung neben dem Kreditnehmer ('Strohmann') auch beim 'Hintermann' vorzunehmen, um das Kreditausfallrisiko zu reduzieren.

4.2.4 Die Auswirkung der auf Mehrheitsbeteiligung von Personen und Unternehmen basierenden Einflußmöglichkeiten innerhalb einer Kreditnehmereinheit auf die Bonitätsprüfung

Personen und Unternehmen, die mit Mehrheit an einem Unternehmen beteiligt sind, und Unternehmen, die in Mehrheitsbesitz stehen, bilden eine Kreditnehmereinheit.[616] Auf dieser Basis ist nunmehr die Auswirkung der Einflußmöglichkeiten innerhalb einer Kreditnehmereinheit auf die Bonitätsprüfung zu untersuchen.

Ist das **in Mehrheitsbesitz stehende Unternehmen Kreditnehmer**, das mit Mehrheit beteiligte Unternehmen[617] jedoch nicht, ist eine Übertragung von finanziellen Schwierigkeiten aufgrund fehlender Weisungsbefugnis des mit Mehrheit beteiligten Unternehmens nicht zu erwarten. Daher ist eine Bonitätsprüfung im allgemeinen nur bei dem in Mehrheitsbesitz stehenden Unternehmen durchzuführen.

Ist das **mit Mehrheit beteiligte Unternehmen Kreditnehmer**, das in Mehrheitsbesitz stehende Unternehmen jedoch nicht, erscheint ein Zusammenhang zwischen finanziellen Schwierigkeiten des in Mehrheitsbesitz stehenden Unternehmens und Erhöhung des Kreditausfallrisiko bei dem mit Mehrheit beteiligten Unternehmen aufgrund fehlender Haftungsverpflichtungen wiederum nur dann relevant, wenn die Einnahmen aus der Beteiligung einen maßgeblichen Anteil der Gesamteinkünfte bei dem mit Mehrheit beteiligten Unternehmen einnehmen. Ist das in Mehrheitsbesitz stehende Unternehmen nicht mehr in der Lage, Einnahmen in der erwarteten und benötigten Höhe bereitzustellen, kann sich das Kreditausfallrisiko bei dem mit Mehrheit beteiligten Unternehmen erhöhen. Eine Bonitätsprüfung bei dem in Mehrheitsbesitz stehenden Unternehmen kann daher auf den Einzelfall beschränkt werden.

---

[616] Vgl. hierzu und zum folgenden Kapitel 2.3.1, S. 18 ff., Kapitel 2.4, S. 77 ff.

[617] Folgende Ausführungen gelten für die mit Mehrheit beteiligte Person analog.

154

4.3 Zusammenfassung der Auswirkungen der Einflußmöglichkeiten innerhalb von Kreditnehmereinheiten auf die Bonitätsprüfung

An dieser Stelle werden die Auswirkungen der Einflußmöglichkeiten innerhalb von Kreditnehmereinheiten auf die Bonitätsprüfung nochmals kurz zusammengefaßt.

-   Besteht Abhängigkeit zwischen zwei Unternehmen oder liegt Zugehörigkeit zu einem Konzern vor, ist die Bonitätsprüfung bei allen Beteiligten vorzunehmen.[618]

-   Besteht Abhängigkeit zwischen Personen und Unternehmen ist die Bonitätsprüfung grundsätzlich bei allen Beteiligten durchzuführen. Ist die herrschende Person bzw. das herrschende Unternehmen Kreditnehmer, die abhängige Gesellschaft nicht, kann eine Beschränkung auf den Einzelfall erfolgen.[619]

-   Wird die persönliche Haftung in einer Personenhandelsgesellschaft, einer GbR oder einer Erbengemeinschaft übernommen, ist die Bonitätsprüfung grundsätzlich bei allen Beteiligten vorzunehmen.[620]

-   Existiert ein 'Strohmann-Kreditverhältnis', ist die Bonitätsprüfung auch beim 'Hintermann' vorzunehmen.[621]

-   Bestehen reine Mehrheitsbeteiligungen von Personen und Unternehmen an Unternehmen, kann die Bonitätsprüfung bei dem nicht kreditnehmenden Teil auf Einzelfälle begrenzt werden.[622]

Bisher wurde der Blickwinkel der Ausführungen aus Gründen der besseren Verständlichkeit und Übersicht auf bilaterale Kreditnehmereinheiten begrenzt.

---

[618]   Vgl. Kapitel 4.1.1.1, S. 143 ff., Kapitel 4.1.1.2, S. 146 ff., Kapitel 4.1.1.3, S. 148 ff., Kapitel 4.2.2, S. 151 ff.
[619]   Vgl. Kapitel 4.1.2, S. 149 ff.
[620]   Vgl. Kapitel 4.2.1, S. 150 ff.
[621]   Vgl. Kapitel 4.2.3, S. 152 ff.
[622]   Vgl. Kapitel 4.2.2, S. 151 ff.

Dennoch darf nicht übersehen werden, daß es sich zwar im Grunde um bilaterale Verbindungen handelt, die jedoch durch die Tatsache, daß mehrere bilateral verbundene Kreditnehmer umfassendere Geflechte bilden können, zu komplexeren Zusammenhängen führen. In diesen Fällen müssen die Erkenntnisse, die aus den bilateralen Zusammenhängen erwachsen, auf diese umfassenderen Geflechte übertragen werden. Die Vorgehensweise sei an folgendem einfachem Beispiel aufgezeigt:[623]

Angenommen es besteht eine Kreditnehmereinheit aus A-AG und B-GmbH, die durch einen Beherrschungsvertrag verbunden sind, wobei die A-AG das herrschende Unternehmen ist. Daneben wurde die C-AG in die A-AG eingegliedert und ist damit Teil der obigen Kreditnehmereinheit. Nunmehr sei unterstellt, daß die B-GmbH Kreditnehmer der Bank sei.

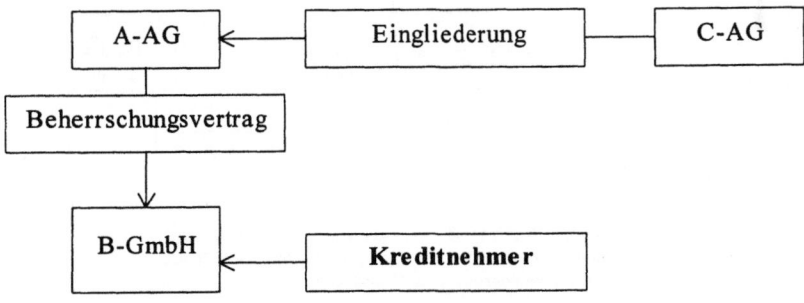

Abb. 22:   Beispiel für die Bonitätsprüfung bei einer Kreditnehmereinheit

Aufgrund des Beherrschungsvertrages besteht ein Vertragskonzern, bei dem die Bonitätsprüfung auf die A-AG auszudehnen ist. Daraufhin ist zu prüfen, welche Beeinflussungsmöglichkeiten auf die A-AG existieren, die bei dieser zu finanziellen Schwierigkeiten führen könnten. Ein solcher Zusammenhang kann aufgrund der Eingliederung der C-AG bestehen. Daraus ist zu folgern, daß auch bei der C-AG eine Bonitätsprüfung vorzunehmen ist.

---

[623]   Vgl. hierzu und zum folgenden Abb. 22, S. 155.

Zur weiteren Verdeutlichung werden an dieser Stelle die beiden komplexeren Kreditnehmereinheiten, die in Kapitel 2.7, S. 95 ff. dargestellt wurden, auf eine erweiterte
Bonitätsprüfung hin untersucht.

Die OHG mit ihren persönlich haftenden Gesellschaftern A und B ist an der Z-AG mit
55 %, an der Y-GmbH mit 65 % und an der X-AG mit 51 % der Stimmrechte beteiligt.[624] An der X-AG ist C mit 51 % des Kapitals beteiligt.

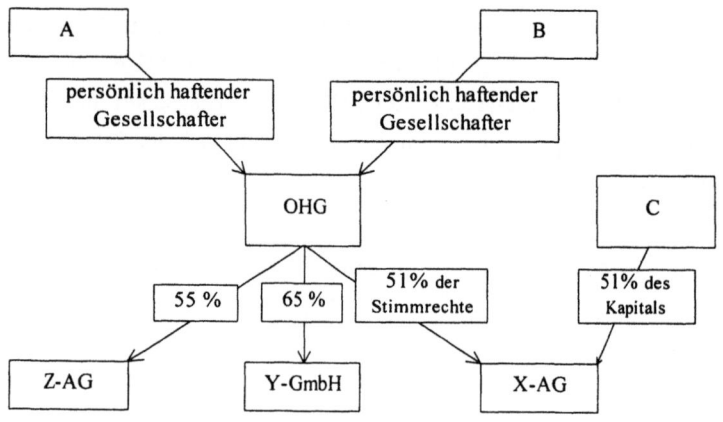

Kreditnehmereinheit 1: A und OHG und Z-AG und Y-GmbH und X-AG
Kreditnehmereinheit 2: B und OHG und Z-AG und Y-GmbH und X-AG
Kreditnehmereinheit 3: C und X-AG

Abb. 23:   Beispiel 1 für die Bonitätsprüfung bei mehreren Kreditnehmereinheiten[625]

Da zwischen der OHG und der Z-AG, der Y-GmbH und der X-AG weder Beherrschungsverträge noch, bei den Aktiengesellschaften, Eingliederungen bestehen, liegt
ein einfacher oder ein qualifizierter faktischer Konzern mit den Beteiligten OHG, Z-
AG, X-GmbH und X-AG vor.

Nunmehr sei die Y-GmbH der kreditnehmende Teil bei der Bank. Alle weiteren Beteiligten der drei vorliegenden Kreditnehmereinheiten beanspruchen keinen Kredit.

Die Bonitätsprüfung ist aufgrund des Bestehens eines einfachen oder qualifizierten
faktischen Konzerns neben der Y-GmbH auch bei der OHG, der Z-AG und der X-AG

---

[624]   Vgl. hierzu und zum folgenden Abb. 23, S. 156.

[625]   Vgl. Bisani, H. P. (Risikoeinheiten, 1994), S. 211.

vorzunehmen. Da A und B für die OHG persönlich haften, sind auch diese in die Bonitätsprüfung mit einzubeziehen. Auf den mit Kapitalmehrheit, nicht mit Stimmrechtsmehrheit, beteiligten C ist die Bonitätsprüfung nicht auszudehnen.

Im zweiten Beispiel sind eine KG und eine GmbH Mitgliedsunternehmen eines Gleichordnungskonzerns.[626] An der KG sind A, B und C als Komplementäre beteiligt, D
(ohne Unternehmenseigenschaft) als Kommanditist. Desweiteren sind A, B und C mit
30 %, 35 % und 35 % an der GmbH beteiligt.

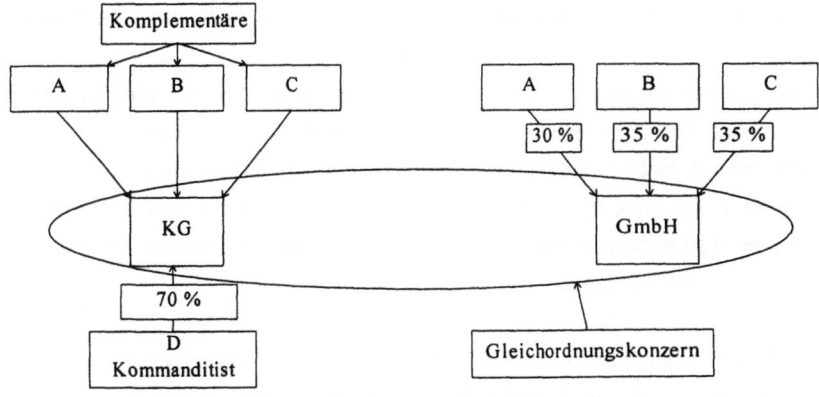

Kreditnehmereinheit 1: A und KG und GmbH und D
Kreditnehmereinheit 2: B und KG und GmbH und D
Kreditnehmereinheit 3: C und KG und GmbH und D

Abb. 24:   Beispiel 2 für die Bonitätsprüfung bei mehreren Kreditnehmereinheiten[627]

Es sei nunmehr einzig die GmbH Kreditnehmer der Bank.
Somit ist die Bonitätsprüfung neben der GmbH sowohl bei der KG aufgrund der Zugehörigkeit zu einem Gleichordnungskonzern, als auch bei A, B und C aufgrund der
Komplementärseigenschaft bei der KG vorzunehmen. Da D die Unternehmenseigenschaft fehlt, liegt ein Abhängigkeitsverhältnis unter Beteiligung einer Person als herrschendes Unternehmen vor. In diesem Fall muß auch bei D eine Bonitätsprüfung vorgenommen werden.

---

[626]   Vgl. hierzu und zum folgenden Abb. 24, S. 157.

[627]   Vgl. Bisani, H. P. (Risikoeinheiten, 1994), S. 211.

5 Fazit und Ausblick

Ziel der vorliegenden Arbeit ist es, die Einflußmöglichkeiten innerhalb von Gruppen von Unternehmen und Personen zu untersuchen, die eine Bildung von Kreditnehmereinheiten gemäß § 19 Abs. 2 KWG nach sich ziehen. Zudem werden die für die Bildung der Kreditnehmereinheiten benötigten Informationsquellen benannt. Vor dem Hintergrund der bestehenden Einflußmöglichkeiten, die mit Hilfe der Principal-Agent-Theorie in Hinblick auf eine Kreditbeziehung zwischen einer Bank und einer Kreditnehmereinheit analysiert wurden, war festzustellen, daß die Bonitätsprüfung bei Kreditnehmereinheiten unabdinglich ist. Diese wird auch durch das Gesetz vorgeschrieben.[628]

Aus diesen Gründen wurde untersucht, welche Auswirkungen die Einflußmöglichkeiten innerhalb einer Kreditnehmereinheit auf die Bonitätsprüfung haben.

Die aus dieser Arbeit resultierenden Folgerungen für die Bonitätsprüfung können in dieser Form in der Praxis angewendet werden, um sowohl den gesetzlichen Anforderungen gerecht zu werden, als auch das Risiko der Adverse Selection aus der Principal-Agent-Theorie einzuschränken.

Diese kurze Zusammenfassung zeigt, daß die Kreditnehmereinheiten durch die vielfältigen Einflußmöglichkeiten der beteiligten Personen bzw. Unternehmen aufeinander gekennzeichnet sind, die das Kreditausfallrisiko der Bank erhöhen können. Daher sollte die Fragestellung der Eingliederung von gesetzlich vorgeschriebenen Kreditnehmereinheiten in das Risiko-Controlling Gegenstand weiterer Forschung darstellen.

Bei den gesamten Ausführungen wurde davon ausgegangen, daß keine kriminellen Energien bei den Beteiligten einer Kreditnehmereinheit aufgewendet werden, um ihre Zugehörigkeit zu verschleiern und damit der Bank Schaden zuzufügen. Sollte diese Absicht in Einzelfällen bestehen, kann möglicherweise durch genaue Prüfung der Zusammenhänge größerer Schaden abgewendet werden, da unlautere Geschäftspraktiken früher aufgedeckt werden können. Letztendlich gibt es aufgrund der vielfältigen Möglichkeiten, sich als Kreditnehmer(-einheit) Vorteile auf Kosten der Bank zu erschleichen, keinen endgültigen Schutz gegen kriminelle Vorgehensweisen.

---

[628] Vgl. § 18 KWG i. V. m. § 19 Abs. 2 KWG.

Ein weiterer Ansatz für künftige Forschung wäre zu prüfen, ob und wieweit der Umfang der Bonitätsprüfung an den Grad der Intensität der Einflußmöglichkeiten angepaßt werden kann. Ist beispielsweise eine AG an zehn weiteren Aktiengesellschaften beteiligt, wovon nur die Beteiligung an dreien einen gefährdenen Einfluß auf die herrschende AG ausüben können, könnten vor allem diese intensiver geprüft werden.

In der vorliegenden Arbeit wurden inländische Kreditnehmereinheiten untersucht. Daher bietet sich auch das umfangreiche Feld der Bildung von Kreditnehmereinheiten unter Beteiligung von ausländischen Personen und Unternehmen und den dabei anfallenden Fragestellungen hinsichtlich einer Bonitätsprüfung als Gegenstand weiterer Untersuchungen an.

Literaturverzeichnis

Alchian, A. A./ Woodward, S. (Reflections, 1987), Reflections on the Theory of the
Firm, in: Zeitschrift für die gesamte Staatswissenschaft, 143. Band,
Heft 3 1987, S. 110-136

Alchian, A. A./ Woodward, S. (Firm, 1988), The Firm Is Dead; Long Live the Firm - A
Review of Oliver E. Williamson's The Economic Institutions of Capi-
talism, in: Journal of Economic Literature, Vol. 26, March 1988,
S. 65-79

Alchian, A. A./ Demsetz, H. (Information Costs, 1972), Production, Information Costs,
and Economic Organization, in: The American Economic Review, Vol.
62, September 1972, S. 777-795

Altmeppen, H.   (Abschied, 1991), Abschied vom „qualifizierten faktischen" Konzern -
Verflechtungen im faktischen Unternehmensverband und ihre Auswirkungen, Schriften zum Wirtschafts-, Arbeits- und Sozialrecht, Band
49, Heidelberg 1991

Arrow, K. J.   (Economics, 1985), The Economics of Agency, Pratt, J. W./
Zeckhauser, R. J. (Hrsg.), Principals and Agents: The Structure of
Business, Harvard Business School Press, Boston 1985, S. 37-51

Autenrieth, K.   (Haftung, 1984), Die Haftung für Darlehen der abhängigen
Gesellschaft an die Konzernmutter im faktischen GmbH-Konzern, in:
GmbHR, 75. Jg., August 1984, S. 198 - 205

Bachelin, H.   (Minderheitenschutz, 1969), Der konzernrechtliche
Minderheitenschutz - Die Stellung des außenstehenden Aktionärs in
Unternehmensverbindungen, Rechtsfragen der Handelsgesellschaften,
Heft 19, Köln 1969

Bälz, U.   (Konzern, 1974), Einheit und Vielheit im Konzern, in: Baur, F. et al.
(Hrsg.), Funktionswandel der Privatrechtsinstitutionen - Festschrift für
Ludwig Raiser zum 70. Geburtstag, Tübingen 1974, S. 287-338

Bagus, Th.   (Bonitätsanalyse, 1992), Wissensbasierte Bonitätsanalyse im Firmen-
kundengeschäft der Kreditinstitute, Europäische Hochschulschriften,
Reihe V, Volks- und Betriebswirtschaft, Band 1294, Frankfurt a. M.,
Berlin, Bern 1992

Barnea, A./ Haugen, R. A./ Senbet, L. W. (Problems, 1985), Agency Problems and Financial Contracting, Englewood Cliffs 1985

Barzel, Y. (Measurement Cost, 1982), Measurement Cost and the Organization of Markets, in: The Journal of Law and Economics, Vol. 25, April 1982, S. 27-48

Baumann, H./ Reiss, W. (Nebenverträge, 1989), Satzungsergänzende Vereinbarungen - Nebenverträge im Gesellschaftsrecht - Eine rechtstatsächliche und rechtsdogmatische Untersuchung, in: ZGR, 18. Jg., April 1989, S. 157-215

Bayerische Hypotheken- und Wechselbank AG (Hrsg.) (Geschäftsbericht 1995, 1996), Bericht über das Geschäftsjahr 1995, Bayerische Hypotheken- und Wechselbank AG, München 1996

Binder, Ch. U. (Beteiligungsstrategien, 1994), Beteiligungsstrategien in der Konzernpraxis - Eine empirische Untersuchung der Beteiligungshöhen in deutschen Konzernen, in: Die AG, 39. Jg., September 1994, S. 391-396

Bisani, H. P. (Risikoeinheiten, 1994), Risikoeinheiten im Kreditgeschäft, in: Sparkasse, 111. Jg., Mai 1994, S. 206-212

Bisani, H. P. (Risikoeinheiten, 1996), Risikoeinheiten im Kreditgeschäft nach der 5. KWG-Novelle, in: Sparkasse, 113. Jg., März 1996, S. 130-138

Bitz, M./ Hemmerde, W./ Rausch, W. (Reformvorschläge, 1986), Gesetzliche Regelungen und Reformvorschläge zum Gläubigerschutz - Eine ökonomische Analyse, Berlin usw. 1986

Böventer, von E./ Illing, G. (Mikroökonomie, 1995), Einführung in die Mikroökonomie, 8. Aufl., München, Wien 1995

Brakensiek, T. (Kreditausfallrisiken, 1991), Die Kalkulation und Steuerung von Ausfallrisiken im Kreditgeschäft der Banken, Schriftenreihe des Instituts für Kreditwesen der Westfälischen Wilhelms-Universität Münster, Band 44, Frankfurt a. M. 1991

Bratschitsch, R./ Dönz, H. (Selbstselektion, 1993), Informationsasymmetrie und Selbstselektion bei der Kreditvergabe, in: Journal für Betriebswirtschaft, 43. Jg., Januar 1993, S. 2-10

Braverman, A./ Stiglitz, J. E. (Sharecropping, 1982), Sharecropping and the Interlinking of Agrarian Markets, in: The American Economic Review, Vol. 72, September 1982, S. 695-715

Bülow, P.   (Einrede, 1988), Einrede der Aufrechenbarkeit für Personengesellschafter, Bürgen und Hauptgesellschaft im Eingliederungskonzern, in: ZGR, 17. Jg., April 1988, S. 192-209

Büschgen, H. E.(Bank-Lexikon, 1992), Das kleine Bank-Lexikon, Düsseldorf 1992

Bundesministerium der Justiz (Hrsg.) (Unternehmensrechtskommission, 1980), Bericht über die Verhandlungen der Unternehmensrechtskommission, Köln 1980

Burbach, H.-A. (Personenhandelsgesellschaft, 1989), Das Recht der konzernabhängigen Personenhandelsgesellschaft, Europäische Hochschulschriften: Reihe 2, Rechtswissenschaft, Band 889, Frankfurt usw. 1989

Burgard, U.   (Offenlegung, 1990), Die Offenlegung von Beteiligungen, Abhängigkeits- und Konzernlagen bei der Aktiengesellschaft, Untersuchungen über das Spar-, Giro- und Kreditwesen: Abteilung B, Rechtswissenschaft, Band 67, Berlin 1990

Clausen, U.   (Unternehmen, 1992), Verbundene Unternehmen im Bilanz- und Gesellschaftsrecht, Düsseldorf 1992

Commerzbank AG (Hrsg.) (wer gehört zu wem, 1994), wer gehört zu wem- Beteiligungsverhältnisse in Deutschland, 18. Aufl., Düsseldorf 1994

Creditreform Wirtschafts- und Konjunkturforschung (Hrsg.) (Insolvenzen 1996/97, 1997), Insolvenzen in den wichtigsten europäischen Ländern - Deutschland, in: Insolvenzen und Zahlungsverhalten in Europa 1996/97, Neuss 1997, S. 6-10

Decher, Ch. E. (Personelle Verflechtungen, 1990), Personelle Verflechtungen im Aktienkonzern: Loyalitätskonflikt und qualifizierter faktischer Konzern, Abhandlungen zum Arbeits- und Wirtschaftsrecht, Band 61, Heidelberg 1990

164

Deilmann, B. (Entstehung, 1990), Die Entstehung des qualifizierten faktischen Konzerns, Schriften zur wirtschaftswissenschaftlichen Analyse des Rechts, Band 5, Berlin 1990

Deutsche Bank AG (Hrsg.) (Jahresabschluß 1995, 1996), Jahresabschluß und Lagebericht der Deutschen Bank AG 1995, Frankfurt am Main 1996

Dierdorf, J. (Herrschaft, 1978), Herrschaft und Abhängigkeit einer Aktiengesellschaft auf schuldvertraglicher und tatsächlicher Grundlage, Abhandlungen zum deutschen und europäischen Handels- und Wirtschaftsrecht, Band 22, Köln usw. 1978

Dietl, H. (Zeit, 1993), Institutionen und Zeit, Die Einheit der Gesellschaftswissenschaften, Band 79, Tübingen 1993

Dopler, R. (Frühwarnsysteme, 1987), Frühwarnsysteme in Kreditunternehmungen, Wien 1987

Dresdner Bank AG (Hrsg.) (Geschäftsbericht 1995, 1996), Geschäftsbericht 1995, Dresdner Bank AG, Frankfurt am Main 1996

Drüke, H. (Haftung, 1990), Die Haftung der Muttergesellschaft für Schulden der Tochtergesellschaft: eine Untersuchung nach deutschem und US-amerikanischem Recht, Abhandlungen zum deutschen und europäischen Handels- und Wirtschaftsrecht, Band 69, Köln usw. 1990

Drygala, T. (Betriebsaufspaltung, 1991), Der Gläubigerschutz bei der typischen Betriebsaufspaltung, Beiträge zum Insolvenzrecht, Band 9, Köln 1991

Ebenroth, C. T. (Vermögenszuwendungen, 1979), Die verdeckten Vermögenszuwendungen im transnationalen Unternehmen - Ein Beitrag zum Schutz von Fiskal-, Aktionärs-, Gläubiger- und Arbeitnehmerinteressen im transnationalen Unternehmen, Bielefeld 1979

Ebenroth, C. T. (Konzernierung, 1990), Die qualifiziert faktische Konzernierung und ihre körperschaftssteuerliche Auswirkung, in: Die AG, 35. Jg., Mai 1990, S. 188-205

Emmerich, V. (Ausblick, 1985), Das Konzernrecht der Personengesellschaft - Rückblick und Ausblick, in: Lutter, M./ Mertens, H.-J./ Ulmer, P. (Hrsg.), Festschrift für Walter Stimpel zum 68. Geburtstag am 29. November 1985, Berlin, New York 1985, S. 743-757

Emmerich, V.   (Bestandsschutz, 1986), Bestandsschutz im GmbH-Vertragskonzern, in: Hommelhoff, P. et al. (Hrsg.), Entwicklungen im GmbH-Konzernrecht - 2. Deutsch-Österreichisches Symposion zum Gesellschaftsrecht vom 21. und 22. Februar 1986 in Landshut, in: ZGR, Sonderheft 6, Berlin, New York 1986, S. 64-96

Emmerich, V.   (Nachlese, 1987), Nachlese zum Autokran-Urteil des BGH zum GmbH-Konzernrecht, in: GmbHR, 78. Jg., August 1987, S. 213-221

Emmerich, V.   (Stand, 1987), Der heutige Stand der Lehre vom GmbH-Konzernrecht, in: Die AG, 32. Jg., Januar 1987, S. 1-7

Emmerich, V.   (Konzernbildungskontrolle, 1991), Konzernbildungskontrolle, in: Die AG, 36. Jg., September 1991, S. 303-312

Emmerich, V./ Sonnenschein, J. (Konzernrecht, 1993), Konzernrecht - Das Recht der verbundenen Unternehmen bei Aktiengesellschaft, GmbH, Personengesellschaften, Genossenschaft, Verein und Stiftung, 5. Aufl., München 1993

Ensthaler, J./ Kreher, M. (Verlustausgleichspflicht, 1995), Verlustausgleichspflicht im qualifizierten faktischen GmbH-Konzern, in: BB, 50. Jg., Juli 1995, S. 1422-1430

Eschenbruch, K. (Konzernhaftung, 1996), Konzernhaftung - Haftung der Unternehmen und der Manager, Düsseldorf 1996

Ewert, R.   (Rechnungslegung, 1986), Rechnungslegung, Gläubigerschutz und Agency-Probleme, Beiträge zur betriebswirtschaftlichen Forschung, Band 61, Wiesbaden 1986

Fama, E. F./ Jensen, M. C. (Residual Claims, 1983), Agency Problems and Residual Claims, in: The Journal of Law and Economics, Vol. 26, June 1983, S. 327-349

Fischer, H.-E.   (Kapitalstruktur, 1989), Die Kapitalstruktur im verschachtelten Konzern - Eine Analyse ihrer Bestimmungsfaktoren sowie ihrer Abbildungen in konsolidierten Bilanzen, Hochschulschriften zur Betriebswirtschaft, Band 62, München 1989

Fleck, H. J. (GmbH-Geschäftsführer, 1985), Die Drittanstellung des GmbH-Geschäftsführers, in: ZHR, 149. Band, 1985, S. 387-418

Fleck, H. J. (Rechtsprechung, 1986), Die Rechtsprechung des Bundesgerichtshofes zum Recht der verbundenen Unternehmen, in: WM, 40. Jg., Oktober 1986, S. 1205-1216

Flume, W. (Bürgerliches Recht, 1983), Allgemeiner Teil des Bürgerlichen Rechts, Erster Band, Zweiter Teil: Die juristische Person, Enzyklopädie der Rechts- und Staatswissenschaft, Abteilung Rechtswissenschaft, Berlin usw. 1983

Gäbelein, W. (Definition, 1990), Definition eines qualifizierten faktischen Konzerns, in: Die AG, 35. Jg., Mai 1990, S. 185-187

Gansweid, W. (Tochtergesellschaften, 1976), Gemeinsame Tochtergesellschaften im deutschen Konzern- und Wettbewerbsrecht, Wirtschaftsrecht und Wirtschaftspolitik, Band 46, Baden-Baden 1976

Geiger, A. (Konzernhaftungsrecht, 1993), Ökonomische Analyse des Konzernhaftungsrechts, Steuer, Wirtschaft und Recht, Band 104, Köln 1993

Geitzhaus, G. (Verlustausgleichspflicht, 1989), Verlustausgleichspflicht als Motor der Konzernplanung (I), in: GmbHR, 80. Jg., Oktober 1989, S. 397-406

Geßler, E. (Aktiengesetz 1, 1973), §§ 1-22, in: Geßler, E. et al. (Hrsg.), Aktiengesetz, Kommentar, Band I §§ 1-75, München 1973, S. 53-291

Geßler, E. (Aktiengesetz 2, 1976), §§ 291-307, in: Geßler, E. et al. (Hrsg.), Aktiengesetz, Kommentar, Band VI §§ 291-410, München 1976, S. 1-230

Geßler, E./ Kropff, B. (Aktiengesetz 3, 1976), §§ 308-318, in: Geßler, E. et al. (Hrsg.), Aktiengesetz, Kommentar, Band VI §§ 291-410, München 1976, S. 231-399

Giese, R. (Widerlegung, 1974), Die Widerlegung der aktienrechtlichen Konzernvermutung, in: WPg, 27. Jg., September 1974, S. 464-469

Glasen, F. (Kreditwürdigkeitsprüfung, 1993), Wissensbasiertes Informationsressourcen-Management zur Kreditwürdigkeitsprüfung (Ein System...), Schriften zur Informationswissenschaft, Band 11, Konstanz 1993

Görling, H.   (Verbreitung, 1993), Die Verbreitung zwei- und mehrstufiger
                     Unternehmensverbindungen - Ergebnisse einer empirischen
                     Untersuchung, in: Die AG, 38. Jg., Dezember 1993, S. 538-547

Goldberg, V. P.   (Regulation, 1976), Regulation and Administered Contracts, in: The
                     Bell Journal of Economics, Vol. 7, Autumn 1976, S. 439-441

Gromann, H.-G.   (Gleichordnungskonzern, 1979), Die Gleichordnungskonzerne im
                     Konzern- und Wettbewerbsrecht, Abhandlungen zum deutschen und
                     europäischen Handels- und Wirtschaftsrecht, Band 27, Köln usw. 1979

Grotherr, S.   (Organschaft, 1993), Zur gegenwärtigen Bedeutung der Organschaft in
                     der Konzernsteuerplanung, in: BB, 48. Jg., Oktober 1993,
                     S. 1986-2001

Haesen, W.   (Abhängigkeitsbericht, 1970), Der Abhängigkeitsbericht im faktischen
                     Konzern, Abhandlungen zum deutschen und europäischen Handels-
                     und Wirtschaftsrecht, Köln usw. 1970

Harris, M./ Raviv, A. (Incentive, 1979), Optimal Incentive Contracts with Imperfect In-
                     formation, in: Journal of Economic Theory, Vol. 20, February 1979,
                     S. 231-259

Hartmann-Wendels, Th. (Kapitalmarkt, 1991), Rechnungslegung der Unternehmen und
                     Kapitalmarkt aus informationsökonomischer Sicht, Physica-Schriften
                     zur Betriebswirtschaft, Band 37, Heidelberg 1991

Hax, H.   (Debt, 1990), Debt and Investment Policy in German Firms - The Issue
                     of Capital Shortage, in: Journal of Institutional and Theoretical Eco-
                     nomics, Vol. 146, January 1990, S. 106-123

Hax, H.   (Information, 1991), Theorie der Unternehmung - Information, Anreize
                     und Vertragsgestaltung, in: Ordelheide, B., Rudolph, B., Büsselmann,
                     E. (Hrsg.), Betriebswirtschaftslehre und Ökonomische Theorie,
                     Stuttgart 1991, S. 51-67

Hehli, J.   (Qualitative Bonitätsprüfung, 1993), Qualitative Bonitätsprüfung
                     mittlerer und großer Firmenkunden des Kommerzgeschäfts Schweiz,
                     Zürich 1993

Hemmerde, W.   (Insolvenzrisiko, 1985), Insolvenzrisiko und Gläubigerschutz - Eine
ökonomische Analyse gesetzlicher Normen zur Kapitalaufbringung
und Kapitalerhaltung, Reihe Wirtschaftswissenschaften, Band 343,
Frankfurt am Main, Thun 1985

Henn, G.   (Aktienrecht, 1991), Handbuch des Aktienrechts, 4. Aufl., Heidelberg
1991

Hirte, H.   (Perspektiven, 1992), Der qualifizierte faktische Konzern - Stand und
Perspektiven, in: Hirte, H. (Hrsg.), Der qualifizierte faktische Konzern,
RWS-Dokumentation 12, Köln 1992, S. 1-22

Hölscher, R.   (Risikokosten-Management, 1987), Risikokosten-Management in
Kreditinstituten. Ein integratives Modell zur Messung und
ertragsorientierten Steuerung der bankbetrieblichen Erfolgsrisiken,
Schriftenreihe des Instituts für Kreditwesen der Westfälischen
Wilhelms-Universität Münster, Band 36, Fankfurt a. M. 1987

Hoffmann-Becking, M. (AG-Konzern, 1989), Der qualifizierte faktische AG-Konzern -
Tatbestand und Abwehransprüche, in: Ulmer, P. (Hrsg.), Probleme des
Konzernrechts: Symposion zum 80. Geburtstag von Wolfgang
Schilling, Abhandlungen aus dem gesamten bürgerlichen Recht, Han-
delsrecht und Wirtschaftsrecht, Beihefte der ZHR, Heft 62, Heidelberg
1989, S. 68-86

Hoffmann-Becking, M. (Qualifizierungsvermutung, 1992), Vermutungs- und Beweisfragen: Qualifizierungsvermutung; Haftungsausschluß, in: Hommelhoff, P., Stimpel, W., Ulmer, P. (Hrsg.), Heidelberger Konzernrechtstage: Der qualifizierte faktische GmbH-Konzern - Analyse der Rechtsprechung - Folgerung für die Praxis, Rechtsfragen der Handelsgesellschaften, Heft 75, Köln 1992, S. 89-103

Hohrmann, F. M. (Staat, 1983), Der Staat als Konzernunternehmner - Die Bundesre-
publik Deutschland als herrschendes Unternehmen im Sinne des
Rechts der verbundenen Unternehmen, Schriften zum Wirtschafts-,
Handels- und Industrierecht, Band 28, Köln usw. 1983

Holmström, B.   (Observability, 1979), Moral hazard and observability, in: The Bell
Journal of Economics, Vol. 10, Spring 1979, S. 74-91

Holmström, B.   (Moral Hazard, 1982), Moral hazard in teams, in: The Bell Journal of
Economics, Vol. 13, Autumn 1982, S. 324-340

Holzwarth, G.   (Betriebsaufspaltung, 1994), Konzernrechtlicher Gläubigerschutz bei der klassischen Betriebsaufspaltung: Anwendung der Haftungsgrundsätze des BGH zum qualifizierten faktischen GmbH-Konzern, Rechtsfragen der Handelsgesellschaften, Heft 78, Düsseldorf 1994

Hommelhoff, P. (Konzernleitungspflicht, 1982), Die Konzernleitungspflicht: zentrale Aspekte eines Konzernverfassungsrechtes, Köln usw. 1982

Hommelhoff, P. (Konzernlagen, 1992), Vorkehr gegen qualifizierte Abhängigkeits- und Konzernlagen, in: Hommelhoff, P., Stimpel, W., Ulmer, P. (Hrsg.), Heidelberger Konzernrechtstage: Der qualifizierte faktische GmbH-Konzern - Analyse der Rechtsprechung - Folgerung für die Praxis, Rechtsfragen der Handelsgesellschaften Heft 75, Köln 1992, S. 245-266

Hommelhoff, P. (Konzernpraxis, 1992), Konzernpraxis nach „Video" - zugleich Erwiderung auf eine Urteilsschelte, in: Betr., 45. Jg., Februar 1992, S. 309-314

Hommelhoff, P. (Abhängigkeitsbericht, 1992), Praktische Erfahrungen mit dem Abhängigkeitsbericht - Ergebnisse einer rechtstatsächlichen Umfrage, in: ZHR, 156. Band, 1992, S. 295-313

Hoppenstedt GmbH (Hrsg.) (Leitende, 1996), Leitende Männer und Frauen der Wirtschaft, 44. Ausgabe, Darmstadt 1996

Hueck, G./ Lutter, M./ Mertens, H.-J./ Rehbinder, E./ Ulmer, P./ Wiedemann, H./ Zöllner, W. (Arbeitskreis, 1972), Arbeitskreis GmbH-Reform - Kapital- und Haftungsfragen bei der GmbH, Gründung von Einmann-GmbH, Konzernrecht der GmbH, Arbeitnehmerbeteiligung an einer GmbH, Heidelberg 1972, in: Hirte, H. (Hrsg.), Der qualifizierte faktische Konzern, RWS-Dokumentation 12, Köln 1992, Punkt 1.1.3, S. 1-25

Hüttemann, R.   (Entherrschungsvertrag, 1992), Der Entherrschungsvertrag im Aktienrecht - Zulässiges Gestaltungsintrument oder Verstoß gegen die aktienrechtliche Kompetenzordnung?, in: ZHR, 156. Band, 1992, S. 314-329

Jacob, C. B.   (Gleichordnungskonzern, 1995), Die Behandlung von Gleichordnungskonzernen im deutschen und europäischen Wettbewerbsrecht im Vergleich, Akademische Abhandlungen zu den Rechtswissenschaften, Berlin 1995

Jährig, A./ Schuck, H. (Kreditgeschäft, 1989), Handbuch des Kreditgeschäfts, 5. Aufl., Wiesbaden 1989

Jahraus, G.   (Haftung, 1988), Ordnung und Haftung im faktischen GmbH-Konzern, Landau 1988

Janschek, O.   (Gläubigerschutz, 1993), Konzernabschluß und Gläubigerschutz, in: Seicht, G. (Hrsg.), Gläubigerschutz, Betriebswirtschaftslehre und Recht, Festgabe für Otmar Koren zum 75. Geburtstag, Wien 1993, S. 91-106

Jensen, M. C./ Meckling, W. H. (Firm, 1976), Theory of the Firm: Managerial Behavior, Agency Costs and Ownership Structure, in: Journal of Financial Economics, Vol. 3, January/March 1976, S. 305-360

Jung, M./ Spremann, K. (Transaktionsrisiken, 1989), Transaktionsrisiken, in: ZfB, 59. Jg., Januar 1989, S. 94-112

Kaas, K. P.   (Screening und Signaling, 1991), Marktinformationen: Screening und Signaling unter Partnern und Rivalen, in: ZfB, 61. Jg., März 1991, S. 357-370

Kah, A.   (Profitcenter-Steuerung, 1994), Profitcenter-Steuerung - Ein Beitrag zur theoretischen Fundierung des Controlling anhand des Principal-Agent-Ansatzes, Stuttgart 1994

Kaligin, T.   (Fördergebietsgesetz, 1996), Anwendungsfragen des Fördergebietsgesetzes bei Immobilieninvestitionen, in: Deutsche Steuerzeitung, 84. Jg., Juli 1996, S. 426-437

Kanngiesser, S. (Widersprüche, 1994), Widersprüche im Konzernbegriff nach dem Dritten Buch des HGB und Divergenzen zur wirtschaftlichen Einheit Konzern, Hochschulschriften zur Betriebswirtschaftslehre, Band 112, München 1994

Klein, B.   (Contracts, 1985), Self-Enforcing Contracts, in: Zeitschrift für die gesamte Staatswissenschaft, 141. Band, Heft 4 1985, S. 594-600

Knepper, K. H. (Unternehmensverträge, 1982), Bedeutung, Anwendungsformen und steuerliche Wirkungen von Unternehmensverträgen, in: BB, 37. Jg., Dezember 1982, S. 2061-2065

Koppensteiner, H.-G. (Kölner Kommentar, 1987), §§ 291-328, in: Zöllner, W. (Hrsg.), Kölner Kommentar zum Aktiengesetz, Band 6, §§ 291-328, 2. Aufl., Köln usw. 1987

Koppensteiner, H.-G. (Kölner Kommentar, 1988), §§ 15-22, in: Zöllner, W. (Hrsg.), Kölner Kommentar zum Aktiengesetz, Band 1, §§ 1-75 AktG, 2. Aufl., Köln usw. 1988

Koppensteiner, H.-G. (Verlustausgleichspflicht, 1989), Über die Verlustausgleichspflicht im qualifizierten AG-Konzern, in: Ulmer, P. (Hrsg.), Probleme des Konzernrechts - Symposion zum 80. Geburtstag von Wolfgang Schilling, Abhandlungen aus dem gesamten bürgerlichen Recht, Handelsrecht und Wirtschaftsrecht,Beihefte der ZHR, Heft 62, Heidelberg 1989, S. 87-101

Kort, M.   (Abschluß, 1986), Der Abschluß von Beherrschungs- und Gewinnabführungsverträgen im GmbH-Recht: Übergang vom faktischen zum Vertragskonzern, Abhandlungen zum deutschen und europäischen Handels- und Wirtschaftsrecht, Band 49, Köln usw. 1986

Kraft, A./ Hönn, G. (Kreditsicherheit, 1979), Aktien und Wandelschuldverschreibungen als Kreditsicherheit, in: Hadding, W., Schneider, U. W. (Hrsg.), Gesellschaftsanteile als Kreditsicherheit, Untersuchungen über das Spar-, Giro- und Kreditwesen, Abteilung B: Rechtswissenschaft, Schriften des Instituts für internationales Recht des Spar-, Giro- und Kreditwesens an der Universität Mainz, Band 17, Berlin 1979, S. 163-185

Kreim, E.   (Kreditentscheidung, 1988), Zukunftsorientierte Kreditentscheidung, Wiesbaden 1988

Krieger, G.   (Konzernrecht 1, 1988), Konzernrecht des Aktiengesetzes - § 68 Grundlagen, in: Hoffmann-Becking, M. (Hrsg.), Münchner Handbuch des Gesellschaftsrechts, Band IV Aktiengesellschaft, München 1988, S. 705-744

Krieger, G.　　(Konzernrecht 2, 1988), Konzernrecht des Aktiengesetzes - § 69 Abhängige Unternehmen und faktische Konzerne, in: Hoffmann-Becking, M. (Hrsg.), Münchner Handbuch des Gesellschaftsrechts, Band IV Aktiengesellschaft, München 1988, S. 744-789

Krieger, G.　　(Konzernrecht 3, 1988), Konzernrecht des Aktiengesetzes - § 71 Gewinnabführungsvertrag, in: Hoffmann-Becking, M. (Hrsg.), Münchner Handbuch des Gesellschaftsrechts, Band IV Aktiengesellschaft, München 1988, S. 848-864

Krieger, G.　　(Tatbestand, 1992), Der Tatbestand des qualifizierten faktischen Konzerns, in: Hommelhoff, P., Stimpel, W., Ulmer, P. (Hrsg.), Heidelberger Konzernrechtstage: Der qualifizierte faktische GmbH-Konzern - Analyse der Rechtsprechung - Folgerung für die Praxis, Rechtsfragen der Handelsgesellschaften, Heft 75, Köln 1992, S. 41-59

Kropff, B.　　(Aktiengesetz, 1965), Aktiengesetz - Textausgabe des Aktiengesetzes vom 6.9.1965 und des Einführungsgesetzes vom 6.9.1965 mit Begründung des Regierungsentwurfs, Bericht des Rechtsausschusses des Deutschen Bundestags, Verweisungen und Sachverzeichnis, Düsseldorf 1965

Künzer, M.　　(Betreuung 1993), Bankorganisation zur Betreuung grosser Konzernkunden - Organisatorische Aspekte der Führung eines Ressorts Konzernbetreuung Schweiz, Bern usw. 1993

Küting, K./ Weber, C.-P. (Konzernabschluß, 1991), Der Konzernabschluß - Lehrbuch und Fallstudie zur Praxis der Konzernrechnungslegung, 3. Aufl., Stuttgart 1991

Kunz, H.　　(Marktsystem, 1985), Marktsystem und Information. 'Konstitutionelle Unwissenheit' als Quelle von 'Ordnung', Wirtschaftswissenschaftliche und wirtschaftsrechtliche Untersuchungen, Band 20, Tübingen 1985

Kusterer, S.　　(Verlustausgleichsverpflichtungen, 1994), Verlustausgleichsverpflichtungen im Gesellschafts- und Bilanzrecht, Europäische Hochschulschriften: Reihe 5, Volks- und Betriebswirtschaft, Band 1633, Frankfurt usw. 1994

Ladiges, B.　　(Mehrstufige Bonitätsdiagnose, 1992), Mehrstufige Bonitätsdiagnose, Hamburg 1992

173

Lutter, M.   (Unternehmensgruppe, 1982), Die zivilrechtliche Haftung in der Un-
                    ternehmensgruppe, in: ZGR, 11. Jg., Februar 1982, S. 244-275

Lutter, M.   (Konzern, 1990), Der qualifizierte faktische Konzern, in: Die AG,
                    35. Jg., Mai 1990, S. 179-185

Lutter, M.   (Fortentwicklung, 1991), Die Fortentwicklung des Aktienrechts durch
                    die Rechtsprechung, in: Lutter, M. (Hrsg.), 25 Jahre Aktiengesetz - Ein
                    Symposion der Deutschen Schutzvereinigung für Wertpapierbesitz
                    e. V. (DSW) am 30. Oktober 1990 in Bonn, Düsseldorf 1991, S. 53-78

Lutter, M./ Drygala, T. (Gleichordnungskonzern, 1995), Grenzen der Personalverflechtung
                    und Haftung im Gleichordnungskonzern, in: ZGR, 24. Jg., Oktober 1995,
                    S. 557-577

Meier, A.   (Leitung, 1966), Einheitliche Leitung im Konzern aus betriebswirt-
                    schaftlicher Sicht, in: WPg., 19. Jg., Oktober/November 1966,
                    S. 570-573

Mertens, H.-J.   (Treuhandverhältnisse, 1993), Zur Berücksichtigung von
                    Treuhandverhältnissen und Stimmbindungsverträgen bei der Feststellung
                    von Mehrheitsbeteiligung und Abhängigkeit, in: Beisse, H., Lutter, M.,
                    Närger, H. (Hrsg.), Festschrift für KARL Beusch zum 68. Geburtstag am
                    31. Oktober 1993, Berlin, New York 1993, S. 583-591

Mestmäcker, E.-J. (Systematik, 1967), Zur Systematik des Rechts der verbundenen
                    Unternehmen im neuen Aktiengesetz, in: Biedenkopf, K. H., Coing,
                    H., Mestmäcker, E.-J. (Hrsg.), Das Unternehmen in der Rechtsord-
                    nung, Festgabe für Heinrich Kronstein aus Anlaß seines 70. Geburtsta-
                    ges am 12. September 1967, Karlsruhe 1967, S. 129-150

Michalski, L./ Zeidler, F. (Ausgleichshaftung, 1996), Die Ausgleichshaftung im quali-
                    fiziert faktischen Konzern - eine Analyse für die Praxis, in: NJW, 49.
                    Jg., Januar 1996, S. 224-229

Milde, T.   (Gleichordnungskonzern, 1996), Der Gleichordnungskonzern im Ge-
                    sellschaftsrecht, Konzern, Konzernrecht und Konzernfinanzierung,
                    Teil 5, Untersuchungen über das Spar-, Giro- und Kreditwesen: Abt. B,
                    Rechtswissenschaft, Band 101, Berlin 1996

Mirrlees, J. A. (Structure, 1976), The optimal structure of incentives and authority within an organization, in: The Bell Journal of Economics, Vol. 7, Spring 1976, S. 105-131

Möhring, L. (Schutz, 1992), Schutz der Gläubiger einer konzernabhängigen GmbH, Münsterische Beiträge zur Rechtswissenschaft, Band 64, Berlin 1992

Mühl, O. (Geschäftsanteil, 1979), Der Geschäftsanteil in einer Gesellschaft mit beschränkter Haftung als Kreditsicherheit (treuhänderische Übertragung, Verpfändung, Nießbrauch), in: Hadding, W., Schneider, U. W. (Hrsg.), Gesellschaftsanteile als Kreditsicherheit, Untersuchungen über das Spar-, Giro- und Kreditwesen, Abteilung B: Rechtswissenschaft, Schriften des Instituts für internationales Recht des Spar-, Giro- und Kreditwesens an der Universität Mainz, Band 17, Berlin 1979, S. 129-161

Mühlhaupt, L. (Einführung, 1980), Einführung in die BWL der Banken - Struktur und Grundprobleme des Bankbetriebs, 3. Aufl., Wiesbaden 1980

Müller, W. (Unternehmensverbindungen, 1992), Abschnitt R Unternehmensverbindungen, in: Institut der Wirtschaftsprüfer in Deutschland e. V. (Hrsg.), Wirtschaftsprüfer-Handbuch 1992 - Handbuch für Rechnungslegung, Prüfung und Beratung, Band I, 10. Aufl., Düsseldorf 1992, S. 1259-1396

Mutze, O. (Unternehmensverträge, 1967), Erfahrungen aus der Anwendung der Unternehmensverträge des Aktiengesetzes 1965, in: Die AG, 12. Jg., September 1967, S. 254-259

Neus, W. (Agency-Theorie, 1989), Ökonomische Agency-Theorie und Kapitalmarktgleichgewicht, Beiträge zur betriebswirtschaftlichen Forschung, Band 65, Wiesbaden 1989

Obermüller, M. (Konkurs, 1985), Die Bank im Konkurs und Vergleich ihres Kunden - Leitfaden für Konkurs, Vergleich und Sequestration, 3. Aufl., Schriftenreihe des Bankrechts, Band 3, Wiesbaden 1985

Oder, B. (Eigentümerkontrolle, 1989), Eigentümerkontrolle in der KGaA, in: Albach, H. (Hrsg.), Organisation - Mikroökonomische Theorie und ihre Anwendungen, Wiesbaden 1989, S. 261-287

o. V. (Pleiten, 1996), Zahl der Pleiten auf neuem Rekordniveau, in: Süddeutsche Zeitung, 52. Jg., Nr. 246 vom 24.10.1996, S. 27

o. V. (Nachkriegsrekord, 1997), Nachkriegsrekord bei den Firmenpleiten, in: Süddeutsche Zeitung, 53. Jg., Nr. 6 vom 09.01.1997, S. 28

o. V. (Gleichordnungskonzern, 1997), Neuer Gleichordnungskonzern - Gothaer und Berlin-Kölnische Versicherungsgruppe werden bis Ende 1997 zusammengeführt, in: Süddeutsche Zeitung, 53. Jg., Nr. 55 vom 07.03.1997, S. 28

Paehler, O. H. (Nachteilfeststellung, 1972), Die Zulässigkeit des faktischen Konzerns - Nachteilfeststellung gemäß § 311 AktG, Wirtschaftsrechtliche Beiträge, Band 2, Bielefeld 1972

Pahlke, K. (Strukturanalyse, 1986), Der vertragliche und faktische Konzern: Strukturanalyse und Diskussion der konzernrechtlichen Schutzvorschriften, Lüneburg 1986

Palandt, P. (Bürgerliches Gesetzbuch, 1996), Bürgerliches Gesetzbuch mit Einführungsgesetz, Gesetz zur Regelung des Rechts der Allgemeinen Geschäftsbedingungen, Verbraucherkreditgesetz, Gesetz über den Widerruf von Haustürgeschäften und ähnlichen Geschäften, Gesetz zur Regelung der Miethöhe (Art. 3 des 2. WKSchG), Produkthaftungsgesetz, Erbbaurechtsverordnung, Wohnungseigentumsgesetz, Ehegesetz, Hausratsverordnung, bearb. von Bassenge, P. et al., 55. Aufl., München 1996

Pausenberger, E. (Konzernaufbau, 1957), Der Konzernaufbau - Versuch einer Morphologie des Konzerns, München 1957

Petersen, T. (Delegationsproblem, 1989), Das Delegationsproblem zwischen Prinzipalen und Agenten, in: Albach, H. (Hrsg.), Organisation - Mikroökonomische Theorie und ihre Anwendungen, Wiesbaden 1989, S. 109-131

Pfannschmidt, A. (Aufsichtsräte, 1993), Personelle Verflechtungen über Aufsichträte - Mehrfachmandate in deutschen Unternehmen, Neue betriebswirtschaftliche Forschung, Band 121, Wiesbaden 1993

Picot, A. (Führung, 1987), Ökonomische Theorien und Führung, in: Kieser, A., Reber, G., Wunderer, R. (Hrsg.), Handwörterbuch der Führung, Stuttgart 1987, Sp. 1588-1595

Picot, A.   (Kommunikation, 1989), Zur Bedeutung allgemeiner Theorieansätze
                   für die betriebswirtschaftliche Information und Kommunikation: Der
                   Beitrag der Transaktionskosten- und Principal-Agent-Theorie, in:
                   Kirsch, W., Picot, A. (Hrsg.), Die Betriebswirtschaftslehre im Span-
                   nungsfeld zwischen Generalisierung und Spezialisierung, Wiesbaden
                   1989, S. 361-379

Picot, A.   (Theorien, 1991), Ökonomische Theorien der Organisation. Ein
                   Überblick über neuere ökonomische Ansätze und deren betriebswirt-
                   schaftliches Anwendungspotential, in: Ordelheide, B., Rudolph, B.,
                   Büsselmann, E. (Hrsg.), Betriebswirtschaftslehre und Ökonomische
                   Theorie, Stuttgart 1991, S. 143-170

Picot, A.   (Organisation, 1993), Organisation, in: Bitz, M. et al. (Hrsg.), Vahlens
                   Kompendium der Betriebswirtschaftslehre, Band 2, 3. Aufl., München
                   1993, S. 101-174

Pottschmidt, G./ Rohr, U. (Kreditsicherungsrecht, 1992), Kreditsicherungsrecht: ein
                   Handbuch für Studium und Praxis, 4. Aufl., München 1992

Pratt, J. W./ Zeckhauser, R. J. (Agents, 1985), Principals and Agents: An Overview, in:
                   Pratt, J. W., Zeckhauser, R. J. (Hrsg.), Principals and Agents: The
                   Structure of Business, Harvard Business School Press, Boston 1985,
                   S. 1-35

Priester, H.-J.   (Liquiditätsausstattung, 1989), Liquiditätsausstattung der abhängigen
                   Gesellschaft und unterjährige Verlustdeckung bei Unternehmensverträ-
                   gen, in: ZIP, 10. Jg., Oktober 1989, S. 1301-1308

Rasch, H.   (Konzernrecht, 1974), Deutsches Konzernrecht, 5. Aufl., Köln usw.
                   1974

Rehbinder, E.   (Unternehmensverbindungen, 1977), Gesellschaftsrechtliche Probleme
                   mehrstufiger Unternehmensverbindungen, in: ZGR, 6. Jg., April 1977,
                   S. 581-649

Reichert, J.   (Geschäftsanteile, 1984), Das Zustimmungserfordernis zur Abtretung
               von Geschäftsanteilen in der GmbH - Eine rechtsvergleichende
               Untersuchung zu Vinkulierungsklauseln in der GmbH und in der close
               corporation unter besonderer Berücksichtigung der Frage, ob und unter
               welchen Voraussetzungen dem veräußerungswilligen GmbH-Gesell-
               schafter ein Anspruch auf Erteilung der Zustimmung zusteht, Abhand-
               lungen zum Arbeits- und Wirtschaftsrecht, Band 43, Heidelberg 1984

Reischauer, F./ Kleinhans, J. (Kreditwesengesetz, 1963, 1996), Kreditwesengesetz
               (KWG), Loseblattkommentar für die Praxis nebst sonstigen bank- und
               sparkassenrechtlichen Aufsichtsgesetzen sowie ergänzenden Vor-
               schriften, bearb. von Becker, E., Lehnhoff, J., Meyer, H. E., Berlin
               1963, Stand: September 1996

Reul, J.   (Gleichbehandlung, 1991), Die Pflicht zur Gleichbehandlung der Ak-
               tionäre bei privaten Kontrolltransaktionen: eine juristische und öko-
               nomische Analyse, Tübinger rechtswissenschaftliche Abhandlungen,
               Band 70, Tübingen 1991

Reventlow, Graf v., I. (Neue Wege, 1992), Neue Wege der Bonitätsprüfung - Das
               Kreditgespräch als Instrument zur Beurteilung der Unternehmerper-
               sönlichkeit, Ludwigsburg, Berlin 1992

Richter, B.   (Widerlegung, 1976), Umgehung der Konzernvorschriften des
               Mitbestimmungsgesetzes 1976 durch Widerlegung der Abhängigkeits-
               und/oder Konzernvermutung? - Einige empirische Befunde, in: Die
               AG, 27. Jg., Oktober 1982, S. 261-268

Riebell, C.   (Kreditgewährung, 1982), Fragen und Probleme bei der
               Kreditgewährung an Konzernunternehmen, Teil I: Konzern-Begriff,
               Konzern-Haftung, Konzern-Sicherheiten, in: Sparkasse, 99. Jg.,
               Oktober 1982, S. 425-431

Riebell, C.   (Fragen der Kreditgewährung, 1982), Fragen und Probleme bei der
               Kreditgewährung an Konzernunternehmen, Teil II: Bilanzvorlage,
               Einzelabschluß, Konzernabschluß, Weltbilanz, ausländische
               Konzernabschlüsse, 99. Jg., Dezember 1982, S. 498-507

Rodloff, F.   (Mehrheitseingliederung, 1991), Ungeschriebene sachliche
               Voraussetzungen der aktienrechtlichen Mehrheitseingliederung, Berlin
               1991

Rose, G./ Glorius, C. (Unternehmensformen, 1992), Unternehmungsformen und -ver-
bindungen, Rechtsformen, Beteiligungsformen, Konzerne, Koopera-
tionen, Umwandlungen, Verschmelzungen und Spaltungen in betriebswirtschaftlicher, rechtlicher und steuerlicher Sicht, Wiesbaden, Köln
1992

Ross, S. A.   (Economic Theory, 1973), The Economic Theory of Agency: The
Principal's Problem, in: The American Economic Review, Vol. 63,
January 1973, S. 134-139

Rothschild, M./ Stiglitz, J. (Equilibrium, 1976), Equilibrium in competitive insurance
markets: An essay on the economics of imperfect information, in: The
Quarterly Journal of Economics, Vol. 90, November 1976, S. 629-649

Schatz, S.   (Gläubigerinteressen, 1980), Die Sicherung des Gesellschaftsvermögens und der Gläubigerinteressen im deutschen Konzernrecht, Göttingen 1980

Schierenbeck, H. (Bankmanagement, 1994), Ertragsorientiertes Bankmanagement -
Controlling in Kreditinstituten, 4. Aufl., Wiesbaden 1994

Schmidt, K.   (Verlustübernahmepflicht, 1983), Die konzernrechtliche Verlustübernahmepflicht als gesetzliches Dauerschuldverhältnis - Eine
rechtsdogmatische Problem-Skizze zu § 302 AktG, in: ZGR, 12. Jg.,
April 1983, S. 513-534

Schmidt, K.   (Verlustausgleichspflicht, 1989), Verlustausgleichspflicht und
Konzernleitungshaftung im qualifizierten faktischen GmbH-Konzern -
Zum Stand des Konzernhaftungsrechts nach dem neuen Tiefbau-Urteil
des BGH vom 20.2.1989 - II ZR 167/88, in: ZIP, 10. Jg., Mai 1989, S.
545-551

Schmidt, K.   (Gesellschaftsrecht, 1991), Gesellschaftsrecht, 2. Aufl., Köln usw.
1991

Schmidt, K.   (Gleichordnung, 1991), Gleichordnung im Konzern: terra incognita? -
Vorstudien und Thesen zu einem Recht der Konzernschwestern, in:
ZHR, 155. Band, 1991, S. 417-446

Schmidt, K.   (Abhängigkeit, 1992), Abhängigkeit und faktischer Konzern als
Aufgaben der Rechtspolitik, in: JZ, 47. Jg., September 1992,
S. 856-867

Schmidt, K.   (Partenreederei, 1995), Die Partenreederei als Handelsgesellschaft -
                 Integration einer Sonderrechtsform in das Unternehmensrecht,
                 Abhandlungen zum deutschen und europäischen Handels- und
                 Wirtschaftsrecht, Band 93, Köln usw. 1995

Schmidt, R. H.   (Gläubigerverfügungsrechte, 1984), Asymmetrische Information und
                 Gläubigerverfügungsrechte in der Insolvenz, in: ZfB, 54. Jg.,
                 Juli/August 1984, S. 717-742

Schneider, U. H. (Konzernbildung, 1980), Konzernbildung und Verlustausgleich im
                 Konzernrecht der Personengesellschaften - Zugleich ein Beitrag zur
                 Bedeutung des Gervais-Urteils für die Entwicklung des Konzernrechts,
                 in: ZGR, 9. Jg., April 1980, S. 511-547

Schneider, U. H. (Konzernfinanzierung, 1984), Das Recht der Konzernfinanzierung, in:
                 ZGR, 13. Jg., März 1984, S. 497-537

Schneider, U. H. (Konzernverfassung, 1986), Die vertragliche Ausgestaltung der Kon-
                 zernverfassung - Zur Anpassung von Gesellschaftsverträgen, Ge-
                 schäftsordnungen, Stimmbindungsverträgen und Konsortialverträgen
                 an die Konzernlage, in: BB, 41. Jg., Oktober 1986, S. 1993-1999

Schön, R.-D.   (Zusammenschlüsse, 1992), Inlands-Information, Nicht untersagte Zu-
                 sammenschlüsse, Nr. 6, EDEKA/KG Chemnitz, in: WuW, 42. Jg.,
                 Juli/August 1992, S. 606-609

Scholz, F.   (GmbH-Gesetz, 1993), Kommentar zum GmbH-Gesetz mit Nebenge-
                 setzen und den Anhängen Konzernrecht sowie Umwandlung und Ver-
                 schmelzung, bearb. von Crezelius, G. et al., I. Band §§ 1-44, Anhang
                 Konzernrecht, 8. Aufl., Köln 1993

Schorndorfer, R. (Verbundene Unternehmen, 1991), Verbundene Unternehmen im
                 dritten Buch des HGB, Stuttgart 1991

Schramm, V.   (Haftungsdurchgriff, 1991), Konzernverantwortung und Haftungs-
                 durchgriff im qualifizierten faktischen GmbH-Konzern, Rechtswissen-
                 schaftliche Forschung und Entwicklung, Band 277, München 1991

Schulze-Osterloh, J. (Betriebsaufspaltung, 1983), Gläubiger- und Minderheitenschutz
                 bei der steuerlichen Betriebsaufspaltung, in: ZGR, 12. Jg., Februar
                 1983, S. 123-161

Semler, J.   (Überwachung, 1996), Leitung und Überwachung der Aktiengesell-
                    schaft: die Leitungsaufgabe des Vorstands und die Überwachungs-
                    aufgabe des Aufsichtsrats, 2. Aufl., Abhandlungen zum deutschen und
                    europäischen Handels- und Wirtschaftsrecht, Band 31, Köln usw. 1996

Shavell, S.   (Risk sharing, 1979), Risk sharing and incentives in the principal and
                    agent relationship, in: The Bell Journal of Economics, Vol. 10, Spring
                    1979, S. 55-73

Slongo, B.   (Leitung, 1980), Der Begriff der einheitlichen Leitung als Bestandteil
                    des Konzernbegriffs - Betriebswirtschaftliche Analyse und Folgerun-
                    gen für einen Konzern de lege ferenda, Zürich 1980

Sonnenschein, J. (Organschaft, 1976), Organschaft und Konzerngesellschaftsrecht: un-
                    ter Berücksichtigung des Wettbewerbsrechts und des Mitbestim-
                    mungsrechts, Wirtschaftrecht und Wirtschaftpolitik, Band 48, Baden-
                    Baden 1976

Sonnenschein, J. (Schutz, 1991), Der Schutz von Minderheitsgesellschaftern und
                    Gläubigern der abhängigen Gesellschaft im deutschen Recht, in:
                    Mestmäcker, E.-J., Behrens, P. (Hrsg.), Das Gesellschaftsrecht der
                    Konzerne im internationalen Vergleich: ein Symposion des Max-
                    Planck-Instituts für Ausländisches und Internationales Privatrecht,
                    Wirtschaftsrecht und Wirtschaftspolitik, Band 110, Baden-Baden 1991

Spence, A. M.   (Job Market, 1973), Job Market Signaling, in: The Quarterly Journal of
                    Economics, Vol. 87, August 1973, S. 355-374

Spence, A. M.   (Signaling, 1974), Market Signaling: Informational Transfer in Hiring
                    and Related Screening Processes, Cambridge 1974

Spindler, G.   (Konzern, 1993), Recht und Konzern: Interdependenzen der Rechts-
                    und Unternehmensentwicklung in Deutschland und den USA zwischen
                    1870 und 1933, Beiträge zur Rechtsgeschichte des 20. Jahrhunderts,
                    Band 9, Tübingen 1993

Spremann, K.   (Agent, 1987), Agent and Principal, Bamberg, G., Spremann, K.(Hrsg.)
                    Agency Theory, Information, and Incentives, Berlin usw. 1987, S. 3-37

Spremann, K.   (Reputation, 1988), Reputation, Garantie, Information, in: ZfB, 58. Jg.,
                    Mai/Juni 1988, S. 613-629

Spremann, K.   (Investition, 1991), Wirtschaft, Investition und Finanzierung, 5. Aufl.,
                München, Wien 1996

Spremann, K.   (Information, 1990), Asymmetrische Information, in: ZfB, 60. Jg.,
                Mai/Juni 1990, S. 561-586

Stein, U.   (Organ, 1984), Das faktische Organ, Abhandlungen zum deutschen
                und europäischen Handels- und Wirtschaftsrecht, Band 41, Köln usw.
                1984

Stein, U.   (Konzernherrschaft, 1988), Konzernherrschaft durch EDV? - Gesell-
                schaftsrechtliche und konzernrechtliche Probleme der EDV-Auslage-
                rung auf ein konzernverbundenes Unternehmen, in: ZGR, 17. Jg., April
                1988, S. 163-191

Steiner, M.   (Kreditwürdigkeitsprüfung, 1990), Kreditwürdigkeitsprüfung, in:
                Schierenbeck, H., (Hrsg.), Bank- und Versicherungslexikon, München,
                Wien 1990, S. 414-427

Stiglitz, J. E./ Weiss, A. (Credit Rationing, 1981), Credit Rationing in Markets with
                Imperfect Information, in: The American Economic Review, Vol. 71,
                June 1981, S. 393-410

Stimpel, W.   (Rechtsprechung, 1986), Die Rechtsprechung des Bundesgerichtshofes
                zur Innenhaftung des herrschenden Unternehmens im GmbH-Konzern,
                in: Die AG, 31. Jg., Mai 1986, S. 117-123

Stimpel, W.   (Tiefbau-Urteil, 1991), Haftung im qualifizierten faktischen GmbH-
                Konzern - Besprechung der Entscheidung BGHZ 107, 7 ff., in: ZGR,
                20. Jg., Januar 1991, S. 144-161

Stodolkowitz, H. D. (Haftung, 1992), Die Haftung im qualifizierten faktischen GmbH-
                Konzern nach Rechtsprechung des Bundesgerichtshofs, in: ZIP, 13.
                Jg., November 1992, S. 1517-1528

Stolper, G.   (Wirtschaft, 1964), Deutsche Wirtschaft seit 1870, fortgeführt von
                Häuser, K., Borchardt, K., Tübingen 1964

Streyl. A.   (Vorstands-Doppelmandate, 1992), Zur konzernrechtlichen Proble-
                matik von Vorstands-Doppelmandaten, Abhandlungen zum Arbeits-
                und Wirtschaftsrecht, Band 68, Heidelberg 1992

Strohn, L.   (Verfassung, 1977), Die Verfassung der Aktiengesellschaft im fakti-
                  schen Konzern: zur Harmonisierung der §§ 311 ff. AktG mit den all-
                  gemeinen Bestimmungen des Aktienrechts, Abhandlungen zum deut-
                  schen und europäischen Handels- und Wirtschaftsrecht, Band 18, Köln
                  usw. 1977

Studienkommission des deutschen Juristentages (Hrsg.) (Reform, 1967), Untersuchun-
                  gen zur Reform des Konzernrechts, Bericht der Studienkommission
                  des deutschen Juristentages zugleich Stellungnahme zu den Vorschrif-
                  ten über das Recht der Verbundenen Unternehmen im Entwurf 1960/62
                  eines Aktiengesetzes und eines Einführungsgesetzes zum Aktiengesetz
                  mit Hinweisen auf das Aktiengesetz 1965, Tübingen 1967

Swoboda, P.   (Unternehmensfinanzierung, 1987), Kapitalmarkt und
                  Unternehmensfinanzierung - Zur Kapitalstruktur der Unternehmung, in:
                  Schneider, D. (Hrsg.), Kapitalmarkt und Finanzierung, Schriften des
                  Vereins für Socialpolitik, Gesellschaft für Wirtschafts- und
                  Sozialwissenschaften, Neue Folge Band 165, Berlin 1987, S. 49-68

Szagunn, V./ Wohlschieß, K. (Kreditwesen, 1990), Gesetz über das Kreditwesen in der
                  Fassung vom 11.7.1985 - Kommentar, 5. Aufl., Stuttgart, Berlin, Köln
                  1990

Terberger, E.   (Anreizprobleme, 1987), Der Kreditvertrag als Instrument zur Lösung
                  von Anreizproblemen: Fremdfinanzierung als Principal/Agent-Bezie-
                  hung, Physica-Schriften zur Betriebswirtschaft, Band 18, Heidelberg
                  1987

Terberger, E.   (Ansätze, 1993), Neo-institutionalistische Ansätze: Entstehung und
                  Wandel, Anspruch und Wirklichkeit, Beiträge zur betriebswirtschaft-
                  lichen Forschung, Band 72, Wiesbaden 1993

Theisen, M. R.   (Konzern, 1991), Der Konzern: betriebswirtschaftliche und rechtliche
                  Grundlagen der Konzernunternehmung, Stuttgart 1991

Thiermeier, M.   (Risiko, 1989), Risiko und Risikobeurteilung bei Krediten an inländi-
                  sche Betriebe eines deutschen Unterordnungskonzerns, Krefeld 1989

Uhlir, H./ Aussenegg, W. (Grundfragen, 1993), Grundfragen des Risikomanagements, in: Seicht, G. (Hrsg.), Gläubigerschutz, Betriebswirtschaftslehre und Recht, Festgabe für Otmar Koren zum 75. Geburtstag, Wien 1993, S. 161-179

Ulmer, P. (Gläubigerschutz, 1986), Der Gläubigerschutz im GmbH-Konzern, in: WPg., 39. Jg., Dezember 1986, S. 685-692

Ulmer, P. (Verlustübernahmepflicht, 1986), Verlustübernahmepflicht des herrschenden Unternehmens als konzernspezifischer Kapitalerhaltungsschutz - Zur analogen Anwendung der §§ 302, 303 AktG im qualifizierten faktischen GmbH-Konzern, in: Die AG, 31. Jg., Mai 1986, S. 123-130

Ulmer, P. (Beweisfragen, 1992), Vermutungs- und Beweisfragen: Qualifizierungsvermutung, Kausalitätsgegenbeweis, in: Hommelhoff, P., Stimpel, W., Ulmer, P. (Hrsg.), Heidelberger Konzernrechtstage: Der qualifizierte faktische GmbH-Konzern - Analyse der Rechtsprechung - Folgerung für die Praxis, Rechtsfragen der Handelsgesellschaften, Heft 75, Köln 1992, S. 65-88

Veelken, W. (Betriebsführungsvertrag, 1975), Der Betriebsführungsvertrag im deutschen und amerikanischen Aktien- und Konzernrecht, Wirtschaftsrecht und Wirtschaftspolitik, Band 42, Baden-Baden 1975

Veit, K.-R. (Unternehmensverträge, 1974), Unternehmensverträge und Eingliederung als aktienrechtliche Instrumente der Unternehmensverbindung, Düsseldorf 1974

Venrooy, van, G. J. (Unternehmensverträge, 1986), Isolierte Unternehmensverträge nach § 291 AktG?, in: BB, 41. Jg., April 1986, S. 612-616

Wagenhofer, A. (Haftungsbeschränkung, 1993), Agency Probleme bei Haftungsbeschränkungen, in: Seicht, G. (Hrsg.), Gläubigerschutz, Betriebswirtschaftslehre und Recht, Festgabe für Otmar Koren zum 75. Geburtstag, Wien 1993

Weigl, G. (Haftung, 1996), Die Haftung im (qualifizierten) faktischen Konzern - insbesondere eine Analyse der Rechtsprechung und ihrer Übertragbarkeit auf den Schutz der Minderheitsaktonäre einer abhängigen AG bei fehlendem Abhängigkeitsbericht, Augsburger Rechtsstudien, Band 25, Heidelberg 1996

Weisensee, G. J. (Expertensysteme, 1990), Kreditinformations- und Expertensysteme im Kommerzgeschäft der Banken, Bern, Stuttgart 1990

Wellkamp, L.   (Gleichordnungskonzern, 1993), Der Gleichordnungskonzern - Ein Konzern ohne Abhängigkeit?, in: Betr., 46. Jg., Dezember 1993, S. 2517-2521

Wenger, E./ Terberger, E. (Beziehung, 1988), Die Beziehung zwischen Agent und Prinzipal als Baustein einer ökonomischen Theorie der Organisation, in: WiSt, 17. Jahrgang, Oktober 1988, S. 506-514

Werner, W.   (Konzernrecht, 1986), Kreditkonsolidierung und Konzernrecht, in: Hofmann, P., Meyer-Cording, U., Wiedemann, H. (Hrsg.), Festschrift für Klemens Pleyer zum 65. Geburtstag, Köln usw. 1986, S. 133-152

Westermann, H. P. (Vertragsfreiheit, 1970), Vertragsfreiheit und Typengesetzlichkeit im Recht der Personengesellschaften, Berlin, Heidelberg, New York 1970

Westermann, H. P. (Tatbestand, 1992), Der Tatbestand des qualifizierten faktischen Konzerns, in: Hommelhoff, P., Stimpel, W., Ulmer, P. (Hrsg.), Heidelberger Konzernrechtstage: Der qualifizierte faktische GmbH-Konzern - Analyse der Rechtsprechung - Folgerung für die Praxis, Rechtsfragen der Handelsgesellschaften, Heft 75, Köln 1992, S. 21-40

Westermann, H. P. (Handkommentar zu § 705 BGB, 1993), § 705, in: Westermann, H. P. (Hrsg.), Handkommentar zum Bürgerlichen Gesetzbuch mit Einführungsgesetz, Verbraucherkreditgesetz, Gesetz zur Regelung der Miethöhe, Produkthaftungsgesetz, Haustürwiderrufsgesetz, AGB-Gesetz, Erbbaurechtsverordnung, Wohnungseigentumsgesetz, Schiffsrechtegesetz, Ehegesetz, Hausratsverordnung, Beurkundungsgesetz, 1. Band, 9. Aufl., Münster 1993, S. 1796-1819

Westermann, H. P. (Neuansatz, 1993), Das TBB-Urteil - ein Neuansatz bei der Haftung wegen qualifizierter faktischer Konzernierung, in: ZIP, 14. Jg., April 1993, S. 554-558

Wiedemann, H. (Spätlese, 1986), Spätlese zu Autokran - Besprechung der Entscheidung BGHZ 95, 330 ff., in: ZGR, 15. Jg., Oktober 1986, S. 656-671

Wiedemann, H.   (Unternehmensgruppe, 1988), Die Unternehmensgruppe im Privat-
recht: methodische und sachliche Probleme des deutschen Konzernrechts, Tübingen 1988

Wilhelm, H.   (Beendigung, 1976), Die Beendigung des Beherrschungs- und
Gewinnabführungsvertrags, Abhandlungen zum deutschen und
europäischen Handels- und Wirtschaftsrecht, Band 14, Köln usw. 1976

Winter, H.   (GmbH-Gesetz Kommentar, 1993), §§ 14-18, in: Scholz, F. (Hrsg.),
bearb. von Crezelius, G. et al., Kommentar zum GmbH-Gesetz mit
Nebengesetzen und den Anhängen Konzernrecht sowie Umwandlung
und Verschmelzung, I. Band, §§ 1 - 44, Anhang Konzernrecht,
8. Aufl., Köln 1993, S. 575-815

Winter, M.   (Treuebindungen, 1988), Mitgliedschaftliche Treuebindungen im
GmbH-Recht, Schriften des Instituts für Arbeits- und Wirtschaftsrecht
der Universität zu Köln, Band 55, München 1988

Wobbe-Sahm, G. (Auskunftei, 1982), Die Auskunftei - Analyse ihrer volkswirtschaftli-
chen Bedingungen, betriebswirtschaftlichen Erscheinungsformen und
Aktivitäten in der Bundesrepublik Deutschland, Göttingen 1982

Wöhe, G.   (Einführung, 1986), Einführung in die allgemeine Betriebswirtschaftslehre, 16. Aufl., München 1986

Würdinger, H.   (Konzernrecht, 1973), Aktien- und Konzernrecht - Eine systematische
Darstellung, 3. Aufl., Karlsruhe 1973

Würdinger, H.   (Aktienrecht, 1981), Aktienrecht und das Recht der verbundenen
Unternehmen: eine systematische Darstellung, 4. Aufl., Heidelberg,
Karlsruhe 1981

Zellweger, B.   (Kreditwürdigkeitsprüfung, 1987), Kreditwürdigkeitsprüfung in
Theorie und Praxis, Bankwirtschaftliche Forschungen, Band 102, Bern,
Stuttgart 1987

Zöllner, W.   (Gesellschafterklagen, 1988), Die sogenannten Gesellschafterklagen
im Kapitalgesellschaftsrecht - Referat, in: ZGR, 17. Jg., Juli 1988,
S. 392-440

Zöllner, W.   (Beherrschungsvertrag, 1992), Inhalt und Wirkungen von
              Beherrschungsverträgen bei der GmbH, in: ZGR, 21. Jg., Februar
              1992, S. 173-202

Zöllner, W.   (GmbH-Gesetz 1, 1996), § 43, Die GmbH im Unternehmensverbund
              (GmbH-Konzernrecht), in: Baumbach, A. et al. (Hrsg.), GmbH-Gesetz
              - Gesetz betreffend die Gesellschaften mit beschränkter Haftung,
              16. Aufl., München 1996, S. 794-811

Zöllner, W.   (GmbH-Gesetz 2, 1996), Schlußanhang I, Die GmbH im
              Unternehmensverbund (GmbH-Konzernrecht), in: Baumbach, A. et al.
              (Hrsg.), GmbH-Gesetz - Gesetz betreffend die Gesellschaften mit
              beschränkter Haftung, 16. Aufl., München 1996, S. 1379-1413

Zünd, A.   (Einheitliche Leitung, 1988), Einheitliche Leitung - Bedeutung und
              Tauglichkeit des Begriffs, in: Druey, J. N. (Hrsg.), Das St. Galler Kon-
              zernrechtsgespräch - Konzernrecht aus der Konzernwirklichkeit, St.
              Galler Studien zum Privat-, Handels- und Wirtschaftsrecht, Band 14,
              Bern, Stuttgart 1988, S. 77-88

Judikatur

BGH, Urteil vom 05.06.1975 - II ZR 23/74 'ITT-Urteil', in: Mitglieder des Bundesgerichtshofes und der Bundesanwaltschaft (Hrsg.), Entscheidungen des Bundesgerichtshofes in Zivilsachen, 65. Band, Köln, Berlin 1976, S. 15-21

BGH, Urteil vom 10.2.1977 - II ZR 79/75, in: BB, Zeitschrift für Recht und Wirtschaft, 32. Jg., April 1977, S. 456-467

BGH, Urteil vom 13.10.1977 - II ZR 123/76 'Veba-Gelsenberg-Urteil', in: JuS, 18. Jg., März 1978, S. 202-203

BGH, Urteil vom 3.7. 1978 - II ZR 180/76, in: WM, 32. Jg., November 1978, S. 1205-1208

BGH, Urteil vom 5.2.1979 - II ZR 210/76, 'Gervais-Urteil', in: Die AG, 25. Jg., Februar 1980, S. 47-50

BGH, Urteil vom 16.2.1981 - II ZR 168/79, 'Süssen-Urteil', in: JuS, 21. Jg., Dezember 1981, S. 923-924

BGH, Urteil vom 26.3.1984 - II ZR 171/83, in: NJW, 37. Jg., August 1984, S. 1893-1900

BGH, Urteil vom 16.9.1985 - II ZR 275/84, 'Autokran-Urteil', in: JuS, 26. Jg., März 1986, S. 236-237

BGH, Urteil vom 24.10.1988 - II ZB 7/88, 'Supermarkt-Urteil', in: Mitglieder des Bundesgerichtshofes und der Bundesanwaltschaft (Hrsg.), Entscheidungen des Bundesgerichtshofes in Zivilsachen, 105. Band, Köln, Berlin 1989, S. 324-346

BGH, Urteil vom 20.2.1989 - II ZR 167/88, 'Tiefbau-Urteil', in: ZIP, 10. Jg., April 1989, S. 440-445

BGH, Urteil vom 23.9.1991 - II ZR 135/90, 'Video-Urteil', in: JuS, 32. Jg., Februar 1992, S. 157-158

BGH, Urteil vom 11.11.1991 - II ZR 287/90, 'Stromlieferung-Urteil', in: Mitglieder des Bundesgerichtshofes und der Bundesanwaltschaft (Hrsg.), Entscheidungen des Bundesgerichtshofes in Zivilsachen, 116. Band, Köln, Berlin 1992, S. 37-47

BGH, Urteil vom 29.3.1993 - II ZR 265/91, 'TBB-Urteil', in: GmbHR, 84. Jg., Mai 1993, S. 283 - 287

BGH, Urteil vom 19.9.1994 - II ZR 237/93, in: Die AG, 40. Jg., Januar 1995, S. 35-37

OLG Karlsruhe, Urteil vom 16.12.1983 - 15 U 99/82, in: WM, 38. Jg., Mai 1984, S. 656-661

OLG Hamm, Beschluß vom 3.11.1986 - 8 U 59/86, 'Banning-Entscheidung', in: Die AG, 32. Jg., Februar 1987, S. 38-40

OLG Düsseldorf, Beschluß vom 11.4.1988 - 19 W 32/86, in: Die AG, 33. Jg., September 1988, S. 275-279

LG Mannheim, Urteil vom 17.1.1990 - 21 O 9/89, in: Die AG, 36. Jg., Januar 1991, S. 29-30

AG Eisenach, Urteil vom 13.4.1995 - 5 C 526/95, in: Die AG, 40. Jg., November 1995, S. 519-520

Bundestags-Drucksachen

Deutscher Bundestag (Entwurf KWG, 1959), Entwurf eines Gesetzes über das Kreditwesen, Drucksache 1114 vom 25.05.1959

Deutscher Bundestag (Konzentration 1964), Bericht über das Ergebnis einer Untersuchung der Konzentration in der Wirtschaft und Anlagenband zum Bericht über das Ergebnis einer Untersuchung der Konzentration in der Wirtschaft vom 29.Februar 1964, Drucksache IV/2320 vom 05.06.1964

Deutscher Bundestag (GmbHG-Entwurf, 1973), Entwurf eines Gesetzes über Gesellschaften mit beschränkter Haftung (GmbHG), Entwurf eines Einführungsgesetzes zum Gesetz über Gesellschaften mit beschränkter Haftung- Auszug: Konzernrecht, Bundestagsdrucksache 7/253 vom 26.02.1973, in: Hirte, H. (Hrsg.), Der qualifizierte faktische Konzern, RWS-Dokumentation 12, Köln 1992, Punkt 1.1.1, S. 1-20

Deutscher Bundestag (2. KWG-Novelle, 1975), Entwurf eines zweiten Gesetzes zur Änderung des Gesetzes über das Kreditwesen, Drucksache 7/3657 vom 20.05.1975

Deutscher Bundestag (3. KWG-Novelle, 1984), Entwurf eines dritten Gesetzes zur Änderung des Gesetzes über das Kreditwesen, Drucksache 10/1441 vom 14.5.1984

Deutscher Bundestag (Finanzausschuß, 1984), Beschlußempfehlung des Finanzausschusses (7. Ausschuß) über den von der Bundesregierung eingebrachten Entwurf eines Dritten Gesetzes zur Änderung des Gesetzes über das Kreditwesen, Drucksache 10/1441, Drucksache 10/2459 vom 14.11.1984 und Bericht der Abgeordneten Dr. Köhler (Duisburg) und Rapp (Göttingen), Drucksache 10/2510 vom 22.11.1984

Deutscher Bundestag (5. KWG-Novelle, 1994), Entwurf eines fünften Gesetzes zur Änderung des Gesetzes über das Kreditwesen, Drucksache 12/6957 vom 4.3.94

Schreiben des Bundesaufsichtsamtes für das Kreditwesen

BAK, Schreiben vom 18.05.1965 - I 2 - 236 - 14/65

BAK, Schreiben vom 21.10.1976 - I 3 - 236 - 20/76

BAK, Schreiben vom 20.04.1977 - I 3 - 236 - 3/77

BAK, Schreiben vom 10.5.1978 - I 2 - 231 - 12/76

BAK, Schreiben vom 20.1.1992 - I 3 - 236 - 2/85

BAK, Schreiben vom 30.07.1992 - I 3 - 236 - 9/91

BAK, Schreiben vom 20.04.1994 - I 3 - 236 - 2/85

BAK, Schreiben vom 31.01.1995 - I 3 - 236 - 3/88

BAK, Schreiben vom 08.08.1995 - I 3 - 237 - 2/94

Schreiben der Landeszentralbank in Bayern

Landeszentralbank in Bayern, Schreiben vom 29.6.1992 Nr. B 422/92, V 2 3018 S, Mitteilung Nr. 16.

Landeszentralbank in Bayern, Schreiben vom 16.11.1993, Nr. B. 933/93, V 2 3029, Mitteilung Nr. 50

Amtsblatt der Europäischen Gemeinschaften

Europäische Gemeinschaften (Hrsg.) (Richtlinie, 1993), Richtlinie 92/121/EWG des Rates vom 21. Dezember 1992 über die Überwachung und Kontrolle der Großkredite von Kreditinstituten, in: Amtsblatt der Europäischen Gemeinschaften L 29, 36. Jg., Februar 1993, S. 1-8

FSC
www.fsc.org

MIX
Papier aus verantwortungsvollen Quellen
FSC® C083411

If you have any concerns about our products,
you can contact us on:
Product-Safety@springernature.com

In case Publisher is established outside the EU,
the EU authorised representative:
Springer Nature Customer Service Center GmbH
Europaplatz 3, 69115, Heidelberg, Germany

Printed by Books on Demand GmbH
in Norderstedt, Germany